本书为司法部部级科研项目最终研究成果（课题编号：17SFB4002）

国家统一
法律职业资格制度研究

姜海涛　编著

GUOJIA TONGYI
FALü ZHIYE ZIGE ZHIDU YANJIU

法律出版社
LAW PRESS · CHINA
北京

图书在版编目(CIP)数据

国家统一法律职业资格制度研究 / 姜海涛编著. --
北京 : 法律出版社, 2022
ISBN 978 - 7 - 5197 - 7312 - 0

Ⅰ. ①国… Ⅱ. ①姜… Ⅲ. ①法律工作者 - 资格考试 - 考试制度 - 研究 - 中国 Ⅳ. ①D92

中国版本图书馆 CIP 数据核字(2022)第 219141 号

国家统一法律职业资格制度研究 GUOJIA TONGYI FALÜ ZHIYE ZIGE ZHIDU YANJIU	姜海涛 编著	策划编辑 徐 菲 责任编辑 徐 菲 装帧设计 汪奇峰

出版发行 法律出版社
编辑统筹 法律出版社
责任校对 晁明慧
责任印制 胡晓雅
经　　销 新华书店

开本 710 毫米×1000 毫米 1/16
印张 18.25 **字数** 268 千
版本 2022 年 12 月第 1 版
印次 2022 年 12 月第 1 次印刷
印刷 天津嘉恒印务有限公司

地址:北京市丰台区莲花池西里 7 号(100073)
网址:www.lawpress.com.cn
投稿邮箱:info@lawpress.com.cn
举报盗版邮箱:jbwq@lawpress.com.cn

销售电话:010 - 83938349
客服电话:010 - 83938350
咨询电话:010 - 63939796

书号:ISBN 978 - 7 - 5197 - 7312 - 0　　**定价**:88.00 元
凡购买本社图书,如有印装错误,我社负责退换。电话:010 - 83938349

前　言

法律职业的产生与现代法治的形成紧密相连。当今世界,无论是发达国家还是发展中国家都建立健全与其相适应的法律规范。法律的生命力在于实施,而法律的实施在于人。建立实施法律职业资格制度,从严设计法律职业准入标准,实行国家统一法律职业资格考试(或国家司法考试),开展必要的法律职业人员实务实习训练,打造一支具有良好综合素质和职业能力的专业化法律职业队伍,是大多数国家的通行做法,也是衡量一个国家或一个社会民主法治建设发展水平的重要标志之一。

国家统一法律职业资格制度是为建设社会主义法治国家提供人才保障的重要法律制度,是选拔培养高素质社会主义法律职业人才的基础性制度,其理论性和实践性都很强。因此,开展对国家统一法律职业资格制度研究,需要结合法治建设实际,认真总结国内外法律职业人才选拔培养的经验做法,同时,更需要理性思考,从理论方面进行分析研究概括。新中国成立后,我国没有建立真正意义上的法律职业资格制度。党的十一届三中全会开启了民主法制建设的新征程。法学教育快速恢复发展。从 1988 年实行全国统一律师资格准入考试,到 1995 年实行初任法官、初任检察官分别组织考试,到 2002 年建立实施国家司法考试,再到 2018 年建立实施国家统一法律职业资格考试,四十多年来,我国法律职业资格考试制度经历了从无到有、由分散到统一、从部门行业考试到国家统一资格考试的发展变化过程。着眼于法律职业能力建设,法律职业人员统一职前培训制度改革也提上日程,终于 2021 年出台了《关于建立法律职业人员统一职前培训制度的指导意见》。应当说，法律职业准入门槛的日趋提高、考试制度的进一步规范，统一职前培训制度的建立实施，推动法律职业资格制度体系更加完备，折射出我国推进法律职业队伍革命化、正规化、专业化、职业化的坚定不移、不断深化；体现出在把好法律职业入口关、考试关、培训关和管理关等方面积累不少经验、富有成效。

但总体上看，国家统一法律职业资格制度建立实施时间不长，还处于完善发展的过渡阶段，为全面依法治国提供人才保障的重要作用还未得到充分发挥。与此同时，多年来，法律职业资格考试制度建设、考试保障能力，以及法律职业人员统一职前培训制度建立实施也面临一些困难和问题，法律职业人才培养、选拔与培训"一体化"养成机制尚未真正形成，法律职业资格制度各项改革措施的系统性、整体性和协同性需进一步加强，法律职业人才选拔培养的科学性和公信力，仍有待进一步提高。有效解决上述问题和困难，在扎实推进法律职业资格制度改革发展的同时，还需要对法律职业资格制度相关理论与实践问题，进一步深入研究探索、科学论证，从而更好地认识和把握法律职业人才培养选拔规律，进而对国家统一法律职业资格制度作出新的理论概括和实践创新。

法律职业是具有高度专业化的职业，与其他需要以专业知识为基础的职业比较，法律职业具有政治性、专业性和同质性等特征，而法学教育培养、考试选拔和实务训练是其素质养成的基本路径。由此，以建设高素质专业化社会主义法律职业人才为目标，建立实施国家统一法律职业资格制度十分必要且意义重大。本书对法律职业、法律职业基本素养及法律职业的形成路径，近现代中外法律职业发展历程，我国分别组织考试和国家司法考试，我国法律职业专业化职业化建设推进情况，现行法律职业资格制度的建立实施总体设想、重点任务和重要意义等问题，作了系统梳理、分析阐释。这些构成了本书第一章至第四章的主要内容，也是本书总论部分内容。

法律职业的规范性、严肃性和专业性，决定了从事法律职业不仅要符合法定的任职条件，而且必须通过科学的考试选拔取得从业资格条件，这已经成为现代法律职业人才养成的基本共识。考试的目的是服务和促进人的全面发展，考试应当遵循人才形成规律。建立完善我国的法律职业资格考试制度，应当立足我国国情，发掘中外考试制度价值，深入剖析考试内在作用，以选拔高质量法律职业人才为目标，构建科学合理、公平公正的考试方式，严格规范考试组织实施工作。为此,首先就要深入研究探讨国家统一法律职业资格考试制度、考试模式等内容,还要进一步分析阐释考试组织实施、法律职业资格考试与法学教育和法律职业用人制度的关系等内容。以上构成了本书的主体部分,即本书的第五章至第十七章,以及第十九章和第二十章部分内容。其中,第五章至第七章论证分析考试依据、考试定位、考试任务、应考范围、考试方式及考试内容等考试模式内容;第八章介绍考试规章制度规范等内容;第九章至第十七章分析阐释考试工作原则和考试工作机制等考试组织管理内容,研究分析考试报名、考区考点考场设置、考试实施、合格分数线确定与成绩发布、考试违纪行为处理、资格申请与授予等考试实施及资格管理内容。

建立实施法律职业人员统一职前培训制度,是继国家统一法律职业资格考试制度确立后,我国法律职业专业化、职业化建设进程中又一重大改革举措,是国家统一法律职业资格制度的重要组成部分,是提高法律职业人员综合素质、职业能力和职业品行的有效路径。本书第十八章探讨分析论证了建立实施统一职前培训制度的意义、国内外有关职前培训制度的理论与实践、加快推进实施统一职前培训实施等内容。

国家统一法律职业资格制度,作为实施全面依法治国基本方略的重要制度设计,同时又是社会主义法治人才建设的基础性工程。着眼于加快实现培养选拔高素质专业化法治人才目标,结合近些年来,国家统一法律职业资格考试组织实施推进情况,以及法律职业人员统一职前培训实施效果,本书第十九章就进一步完善考试模式,加强考试放宽政策和法律职业胜任标准研究,构建法律职业人员统一培训制度,提出了进一步深化法律职业资格制度改革发展的相关意见建议。适应我国法治人才培养从知识教育向能力素质教育加快转变的发展趋势,第二十章就健全法律职业资格考试与大学法学教育良性互动、促进法律职业资格考试与法律职业选任制度有效衔接的制度机制,进行了多方面分析探讨、研究论证,努力构建“一体化”培养选拔法律职业人才养成机制,推动法律职业人才培养选拔与法律职业用人制度紧密衔接、良性互动。

当前,全面依法治国迈出了新步伐。国家统一法律职业资格制度在法治中国建设中的地位更加突出,在维护社会公平正义等方面的基础性作用更加凸显。功以才成,业由才广。坚持立德树人、德法兼修,更好满足国家各方面对高素质法治人才的迫切需求,是建立完善国家统一法律职业资格制度的重要使命。为此,把握机遇,系统开展统一法律职业资格制度研究,不断为推进法律职业资格制度改革发展,提供有价值的研究成果很有必要。本书作为国家法治与法学研究部级科研项目课题的最终成果,作者谨守“熟知范围”,以《国家统一法律职业资格制度研究》定名,旨在能为此做一些努力、贡献一份力量。本书立足中国国情和法律职业队伍建设实际,深入研究中外法律职业资格考试(司法考试)制度发展历程和实施效果,系统阐释我国统一法律职业资格考试制度考试管理与考试组织各项规范要求,分析论证构建培养选拔和职业训练“一体化”法治人才养成机制的必要性和可行性,研究提出完善国家统一法律职业资格考试模式、制定法律职业胜任能力标准、建立法律职业统一培训制度、推动形成法学教育、资格考试与职前培训统一管理的法治人才培养选拔体制等相关建议。

从一定意义上来说,本书填补了我国法学界、实务界在法律职业资格制度研究专著上的空白。本研究采用实证的办法,试图着力探讨研究我国法律职业人才形成现象和规律的有关学说、主张和理论与实践等问题,既注重理论阐释、制度分析,又重视实践对接、实务应用;既有作者多年开展资格制度研究的些许思考,也体现着考试管理与考务管理工作者的心得体会,旨在能为推动统一法律职业资格制度发展完善,进而更好发挥其为全面依法治国提供有力的人才保障作用而尽绵薄之力。同时,亦借此书出版而抛砖引玉,期待汇聚起法律职业资格管理工作者、考试考务工作者,以及法学界、实务界人士和关心法律职业资格考试事业的专家学者们的关注、支持和参与。

21 世纪初期以来,伴随着国家司法考试制度、国家统一法律职业资格资格制度的建立实施,社会各方面对法律职业资格考试兴趣日渐浓厚。普通学子以及留心法律职业资格考试问题的人士,虽有研究之愿,却无从得到合适的参考书籍。本书倘能多少补此缺憾,著者将引为大幸。本书涉及法律职业资格考试及与考试相关的法学教育、法律职业用人等多方面内容,由于水平和资料所限,错误之处势所难免,敬希省览是书者不吝赐教指正。

本书的写作是在姜海涛主持下完成的。本书大部分内容由姜海涛执笔。全部书稿由姜海涛提出总体构思,统稿汇总,并修改审定。本书的编写,得到司法部法律职业资格管理局、司法部法治调研局、司法部国家司法考试中心、全面依法治国研究中心、法治宣传中心等部门和单位的大力支持。来自上述部门和单位年轻有为的专家学者参与了本书部分书稿撰写工作，并分担本版校阅之责；倘无他们协助，书中讹误尤难减少。

本书各章节写作分工如下（按撰写章节先后）：

姜海涛：前言，第一章第一节、第三节，第二章，第四章第一节、第三节，第五章，第七章第一节、第二节一，第九章第一节，第十章，第十一章第二节、第三节，第十三章，第十六章第二节，第十八章第三节二、三，第十九章第一节二、第二节、第三节，第二十章第一节、第二节一、二；

周　琰：第一章第二节，第三章；

刘培培：第四章第二节、第四节，第九章第二节、第三节；

范文嘉：第六章，第七章第二节二、三，第二十章第二节三、四；

廉玲维：第八章，第十九章第一节一；

李迎艳：第十一章第一节，第十二章，第十四章，第十九章第一节三；

马　可：第十五章，第十六章第一节，第十七章；

姜　楠：第十八章第一节、第二节、第三节一。

本书作为国家法治与法学研究部级科研项目（课题编号：17SFB4002），承蒙司法部全面依法治国研究中心大力支持，课题成果报经司法部批准后付梓。法律出版社高瞻远瞩，主持出版《国家统一法律职业资格制度研究》。写作过程中得到法律出版社徐菲编辑的鼎力襄助，在此一并致以诚挚的谢意！

姜海涛

2022 年 10 月

目录

第一章　法律职业概论

国内外的法治实践表明，伴随着法律问题日益复杂化、法律事务日趋专业化，法律的操作和实施已发展成为需要一支正规化、专业化、职业化队伍来从事的专业活动。这支专业队伍应当精通法律专业知识、经过专门考试选拔、受过专门教育训练、具备较高职业素养和职业能力。本章重点介绍法律职业概念、法律职业者应具备的基本素养，以及法律职业从无到有，由初建到形成的发展过程。

第一节　法律职业概述

一、法律职业概念

法律职业作为一种职业门类，与其他以专业知识为基础的职业一样，是一种专门的行业、是一类专业化的工作。不同时期、不同国家的法律职业构成不同，对法律职业概念与范围的界定也存在不同的观点。总体来说，世界各国对法律职业种类的划分大多比较宽泛。但几乎每一个国家都是从实体性的角度来定位具有共性特征的法律职业。从学理上看，目前法律职业包括两大类：一类是以实体性为标准，即从事法律工作，以法律为营生的职业；另一类是以相关性为标准，即从事与法律相关的职业。[1] 一般认为，法官、检察官和律师是最核心、最典型的法律职业。

（一）广义的法律职业

《不列颠百科全书》将法律职业定义为："以通晓法律和法律应用为基础的

---

〔1〕 参见王淑荣、黄文艺：《论法律职业家素养》，载《长白学刊》2003 年第 6 期。

职业。”从宽泛意义上来看，广义的法律职业，是指直接从事与法律有关的各种工作的总称，也指专门从事法律事务的人员，通常包括法官、检察官、律师、法律顾问、公证人和法学家等，但主要是指法官和律师。[1] 有的学者建议把凡是与法律相关的职业称为法律类职业，并作层次分明的区分，如法官、检察官、律师属于法律职业；从事法学教育*、以法律为研究对象的学者和研究人员属于与法律相关的职业；书记员、司法警官等为司法提供辅助性工作的人员属于法律辅助类职业。[2] 立足我国新时代法治实践活动，我们认为，广义的法律职业，是指从事与法律相关的职业，包括立法工作者、执法工作者、监察工作者、司法工作者、法律服务工作者、法学教育研究工作者等职业群体，以及法律政策实务工作者、公司法务工作者、司法鉴定工作者等直接从事与法律相关工作的人员，还应当包括法官助理、检察官助理、实习律师等为司法、法律服务提供辅助性工作的人员。

（二）狭义的法律职业

有的学者认为法律职业概念应作限缩性解释，从以法律作为一种核心的职业类型的角度来界定。“凡是在法律圈子里不能为其他职业类型所概括的、具有独立形态的职业类型，才能叫做法律职业。”[3] 国外许多国家都把法官、检察官、律师、公证人作为“以操作法律、实施法律、以法律为手段从事工作的职业者”。还有的学者认为，没有必要过于强调明确法律职业的范围，只要弄清楚最典型的法律职业由什么构成便是。从学理上来讲，严格意义的法律职业应当是以律师、法官、检察官、公证员为代表，[4] 受过专门的法律专业训练，具有娴熟的法律技能与法律伦理水准，从事法律实施与法律事务的人员。总体来看，我们认为，狭义的法律职业应当限于法官、检察官、律师和公证员。

（三）法律职业共同体

1. 一般概念。法律职业共同体是个抽象的概念，难以确定确切的边界。有

---

〔1〕 参见沈宗灵：《比较法研究》，北京大学出版社 1998 年版，第 184 页。

* 本书提及的法学教育均指大学法学教育。——编者注

〔2〕 张文显等主编：《司法改革报告：法律职业共同体研究》，法律出版社 2003 年版，第 22 页。

〔3〕 张文显等主编：《司法改革报告：法律职业共同体研究》，法律出版社 2003 年版，第 14 页。

〔4〕 参见潘剑锋：《论以法律职业精英化为目标的法律职业资格考试》，载《现代法学》2019 年第 5 期。

学者认为法律职业共同体是指以操作法律、实施法律为手段，并以处理社会关系主体间法律冲突、平衡主体间权利义务为职权或职责的社会职业的总和。[1] 从学理上看，法律职业共同体与法律类职业相关，但比狭义法律职业更为宽泛，介于广义的法律职业和狭义的法律职业范围之间。有学者认为，作为法律职业共同体，不仅包括法官、检察官、律师为核心的法律职业群体，专门从事立法工作的立法者也可列入法律职业者范畴，法学家、法学研究工作者、法律编辑、专门报道法律新闻的新闻工作者等，也应有资格列入法律职业者范畴。[2]

2. 特定法律职业群体。我国 2002 年建立实施国家司法考试制度后，明确法官、检察官、律师、公证员为“特定法律职业”[3]。2018 年建立实施国家统一法律职业资格考试制度后，明确除上述四类法律职业外，从事仲裁员（法律类）以及政府部门中从事行政处罚决定法制审核、行政复议、行政裁决、法律顾问等法律职业，须通过考试取得资格。法律职业准入范围扩大到九类法律职业。

3. 中国特色社会主义法律职业共同体。一般认为，我国的法律职业人员是指“具有共同的政治素养、业务能力、职业伦理和从业资格要求，专门从事立法、执法、司法、法律服务和法律教育研究等工作的职业群体”，既包括前述应当通过考试取得资格的九类法律职业，也包括鼓励通过考试取得资格的从事法律法规起草的立法工作者、其他行政执法人员、法学教育研究工作者等法律职业人员。参考学理通说，结合法治实践发展实际，我们认为，中国特色社会主义法律职业共同体，主要是以律师、法官、检察官为核心，包括公证员、仲裁员（法律类）以及政府部门中从事行政处罚决定法制审核、行政复议、行政裁决、法律顾问的公务员，以及立法工作者、其他行政执法工作人员、监察工作者、法学教育研究人员等从事法律相关工作的人员。

---

〔1〕 参见张文显等主编：《司法改革报告：法律职业共同体研究》，法律出版社 2003 年版，第 22 页。

〔2〕 参见张文显等主编：《司法改革报告：法律职业共同体研究》，法律出版社 2003 年版，第 15 页。

〔3〕《国家司法考试实施办法》第 2 条：国家司法考试是国家统一组织的从事特定法律职业的资格考试。初任法官、初任检察官，申请律师执业和担任公证员必须通过国家司法考试，取得法律职业资格……

二、法律职业者的素养

法律职业具有理念坚定性、主体特定性、职业专业性和伦理约束性等特征。[1] 法律职业者应当具备的基本素养,涉及法律知识与实务技能、实践经历与法律方法,以及法治观念、职业道德、法律职业认同感、正确价值观等多个方面,* 主要包括政治素养、法律知识素养、专业能力素养、职业伦理素养等内容。

(一)坚定的政治素养

政治上合格,是成为法律职业者的第一位条件。法律是人民意志的体现,法律职业者的权力来自人民。法律职业者,大多从事立法、执法、监察、司法等项工作,掌握重要国家权力,肩负重大历史使命,应当具备坚定的政治立场、过硬的政治品格。一是必须坚持正确的政治方向,增强政治定力,树牢理想信念,坚持用习近平法治思想武装头脑,坚持以中国特色社会主义法治理论为指导,矢志不渝做中国特色社会主义法治道路的坚定信仰者、忠实实践者,永葆忠于党、忠于国家、忠于人民、忠于法律的政治本色。二是忠诚法律事业,自觉维护宪法法律的权威和尊严,做中国特色社会主义法治事业的建设者和捍卫者,带头践行“爱国、诚信、公正、法治”等社会主义核心价值观,并自觉贯彻和体现到具体法治实践当中。三是坚持以人民为中心,牢固树立中国特色社会主义法治理念。依法治国首先是依宪治国。公民的基本权利和义务是宪法的核心内容。具体到法治实践中,每一个法律职业者应当具有依宪法法律办事的理念,保证公民在法律面前一律平等,尊重和保障人权,切实维护当事人的合法权利与利益。努力让人民群众在每一项法律制度、每一个执法决定、每一宗司法案件中都感受到公平正义。[2]

---

〔1〕 参见姜海涛:《构建国家统一法律职业资格制度若干思考》,载《中国司法》2018 年第 1 期。

* 1956 年,美国著名的教育心理学家布卢姆立足于教育目标的完整性,制定了教育目标分类系统,提出把教育目标分为认知、情感和动作技能三个目标领域。2021 年教育部办公厅《关于推进习近平法治思想纳入高校法治理论教学体系的通知》(教高厅函〔2021〕17 号)中,公布了教育部修订的《法学类教学质量国家标准(2021 年版)》,该标准明确的我国法学类专业培养规格包括知识要求、能力要求和素质要求,涉及知识和技能、实务经历和法律方法、职业态度和价值观等多个维度。2021 年司法部制定的《国家统一法律职业资格考试大纲》明确资格考试的测试目标,是“检验应试人员是否了解和掌握以宪法为核心的中国特色社会主义法律体系,是否具有从事相应法律职业所应具备的中国特色社会主义法治理论素养及相应的政治素养、业务能力和职业伦理”。——编者注

〔2〕 习近平:《论坚持全面依法治国》,中央文献出版社 2020 年版,第 229 页。

(二)广博的知识素养

法学教育是培养法治人才的基础性工程。要达到胜任法律职业的标准,一是应当受过正规的法学教育培养。一般来说,不同职业形式的"法律人"都应当接受系统的法学教育培养,具有法学教育和法律工作背景,使用相同的法言法语,拥有与职业要求相对应的法律学位等基本条件。二是具备扎实法学知识功底,包括:牢固掌握本专业的基本知识和基本理论,并形成合理的整体性知识结构;[1]掌握现代法律原理、法律思维、制度体系,领会法律的精神要义和价值取向。其中,最为核心的是能够运用法律原理和法律规定,正确认定事实、正确适用法律,做到以事实为根据,以法律为准绳。三是具有良好的人文素养和科学素养。法学教育本身就有很强的人文精神,法律人应当秉持法治与正义理念,始终坚持人文价值。全面了解国情社情人情,具有厚重的人文社会科学功底。"法律并不是社会科学中一个自给自足的独立领域,能够被封装起来或者与人类努力的其他学科相脱离。"[2]因此,一个优秀的法律职业者不仅应通晓法律知识和原理、有精深的法律素养,而且应当具有与法律理念、法律思维、法律价值判断相关的人文知识、创新精神、社会责任和家国情怀。

(三)独特的专业素养

专业属性是法律职业区别于其他职业的重要特征。法律职业者不仅要通过考试取得职业资格、统一职前培训考核合格,符合选人用人的外在条件,还应当符合内化于心的素质、品行和能力等内在的实质条件,促进职业认同,"形成法律职业共同的法治理念、法治信仰、专业精神和专业技能"[3]。一是具有坚定的法治信仰。法律信仰从内在机理看,就是法律主体(尤其是法律职业者)内心对法律价值的普遍认同。其核心是把法律价值化作了内心自觉。[4] 全面依法治国,建设社会主义法治国家,要求法律职业者必须坚定法治信仰,有公正的法律意识和理性判断,奉行宪法法律至上、法律面前人人平等、维护公平正

---

〔1〕 参见教育部办公厅《关于推进习近平法治思想纳入高校法治理论教学体系的通知》,载教育部网,http://www.moe.gov.cn/srcsite/A08/s7056/202106/t20210602_535109.html。

〔2〕 [美]E.博登海默:《法理学——法哲学及其方法》,邓正来、姬敬武译,华夏出版社1987年版,第490~491页。

〔3〕 徐显明:《对构建具有中国特色的法律职业共同体的思考》,载《中国法律评论》2014年第3期。

〔4〕 参见王淑荣、黄文艺:《论法律职业家素养》,载《长白学刊》2003年第6期。

义、尊重和保障人权等法治理念。这是公平公正的彰显,也是法律职业群体健康发展的条件,更是法治进步的体现。二是恪守专业的法治精神。法律贵在实施。执法、司法和法律服务等法治实践活动,是法律从业者内心法律信仰的外化表现形式。《韩非子·有度》称"法不阿贵,绳不绕曲"。秉公执法、公正司法是法律公正的最有力保证。因此,法律权威的确立,有赖于法律职业者,更有赖于其视法律为圭臬,坚守法治精神,善于处理价值与利益的冲突,定分止争,以专业水准维护社会公平正义,进而影响和推动大众相信法律、信仰法治。三是具备独特的专业能力。法律工作体现着理性、严谨的逻辑,其重要特质在于用法律解决复杂的社会问题,要求法律职业者具有独特的法律思维,即能够运用法律判断事实,通过事实适用法律。《孟子·离娄上》称"徒善不足以为政,徒法不能以自行"。法律贵在实施,而法律实施的核心在于法律适用。法律职业者必须着力提升法律思维这一核心专业能力,提高事实认定和法律适用水平,进而最大限度保障法律实践过程中的公平公正,维护法律正义和尊严,确保法律的贯彻和实施。四是具备较丰富的实践能力。共同的法治信仰、法治精神、专业能力的确立,离不开具体的制度建设和法律实践活动。法律实践过程是法律知识运用能力的体现,也是对法律知识素养的检验。法律实践活动主要是指运用法律规范、适用法律方法,进行法律事实判断和法律辩论活动,法律实务技能是指对复杂事件处置能力、与当事人交往沟通能力、科技信息应用知识学习能力等,上述法律实践活动内容和实务技能是法律人所应具备的法律知识素养有机的组成部分,是法律人应当具备的基本素质。

(四)公正的伦理素养

法律的本意是公平正义。公平正义是法治的灵魂和本质反映,是法律职业最根本的道德规范,是法律职业者职业道德准则的基本要求。要让纸面上的法律在现实中得到贯彻实施,不仅有赖于法律职业者的业务素质,更取决于其伦理道德水平。

1. 法律职业伦理的基本内涵。法律职业伦理有别于大众伦理和其他职业伦理,是法律职业必须具备的特有的伦理。具有共同的法律职业伦理是构建统一的法律职业共同体的重要内容。法律职业岗位分工不同,但根本利益是一致的,都是用法治思维和法治方式维护公民和法人的权利,维护社会公平正义。法律职业道德是法律职业人员在法律职业活动过程中,应当遵循的符合法律职业要求的心理意识、行为准则和行为规范的总和。[1]

2. 法律职业者的职业道德水准代表着中国法治伦理的整体水准。随着经济社会快速发展，社会分工越来越细，对专业化、职业化的要求，特别是团体的职业道德水准要求越来越高。相对于社会公德、大众伦理，法律职业者的职业伦理与法律公平正义价值联系更为密切，“法治工作队伍的道德面貌将构成中国法治图景的基准色，进而影响国家和社会的法治伦理面貌”[2]。这就要求法律职业者在法治实践过程中仅具备法律的知识技能还远远不够，还要把具有良好的法律职业道德摆到重要位置，从维护法律职业声誉、发挥法律功能和提高社会道德水平的高度，认识和把握法律职业道德的地位和作用。

3. 法律职业者应当具备良好的职业道德水准。法律之治，是有德之治，是尚德之治。[3] 法律职业担负着维护社会公平与正义的重任，法律职业者要求其有廉洁、刚正的品格。一方面，在法治实践活动中，法律职业者应当恪守共同的法律行为准则，自觉遵守职业道德与行为规范，相互尊重、相互配合、相互监督与制约，坚守廉洁底线，从而提升法律职业者在人们心目中的形象，进而赢得尊重与信任。另一方面，有必要建立完善追责机制，明确违反法律职业道德应当承担更大责任，促使法律职业者自觉接受法律职业公正性的约束和规范。这既是区别于其他职业的重要标志，也是保证公平正义价值实现的前提。

4. 以伦理认同促进职业认同。为切实提高职业伦理水准，法律职业资格考试（司法考试）把法律职业道德考查作为考试的重点内容。2022 年 2 月印发的《关于建立法律职业人员统一职前培训制度的指导意见》（以下简称《职前培训指导意见》），将提升法律职业伦理素养作为职业能力养成的重点任务。要实现培养选拔高素质法治人才的目标要求，必须加强法律职业道德建设，健全完善法律职业道德行为规范、行为准则和职业（执业）责任，形成法律职业共同的

---

[1] 参见国家统一法律职业资格考试辅导用书编辑委员会组编：《2022 年国家统一法律职业资格考试辅导用书：习近平法治思想·法理学·宪法·中国法律史·司法制度和法律职业道德》，法律出版社 2022 年版，第 317 页。

[2] 叶竹盛：《以考试改革体现法治伦理》，载《人民日报》2015 年 12 月 23 日，第 5 版。

[3] 参见王启富、刘金国主编：《法律之治与道德之治：形式法治观的局限及其克服》，中国政法大学出版社 2008 年版。

职业伦理、职业操守和职业态度,提升法律职业认同感。

第二节　我国近现代法律职业历史沿革

一、我国近代法律职业的形成

(一)我国近代法学教育

据现有的史籍记载,早在春秋时期,便有著名讼师邓析开设私塾,传授法律知识。而国家兴办的法学教育,则始于三国时期的魏明帝。据《三国志·魏志·卫觊传》记载,魏明帝即位,卫觊上书"九章之律,自古所传,断定刑罪,其意微妙……请置律博士,转相教授"。这时,中国便出现了专门负责研究律的部门和官员——律博士。[1] 晋时,郑玄、马融一生从事律条解释,他们创建了中国传统法学——律学。晋后历代都有专门的法律注疏者,也有专门的法律司主者,如刑部、大理寺等,[2]形成了比较正规的法学教育。

中国的法律职业群体是个舶来品。近代意义上的法学教育与法制的近代化是同步的,始于19世纪末"清末修律"、推行新式法学教育。清末新政中的修法运动,导致大量西方近代法律学说和法典被介绍和移植。甲午战争后,清政府宣布废除科举,实行"新政",进行法律改革,全国涌现出许多培养法学人才的法政专门学校和大学法律科。学生达到数万名之多。[3] 1895年,中国第一所新式大学天津中西学堂(现天津大学)设立,开设法律科目,标志着近代法学教育的开始。[4] 1900年天津中西学堂第一个毕业生是法学家王宠惠,他是近代中国第一张新式大学文凭的获得者。1902年沈家本在北京开办法律馆。1906年,沈家本、伍廷芳奏请设立京师法律学堂。京师法律学堂"以造就已仕人员,研精中外法律,各具政治智识,足资应用为宗旨"[5]。著名的东吴大学法学院(1915年在上海创办)、朝阳大学(1912年创办)都是当时诞生的著名法科

---

〔1〕 参见戚桂芳、袁雪:《中国法学教育的历史、现状及发展趋势》,载《经济研究导刊》2009年第21期。

〔2〕 参见徐显明:《对构建具有中国特色的法律职业共同体的思考》,载《中国法律评论》2014年第3期。

〔3〕 参见周大伟:《法律职业人:成长的烦恼》,载《方圆》第275期。

〔4〕 参见徐显明、黄进、潘剑锋等:《改革开放四十年的中国法学教育》,载《中国法律评论》2018年第3期。

〔5〕 参见李闯:《清末京师法律学堂创办始末》,载《北京档案》2021年第12期。

学府。尽管法政类学校只是科举制度的替代品，法政科成为进入仕途的途径，但客观上培养了一批法律人才。在清末和民国时期，从事法官、检察官、警官、律师职业，成为很多读书人最时髦的选择，而具有相应的法律教育背景则是从事上述法律职业的重要条件。

（二）清末探索建立法律职业考试制度

伴随着中国法律近代化的发展，在清末修法活动中创立的。在清末法制改革中，清政府借鉴外国通过考试选任专职司法人员的司法官考试作法，探索建立选任司法官和律师的考试制度。

1. 司法官考试。最早对法律职业考试作出规定的是清政府于 1909 年颁布的《大清法院编制法》。[1] 其中第 106 条明确规定："推事及检察官应照法官考试任用章程，经两次考试合格者始准任用。"1910 年 2 月，清政府宪政编查馆上奏《法官考试任用暂行章程》，该章程明确了法官考试的内容、模式等，规定司法官均需经过专业学习，第一次考试合格后见习一年期满，再进行第二次考试，合格者方能任用。该章程为我国近代司法官考试制度的建立确立了基本模式。在考试资格上，清政府允许举人、文职七品以上者及某些具有特定身份的人参加考试，赋予京师法科大学毕业者等免于第一次考试的资格，给予京师及各省法政学堂教习或律师历时三年者直接任职的特权。在形式上，考试分为两次：第一次属于专业文化考试，第二次以查验实习优劣为主，两次考试均分为笔述和口述两种。依据《法院编制法》及《法官考试任用暂行章程》，清政府于 1910 年 8 月进行了首次法官考试[2]，录取法官 500 余人。

2. 律师考试。中国律师制度是清末变法改制效仿西方典章制度的产物。在清末法制改革中，受日本、德国等大陆法系国家影响，1906 年清末，修律大臣沈家本、伍廷芳主持拟定了《刑事民事诉讼法》，该法首次列入律师制度，其中体现了些许律师考试的端倪。《刑事民事诉讼法》共 5 章 260 条，其中第四章"刑事民事通用规则"中专列"律师"一节，共 9 条，规定了律师资格、注册、登记、违纪处分、外国律师在通商口岸的公堂办案等内容。由于当时以湖广总督张之洞为首的各地督抚大臣认为，该法"惟于现在民情风俗，间有扞格难行之

---

[1] 张志铭：《中国律师制度的百年轨迹》，载《国家检察官学院学报》2013 年第 1 期。

[2] 参见朱建伟：《清末的近代第一次法官考选》，载《人民法院报》2015 年 7 月 17 日，第 5 版。

处”,因而未获颁布。[1] 1910 年年底,沈家本等人重新起草了《刑事诉讼律草案》和《民事诉讼律草案》,有关律师的规定仍是主要内容之一,该两部诉讼法草案均未及颁行。[2]

(三)民国时期司法官及律师选拔制度

1. 司法官选拔制度。民国时期进一步将法学教育和法律职业联系起来,强化法律职业的法律专业准入条件和考试选拔要求。

民国初期,孙中山在南京就任临时大总统后,深感司法人才对于民国法制建设的重要性,先后制定了《法官考试委员官职令》和《司法官考试令》草案,明确指出所有司法人员必须参加法官考试合格,方能任用。[3] 1914 年,在北京政府司法部的主持下举行了第一次全国司法官的甄拔考试,参考对象主要为在职的司法官。1915 年,民国政府颁布施行《司法官考试令》,明确把司法官列入高等文官范围之内。1917 年 10 月,《司法官考试令》明确规定推事和检察官,必须经过两次司法官考试合格后方能任用。考试分为甄录试、初试、再试,考试形式包括笔试、口试,笔试合格者方可参加口试。此外,还就实习作出专门规定。

国民政府时期司法考试有较大发展。1929 年 8 月,颁布《考试法》,1930 年 1 月,成立了考试院。1930 年 9 月,国民政府公布《法官初试暂行条例》。同年 12 月,考试院公布《高等考试司法官律师考试条例》,规定考试机关由典试委员会改由考试院组织,规定了第一试、第二试、第三试、再试等环节,呈现考试程序繁、难度大等特点,初步建立了司法考试制度。1933 年公布的《考试法》和 1935 年公布的《法院组织法》将司法官考试列为十三类高等考试之一,要求司法官考试者应有法律专业背景。

抗日战争时期,在特殊的战争环境下,中国共产党领导的陕甘宁边区政府“实行群众路线的马锡五式的司法调解更受欢迎,尚未涉及司法人员考试准入”[4]。解放战争时期,中共中央成立中央法律委员会。该委员会协助中央研

---

〔1〕 参见张志铭:《回眸与展望:百年中国律师的发展轨迹》,载《国家检察官学院学报》2013 年第 1 期。

〔2〕 国家统一法律职业资格考试辅导用书编辑委员会组编:《2022 年国家统一法律职业资格考试辅导用书:习近平法治思想 · 法理学 · 宪法 · 中国法律史 · 司法制度和法律职业道德》,法律出版社 2022 年版,第 280 页。

〔3〕 参见董开军主编:《司法行政学》,中国民主法制出版社 2007 年版,第 362 页。

〔4〕 侯欣一:《百年法治进程中的人和事》,商务印书馆 2020 年版,第 245 ~ 258 页。

究与处理有关全国立法和司法问题的工作。在司法方面的任务为厘定司法制度与法院组织纲要,拟定司法人员训练计划等内容。[1]

2. 律师及公证人选拔制度。中国近代律师制度,始于民国北京政府时期。2012 年 9 月 16 日,北京政府延续清末关于构建律师制度的基本思路,制定了《律师暂行章程》。[2] 这是中国历史上第一个关于律师制度的成文立法,标志着近现代律师制度在中国的正式建立,也意味着作为法制现代化重要符号的律师制度在中国迄今已历时百年之久。[3] 《律师暂行章程》第 2 条第 2 款明确提到律师考试。该章程规定"依律师考试章程考试合格或依本章程有免试之资格者"可充任律师。明确律师资格可通过考试和考核两种方式取得。1912 年年底,民国政府举行第一次全国律师考试,合格者 297 人,我国近代律师制度初步建立。[4] 此后经免试和甄录试选拔,到 1913 年年底全国拥有律师资格证书者达 2716 人。为规范律师活动,民国政府先后制定一系列法令,使得有关民国律师制度的法律规则体系日渐完善。1927 年 7 月 23 日,南京国民政府公布颁行的《律师章程》分"职务""资格""证书"等,共 7 章 38 条。1941 年公布《律师法》,共 51 条。依照《律师法》,律师资格的取得分为两种:一是经律师考试及格者,二是经检验及格者。

此外,1935 年南京国民政府公布《公证暂行规则》,次年公布《公证暂行规则试行细则》,并以首都为施行区域。1943 年 3 月,公布《公证法》,1944 年施行。该法规定:地方法院设公证处办理公证。设专职公证人负责,或由地方法院推事负责。《公证法》颁行后,南京国民政府又饬令各地方法院,聘请当地乡绅,担任公证劝导。

3. 主要特点。一是注重法律专业背景。民国时期,政府规定从事法律职业者,必须是法政学校的毕业生。1915 年颁行的《司法官考试令》规定,必须是"修习法律专科者"及经甄录试测验具有法律素养和实践经验的方能参加司法

---

〔1〕 参见中央全面依法治国委员会办公室编:《中国共产党百年法治大事记(1921 年 7 月—2021 年 7 月)》,人民出版社、法律出版社 2022 年版,第 56 页。

〔2〕 国家统一法律职业资格考试辅导用书编辑委员会组编:《2021 年国家统一法律职业资格考试辅导用书:习近平法治思想·法理学·宪法·中国法律史·司法制度和法律职业道德》,法律出版社 2021 年版,第 288 页。

〔3〕 张志铭:《回眸和展望:百年中国律师的发展轨迹》,载《国家检察官学院学报》2013 年第 1 期。

〔4〕 张志铭:《回眸和展望:百年中国律师的发展轨迹》,载《国家检察官学院学报》2013 年第 1 期。

官考试。二是笔试口试相结合。民国时期司法官考试主要采取笔试和口试相结合,多次选拔、层层筛选的形式。这样既能全面考查应试者多方面的综合素质,又可通过严格的程序,多次把关,选拔到真正优秀的司法人才。三是录取率低。据统计,1914 年第一次全国司法官甄拔考试 1100 多人参加,合格者 171 人。[1] 民国中后期,录取人数和比例相对增加一些,但总体上仍坚持低录取率,以高素质、精英化选择为主。四是重视职前培训。民国时期特别注重对司法官的培训,包括法官任前培训、在职训练。考试与培训结合在一起构成了完整的司法官选用体系。1914 年开办的司法讲习所,是民国最初的司法官训练机关,也就是专门的职前培训机构。1929 年 1 月,南京国民政府设立以培养司法人才为宗旨的法官训练所,由司法部负责。

二、新中国成立后的法律职业发展历程

(一)法学教育的兴起

1949 年到 1956 年,是新中国法制奠基、初创时期。为适应新中国法制建设的需要,我国先后确立了审判制度、检察制度、律师制度、公证制度。因新中国成立后急需一批懂法律的人才,更需要培养法律人才的基地,以马克思主义法学理论为指导的新的法学教育在全国兴起。1950 年中国人民大学开办法律系,成为学习苏联先进经验,创建马克思主义法学体系和人才培养的"工作母机",[2] 是新中国法学师资的摇篮。1952 年全国高等院校进行了院系调整,中央决定在部分大行政区单独设立政法学院培训政法干部。1953 年,全国高等政法院校院系调整工作基本完成。[3] 各校的主要任务是培养司法行政干部,担负在职干部的政治业务培训,并开始招收一定数量的本科生,集干部学校和普通高校于一体。后历经数年调整完善,形成了法学教育"五院四系"的基本格局。[4]

---

〔1〕 徐清:《清末民初司法官的选任》,载《检察日报》2017 年 3 月 31 日,第 6 版。

〔2〕 王健:《中国法学大事记》,载法制网,http://www.legaldaily.com.cn/index/content/2021-06/30/content_8540740.htm。

〔3〕 参见中央全面依法治国办公室编:《中国共产党百年法治大事记(1921 年 7 月—2021 年 7 月)》,人民出版社、法律出版社 2022 年版,第 78 页。

〔4〕 调整后的高等政法学院共有 5 所,分别是北京政法学院、华东政法学院、中南政法学院、西南政法学院、西北政法学院(原西安政法学院);另有北京大学(1954 年复设法律系)、中国人民大学、武汉大学、吉林大学(原东北人民大学)设法律系。上述院系后被称为法学教育的"五院四系"。

“五院四系”在我国法学理论研究与法学教育领域具有重要地位，对我国律师、司法干部等法律人才培养具有重大影响。

（二）司法改革运动

随着旧的法学教育制度终结，中华人民共和国成立前后开展了司法改革运动。1949年2月，中共中央发出《关于废除国民党〈六法全书〉和确定解放区司法原则的指示》。随着国民党“六法全书”和一切反动法律的废除，旧的法学教育也因此终结。中央司法部和各大区司法部，在多数属新解放区而当地老干部又少的情况下，接收、改造旧法院，建立人民法院，开创新区的人民法院建设。[1] 为纯洁司法队伍，1952年7月，中央司法部成立中央司法改革办公室，开展了为期9个月的司法改革运动，主要目标是彻底改造和整顿各级人民法院，从思想、政治和组织上纯洁各级司法机关。通过司法改革运动，“全国2063个法院中，共清除坏分子和不适宜司法工作者5557人，补充优秀干部共6505人”[2]。

（三）律师制度初步建立

新中国律师制度，是在人民政府明令取缔国民党政权下旧中国律师制度、解散旧律师组织的基础上建立起来的新型的人民律师制度。1954年《宪法》第76条“被告人有权获得辩护”的规定，为律师制度在社会主义中国的建立提供了依据。同年9月21日颁布的《人民法院组织法》第7条第2款规定“被告人除自己行使辩护权外，可以委托律师为他辩护”。这一规定进一步从程序上确立了律师的地位。1955年，律师制度在北京、上海、南京、武汉、沈阳、哈尔滨等26个城市试行。1956年1月，国务院正式批准了《司法部关于建立律师工作的报告》，对律师的性质、任务、条件以及组织机构等作出了一系列规定。到1957年，全国19个省、自治区、市相继成立了律师协会或筹备机构；作为律师执业机构的法律顾问处达800多个，专职律师共2500多人，兼职律师有300多人。[3] 从1954年至1957年这短短三年中，中国律师为新中国的建设和人民政权的巩固作出了贡献。

---

〔1〕 参见董开军主编：《司法行政学》，中国民主法制出版社2007年版，第58页。

〔2〕 张培田：《法与司法的演进及改革考论》，中国政法大学出版社2002年版，第98页。

〔3〕 参见中华全国律师协会：《中国律师业发展报告（2000年）》，第2页。

第三节　欧美等地法律职业的形成发展

法律职业的原初发端，应以专门从事法律为业的人员的出现为标志。据此，学理上认为，欧美等西方国家法律职业萌芽始于古罗马时代，中世纪初现端倪，真正形成于现代社会。[1]

一、法律职业的萌芽

欧洲法律文化起源于古希腊。亚里士多德认为，法律是正义的体现，法律的好坏以是否符合正义为标准。他在《政治学》一书中说："法治应该包含两重意义：已成立的法律获得普遍的服从，而大家所服从的法律又应该是本身制订得良好的法律。""法治应当优于一人之治。"[2]亚里士多德关于法治的论述，对西方法律文化影响深远。但在古希腊时代，由于疆域普遍狭小、人口稀少，国家以城邦的形式存在，处于"名副其实的小邦寡民、公民整体主义与邦内自给自足状态"[3]。这些城邦国家主要还是依靠古老氏族的习惯和社会通行的各种惯例来维护社会秩序，因此当时尚未出现专门化的法律职业阶层。

到了古罗马时代，罗马帝国疆域辽阔、政局稳定、经济繁荣，具备了成文法产生的条件。公元前451年，罗马颁行第一部成文法典——《十二铜表法》，实现了由习惯法向成文法的过渡。颁行全国性统一法典以及大规模的成文法典编撰活动，促进了法学知识专业化。公元前366年，罗马设立最高裁判官，即国家的最高司法长官，产生了与其他职业相分离的法律职业阶层。公元前242年，又增设了外事最高裁判官。具备"法律学识和高尚品行"的裁判官[4]的产生，既是早期法律职业家的萌芽，也是后来法律职业得以真正生成和繁荣的源头。当然，罗马时代还没有生成真正意义上的法律职业，主要是因为在整个罗马时代，从根本上说法律还掌控于统治者手中，裁判官并不终身以法律为业，他们需经选举产生，且任期短暂。裁判官还只是初具法律职业的性质，是萌生中

---

〔1〕参见夏锦文：《法律职业的形成及其条件——一种制度史考察》，载《江海学刊》2008年第1期。

〔2〕[古希腊]亚里士多德：《政治学》，吴寿彭译，商务印书馆1965年版，第199页。

〔3〕杨共乐：《古代希腊城邦特征探析》，载《北京师范大学学报(社会科学版)》2008年第6期。

〔4〕参见[美]莫理斯：《法律发达史》，王学文译，中国政法大学出版社2003年版，第133页。

的法律职业。[1]

二、法律职业的形成

真正的法律职业出现于13世纪末期的英国。随着法律与宗教和政治的逐步分离,一批掌握法律知识和技能的职业律师和职业法官,在法律实务中获得不可替代的地位。至十五六世纪,成功的出庭律师与皇家法官形成了职业联盟,不断占据和垄断法律行业,“一起构成了一个亲密融洽的、同质化的小共同体”[2]。到中世纪后期,随着欧洲市场的逐步扩大和融合,经济关系日趋复杂。英国等欧洲各国开始增设法院,扩大法律从业人员队伍,以应对逐渐增多的社会矛盾与商业纠纷。这一局面的出现,意味着社会需要一个特殊的群体来专门操作和运用法律规则,进而催生出一种新兴的职业共同体。这样,象征着公正无私的法官、代表着国家利益的检察官以及代表着私人利益的律师,便逐渐形成了一个法律职业群体,他们共同维系着国家法律制度的运作。[3] 到18世纪中后期,欧洲各国法律职业已基本成型。

三、法律职业的形成条件

简要梳理法律职业的历史演化历程,我们发现法律职业生成与发展有赖于特定时期经济社会历史环境。法律职业的历史从来就不是一个古今不变、中外永恒的历史。受不同时代和不同国家的社会经济、政治、文化等因素影响,法律职业呈现出不同的内涵与外延。欧美国家法律职业的形成,遵循着法律职业人才养成的一般规律。

(一)现代大学法律(法学)教育是法律职业形成发展的基础

在整个中世纪,对法律职业者的培训一般采取行会式、经验性训练模式,即依靠律师会馆、大法官学校等“学徒制”机构来完成。马克斯·韦伯认为,“法律实践和法律教学的纯经验的运作总是仅仅得出从个别到个别,而永远得不出

---

〔1〕 参见夏锦文:《法律职业的形成及其条件——一种制度史考察》,载《江海学刊》2008年第1期。

〔2〕 [美]理查德·A.波斯纳:《超越法律》,苏力译,中国政法大学出版社2001年版,第55页。

〔3〕 参见黄永锋:《法治化进程中的国家司法考试制度——以法律治理技术为视角》,海南大学2003年硕士学位论文。

从个别到一般的定理"[1]。随着商品经济发展和人们对法律服务的迫切需求，特别是大学法律教育的兴起，学徒制式狭隘的职业准入模式越来越不能满足市场和社会的需要，开始了向大学中的法律科学教育模式转型。近代西方法律制度初步出现于11世纪晚期和12世纪，这是欧洲最早的一批大学的建立时期，也是这些大学第一次将法律作为一门科学来教授。因循英国传统，19世纪前半期，美国法律教育也是一种学徒制。1870年，克里斯托弗·哥伦布·兰德尔就任哈佛法学院院长，开始法律教育改革，废除学徒制、作坊式的法律职业训练模式，强调法律是一门科学，并将美国的法律教育定位于职业教育。在授课内容方面，克里斯托弗首创"判例教学法"，[2]在授课方式上，要求以问题讨论法替代传统的演绎法。[3] 随着近代资本主义市场化进程日益深入，通过大学法学教育，经受新的法律科学训练，不仅仅培养出法官、律师、行政官、立法起草人、法律顾问等更加庞大的法律家阶层，而且通过他们对法律职位的垄断、对法律程序的操控和对法律变革方向的引领，一定程度上促进了资本主义社会的现代化进程。[4]

（二）严格职业准入标准是从事法律职业的前提条件

19世纪中期开始，英国的大学法学院在法律教育中获得了中心地位。大学式的法律教育与行会式的业务培训构成了成为一名法律职业者的必要条件。[5] 在英国，成为一名出庭律师或诉状律师的两个重要条件，就是获得大学法学学位和在律师学院完成学习训练，而法官主要是从优秀律师中产生。[6] 经过漫长的发展历程，当今英国的法律职业形成了包括法官、律师、法学家以及其他职业在内的法律从业群体。至19世纪后期，美国大学法学院开始担当该国法律教育的主要任务。但与英国不同的是，进入美国法学院学习法律的学生，一般必须已经获得文科或理科学士学位（B. A. 或 B. S.）。入学者首先需要申请参加类似于研究生教育的全国性的"法学院入学考试"，通过考试后才能

---

[1] [德]马克斯·韦伯：《经济与社会》（下卷），林荣远译，商务印书馆1997年版，第120页。

[2] 参见[美]伯纳姆：《英美法导论》，林利芝译，中国政法大学出版社2003年版，第94页。

[3] 参见沈宗灵：《比较法研究》，北京大学出版社1998年版，第312~313页。

[4] 参见夏锦文：《法律职业的形成及其条件——一种制度史考察》，载《江海学刊》2008年第1期。

[5] 参见沈宗灵：《比较法研究》，北京大学出版社1998年版，第310页。

[6] 参见[德]K. 茨威·格特、H. 克茨：《比较法总论》，潘汉典等译，法律出版社2003年版，第287页。

在法学院中学习法律。因此,美国的法律高等教育体现出明显的职业教育特点。随着美国社会和文化的日趋复杂化,美国的职业法律家包括律师、法官、法院事务官、法院行政官、法律调查官等多种法律职业,他们与其他职业法律家一起,构成了当今对美国社会最具影响力的行业之一。

(三)职前培训制度是推动法律职业共同体形成的重要标志

从欧美等地法律职业生成发展来看,法律职业作为一种高度专业化的职业,在传统、制度、服饰、思维方式、行为方式等方面具有明显的独立性,在职业背景、职业意识、思维方式、话语系统等方面体现出高度的同质性。[1] 法律职业意味着从业者不仅要熟悉实用法律知识、具备深厚的法学理论素养,还必须具有从业的共同的职业能力和职业素养。为此,近代以来,英国等欧洲各国纷纷建立了法律职业职前培训制度,将司法考试选拔出来的法学教育的“优秀产品”,在律师学院完成学习训练或任职前实习培训等,形成具有一致的法律知识背景和法律思维方式,以及共同的法律语言和职业技能,达成职业伦理共识,推动形成真正意义上的法律职业从业群体。该制度后来又逐渐由欧美扩展至日本、韩国等世界其他一些国家,成为西方发达国家司法制度不可或缺的组成部分。

---

〔1〕 参见黄文艺、卢学英:《法律职业的特征解析》,载《法制与社会发展》2003年第3期。

第二章　分别组织考试与国家统一司法考试制度

改革开放四十多年来，我国法律职业资格考试（以下简称法考）经历了从无到有，由以全国律师资格考试代表的法律职业分别组织考试，到“四考合一”形成国家统一司法考试制度的发展过程。本章主要介绍改革开放后我国不同时期的法律职业考试制度，重点回顾全国律师资格考试制度，特别是国家统一司法考试制度的建立形成与改革发展历程。

第一节　分别组织考试制度

从狭义上讲，我国法律职业主要指法官、检察官、律师和公证员四种职业。改革开放后至2002年以前，我国对于上述四种职业的准入，实行的是分别组织考试制度，包括最高人民法院组织的全国初任法官、助理审判员考试，最高人民检察院组织的全国初任检察官、助理检察员考试，司法部组织的全国律师资格考试、公证员资格考试。

一、全国律师资格考试制度

律师制度的产生与我国民主法治建设不断进步紧密相连。同时，律师等法律职业者在推动法治实践中发挥着越来越重要的作用，客观上促进了律师制度的形成与发展。

（一）律师资格考核制度

1978年《宪法》恢复了刑事辩护制度；1979年颁布的《刑事诉讼法》及《人

民法院组织法》对律师参与刑事辩护作了原则性规定。1980 年 8 月 26 日，五届全国人大常委会第 15 次会议通过了新中国成立以来第一部关于律师的法律，即《律师暂行条例》（已失效）。该条例第二章规定，担任律师要具备律师资格，取得律师资格须经省、自治区、直辖市司法厅（局）考核批准。考核的条件主要是：申请考核的人，须受过高等法律专业教育或受过法律专业训练，从事过司法工作或法律教学工作或法学研究工作；受过高等教育，熟悉本专业及相关的法律法令，并经法律专业训练适合从事律师工作。根据这些条件考核合格的人员即可经批准担任律师。该条例的出台标志着律师考核制度正式建立。

（二）全国律师资格统一考试制度

1. 首次全国律师资格试点考试。1982 年 12 月 4 日，五届全国人大五次会议通过新修改的《宪法》。1982 年《宪法》的施行，推动法制建设加快步伐。为客观、公正地选拔人才，减少人为因素的干扰，1984 年，一些省（区、市）司法行政机关率先在本省范围内组织了对考核人员的专业知识考试试点。1986 年 4 月 12 日，司法部印发《关于全国律师资格统一考试的通知》，1986 年 9 月 27 日至 28 日，司法部组织举行了首次全国律师资格试点考试。律师资格考试是改革开放后我国最早举办的法律职业相关的资格考试。这次律师资格考试是司法部总结地方经验，并在全国十几个省市进行的试点考试。由于是试点考试，考试是由地方司法厅（局）组织命题并实施的，当时仅限于司法行政系统和政法机关的工作人员报名，并规定报名人员须具备法学专业大专以上或非法学专业大学本科以上学历。

2. 首次全国律师资格统一考试。1988 年 10 月，在总结两次试点考试经验的基础上，同时借鉴了一些发达国家司法考试的做法，司法部组织了统一的、面向社会的全国律师资格考试。这是新中国成立以来我国最早的统一法律职业资格考试。全国有 8 万多人报名并参加了考试。司法部在间隔了两年之后，于 1990 年、1992 年又分别举行了全国律师资格统一考试。从 1993 年开始，司法部为加快发展律师队伍，报经国务院批准，决定将全国律师资格统一考试定为每年举行一次。

3. 依法确立律师资格全国统一考试制度。1996 年 5 月 15 日，第八届全国人大常委会第 19 次会议通过了《律师法》，规定国家实行律师资格全国统一考试制度，经律师资格考试合格的才授予律师资格。律师考试主要面向社会，符合规定条件的人员均可报名。这是我国法律首次明文规定律师资格的取得采用统一考试制度。

根据《律师法》，司法部先后发布了三部考试办法（目前这三部考试办法均已失效）。1996 年 9 月 16 日发布的《律师资格考核授予办法》（司法部令第 43 号），1996 年 12 月 2 日发布的《律师资格全国统一考试办法》（司法部令第 48 号），2000 年 7 月 26 日发布的《律师资格考试办法》（司法部令第 61 号），进一步明确律师资格统一考试性质、报考条件、考试方式和考试内容以及考试组织实施等要求。

（三）全国律师资格统一考试模式

依据《律师法》和律师考试相关规定，全国律师资格统一考试由司法部统一命题、统一制作试卷，统一组织评卷，统一录取；实行统一报名条件、统一考试时间、一次考试四张试卷、统一合格分数线的考试模式，为后来的全国统一司法考试奠定了基础。

1. 考试方式。全国律师资格统一考试以闭卷笔答方式进行。考试分为 4 张试卷，每张试卷满分为 100 分，总分满分为 400 分，每张试卷考试的时间为 3 小时。

2. 考试内容包括宪法、法学基础理论、国际法、国际经济法、律师职业道德和执业纪律、律师法、行政法、行政诉讼法、刑法、刑事诉讼法、民法、民事诉讼法、合同法、公司法、破产法、仲裁法、海商法、票据法、税收法、金融法、保险法、知识产权法、法律文书写作及外语。外语考试可在英、日、俄语中任选一种。2000 年 7 月发布的《律师资格考试办法》（司法部令第 61 号），强调应考人员限于法学专业专科以上学历或者同等专业水平和非法学专业本科以上学历，首次明确了考试科目，主要考查包括民事、行政、刑事三大实体法、三大程序法在内的共 14 门科目。

3. 合格分数线的确定。1994 年以前，全国律师资格统一考试的录取方式一般以各省（区、市）为单位，由省级司法厅（局）依据司法部下达的录取比例确定本省的录取分数线。为保证录取人员基本专业知识水平，1994 年年底，司法部决定对 1994 年律师资格考试的录取工作实行统一分数线，考试及格分数统一定为 240 分。

(四)考试组织实施

依据相关规定,全国律师资格统一考试是专业资格考试属性,由司法部统一组织实施,每年举行一次。司法部律师司负责制定每次考试的具体方案,并负责命题和安排有关部门进行试卷的印刷和分送。各省、自治区、直辖市司法厅(局)负责组织本地区的考试工作,包括组织报名、对符合报名条件的人员颁发准考证、设置考区和考场、组织监考、回收试卷等项具体考务工作。此外,部、省、市三级司法行政机构在律师资格考核授予中均承担相应的管理职责。

全国律师资格统一考试在其存在的 14 年间共进行了 12 次考试,计有 150 万人次报考,其中 14 万余人取得了律师资格,[1] 为我国律师事业的发展输送和储备了一大批专业人才。

二、公证员资格考试制度

1982 年 4 月出台的《公证暂行条例》第 8 条规定:"有选举权和被选举权的公民,符合下列条件之一的,可以被任命为公证员:(一)经见习合格的高等院校法律专业毕业生,并从事司法工作、法律教学工作或者法学研究工作一年以上的;(二)在人民法院、人民检察院曾任审判员、检察员职务的;(三)在司法行政机关从事司法业务工作两年以上,或者在其他国家机关、团体、企业事业单位工作五年以上,并具有相当中等法律学校毕业生的法律知识的;(四)曾任助理公证员职务二年以上的。"第 9 条规定:"经见习合格的高等、中等法律学校毕业生,以及具有同等学力的国家工作人员,可以被任命为助理公证员。"可见,这期间从事公证业务应当符合上述条件,但无须参加统一资格考试。

我国的公证员资格考试制度,始于 1992 年司法部举行的全国公证员资格统一考试。从 1992 年至 2002 年,我国组织了 4 次全国公证员资格考试,实行全国统一的复习大纲,统一命题,统一评分标准,统一划定合格分数线。考试合格者由省、自治区、直辖市司法厅(局)颁发由司法部统一制作的公证员资格考试合格证书。

---

[1] 参见中华全国律师协会:《中国律师业发展报告(2000 年)》,第 6 页。

三、初任法官初任检察官考试制度

1995 年前,我国还尚未设立通过考试途径选任法官、检察官的制度,法官、检察官可由法院、检察院直接提名报同级人大任命。1995 年《法官法》《检察官法》出台,这两部法律首次规定了初任法官和初任检察官的考试制度,要求初任审判员、助理审判员、初任检察员、助理检察员采用公开考试、严格考核的办法,按照德才兼备的标准,从具备法官条件的人员中择优提出人选。这个阶段法院、检察院的任职考试主要面向本系统人员,非法院、检察院系统的人员不得参加。

依据《法官法》规定,最高人民法院建立了初任法官考试制度,并于 1995 年、1997 年、1999 年每两年举行一次考试,共进行了 3 次考试(1998 年单独加考了一次),通过人数近 4 万人。依据《检察官法》、《检察官考评委员会章程(试行)》(已失效)和《初任检察员、助理检察员考试暂行办法》(已失效),最高人民检察院建立了初任检察官考试制度。每年举行一次考试,并于 1995 年、1996 年、1998 年、1999 年分别举行了 4 次考试,总报名人数 6 万余人,通过人数约为 3.5 万人。[1]

四、分别组织考试的实施效果

(一)主要特点

综合分析上述四种法律职业考试,特别是初任法官、检察官与律师考试,在模式设计、考试方式和考试内容等方面差别较大。一是考试性质不同,律师资格考试是职业资格考试,通过考试取得申请从事律师职业的资格;而初任法官、检察官考试则属于任职考试。二是报名范围不同,律师考试面向全社会,符合报考条件的人员均可报名参加考试;而初任法官、检察官考试主要面向本系统,非法院、检察院的人员不得参加考试。三是考试内容不同,律师考试所涉及的范围较广,几乎涵盖了法学教育的主干学科;而初任法官、检察官考试范围较窄。[2] 初任法官考试主要结合审判业务,考试科目不包括国际法、国际私法;而初任检察官考试,主要结合检察业务,以刑事法律为主,对民事法律等考核相

[1] 参见祁彪:《回眸:我国法律职业准入制度的岁月变迁》,载《民主与法制周刊》2018 年第 28 期。
[2] 参见杜国兴:《国家统一司法考试制度略论》,载《法学家》2002 年第 5 期。

对较少。四是题型题量不同,律师考试为4张试卷,题型主要是选择题和案例分析题;初任法官和检察官考试均为3张试卷,题量相对较少,题型既包括选择、判断等客观题,也包括简答、材料分析、案例分析、文书写作等主观题型。

(二)成效与不足

从过去的内部录取、考核取得资格,到通过考试取得任职或执业资格,我国法官、检察官、律师、公证员四种法律职业资格考试制度的建立,对于提高法律职业队伍素质,促进法律职业专业化、职业化、正规化迈出了重要一步。特别是面向社会的全国统一律师资格考试制度,为建立国家统一的司法考试制度提供了实践样本。与此同时,法官、检察官、律师和公证员四种不同法律职业考试,其组织部门不同、性质不同,标准不一、门槛不一。对此,有关人士认为,这种分散、不统一的法律职业准入制度存在缺陷,难以体现共同职业标准,不利于我国司法人员队伍和律师、公证员队伍整体素质的提高和法律适用的统一。因此,社会各界尤其是法学界一直呼吁,希望国家能对四种不同的法律职业考试进行整合,并建议借鉴国外在法律职业人员选拔、培养方面的有益做法,在我国建立起统一的国家司法考试制度。

第二节　国家统一司法考试制度

国家司法考试是国家统一组织的从事特定法律职业的资格考试。国家统一司法考试制度是在全面落实依法治国基本方略时代背景下设立的,是选拔和储备法律职业人才的法律制度。建立和实施国家统一司法考试制度,是党和国家着眼建设社会主义法治国家,着力提高法治工作队伍素质,建立公正权威司法制度作出的一项重大决策,是法律赋予司法行政机关的一项重要职能。

一、国家统一司法考试制度的建立

(一)建立统一司法考试制度的提出

1997年党的十五大召开,第一次提出"依法治国,建设社会主义法治国家"。把"法制"改为"法治",是党治国理政方式上的一次革命。标志着我国进入了建设社会主义法治国家新的历史时期。2000年7月,九届全国人大常委会第16次会议初审《法官法》《检察官法》的修改草案时,部分委员提出了尽快建立国家统一司法考试制度的建议。对此,全国人大常委会和全国人大常委会法工委在经过认真研究后认为,随着我国经济社会的加快发展和司法改革进程的不断推进,社会各方面对建立这一制度已达成共识,且世界上许多国家均已实行统一的司法考试制度,加之我国的律师考试、初任法官和检察官考试已经进行了多年,积累了一定经验,在我国建立统一的司法考试制度的条件已经具备。[1]

(二)国家统一司法考试制度依法确立

2001 年 6 月 30 日,第九届全国人民代表大会常务委员会第 22 次会议通过了《全国人民代表大会常务委员会关于修改〈中华人民共和国法官法〉的决定》《全国人民代表大会常务委员会关于修改〈中华人民共和国检察官法〉的决定》,规定“国家对初任法官、检察官和取得律师资格实行统一的司法考试制度。国务院司法行政部门会同最高人民法院、最高人民检察院共同制定司法考试实施办法,由国务院司法行政部门负责实施”。还明确了法官、检察官任职学历条件,即高等院校法律专业本科毕业或者高等院校非法律专业本科毕业具有法律专业知识等要求,放宽地区任职学历条件为高等院校法律专业专科毕业。《法官法》和《检察官法》的上述规定,为建立实施统一国家司法考试制度提供了法律依据。根据修改后的《法官法》《检察官法》规定,司法部会同最高人民法院、最高人民检察院制定《国家司法考试实施办法(试行)》,于 2001 年 10 月 31 日公布,我国的国家统一司法考试制度正式建立。

2001 年 12 月 29 日第九届全国人民代表大会常务委员会第 25 次会议审议通过了《全国人民代表大会常务委员会关于修改〈中华人民共和国律师法〉的决定》,规定“取得律师资格应当经过国家统一的司法考试。具有高等院校法律专业本科以上学历,或者高等院校其他专业本科以上学历具有法律专业知识的人员,经国家司法考试合格的,取得资格”。放宽地区任职学历条件为“高等院校法律专业专科毕业”。2005 年通过的《公证法》,将通过国家司法考试作为担任公证员应当具备的条件之一,自此,“四考合一”正式形成。

---

〔1〕 参见祁彪:《〈最后的司考〉系列报道之一国家法律职业资格制度在改革中发展完善——专访司法部司法考试司司长贾丽群》,载《民主与法制》2017 年第 6 期。

（三）国家司法考试工作机构逐步建立

根据《法官法》和《检察官法》的规定，司法部会同最高人民法院、最高人民检察院制定了《国家司法考试实施办法（试行）》，作为组织实施国家司法考试的基本规范，于2001年10月31日向社会公布；2001年12月24日，司法部成立了国家司法考试司，对外称国家司法考试办公室，具体负责国家司法考试工作，同时成立国家司法考试中心具体承办国家司法考试的考务工作。各地司法厅（局）相继设立国家司法考试处负责和承办本辖区内具体的考务组织工作。经司法部与最高人民法院、最高人民检察院共同商定，成立了国家司法考试协调委员会，由司法部、最高人民法院、最高人民检察院及有关部门和法学院校、科研单位的专家、学者组成。

首次国家司法考试于2002年3月30日、31日举行。据统计，全国共有31万多人实际参加考试。约有2.4万人通过考试，占实考人数的7.6%。[1] 首届国家司法考试成功举行，实现了由"四考"到"一考"的平稳衔接，完成了我国法律职业准入制度由分散到统一的转变，为进一步健全和完善我国国家司法考试制度打下了坚实的基础，中国的司法制度改革由此揭开了新的一页。

二、国家统一司法考试制度规范的调整完善

从2002年至2017年，围绕加强和保障法律职业队伍建设，在考试规范、考试流程、管理方式等方面，司法考试制度得到进一步改进完善，其选拔储备法律职业人才和后备力量的职能作用得到有效发挥。与此同时，立足国情，结合我国经济社会发展不平衡的实际情况，着眼于解决西部及民族地区法律职业队伍建设的突出问题，在国家统一司法考试制度框架内，司法部商最高人民法院和最高人民检察院等相关部门，在中西部地区和民族自治地方实施放宽报名学历条件、适度降低合格录取标准等政策倾斜措施。

（一）加强国家统一司法考试制度规范建设

为确保考试公平、公正和安全规范，司法部注重加强司法考试制度规范建设。2008年，司法部会同最高人民法院、最高人民检察院联合修订了《国家司

---

〔1〕 祁彪：《回眸：我国法律职业准入制度的岁月变迁》，载《民主与法制周刊》2018年第28期。

法考试实施办法》,会同国家保密局制定出台了《国家司法考试保密工作规定》,修订或完善了工作规则、监考规则、应试规则、违纪行为处理办法、资格审核等部颁规章和规范性文件,2013 年制定出台了《国家司法考试应试人员考场违纪行为处理程序》(已失效)。为进一步严肃国家司法考试考风考纪和工作纪律,根据《刑法修正案(九)》等相关法律修订制定情况,2016 年 9 月,司法部修订了《国家司法考试违纪行为处理办法》,进一步规范国家司法考试违纪行为处理,较好地实现行政处理、行政执法与刑事司法的有效衔接,有效维护公平公正考试秩序。与此同时,各地司法厅(局)结合当地实际,也制定了一些规范国家司法考试组织实施工作的细则和办法,构建了具有较强针对性和可操作性的国家司法考试组织实施工作制度规范体系。

(二)修订国家司法考试大纲

考试大纲是考试的总章程。为充分发挥司法考试大纲的指引和规范作用,司法部多次对国家司法考试大纲内容进行修改调整。

1. 增加考试科目。根据大纲的要求,2002 年确定的考试科目以教育部公布的法学专业本科教育 14 门核心课程为主。2003 年考试大纲增加了法制史内容,2004 年 4 卷总分由 400 分调整为 600 分,2007 年起将社会主义法治理念和有关政法工作的重大理论观点、重大工作原则纳入考试大纲,单独列编,并在试题中明确分值比例。2011 年起,进一步增加社会主义法治理念考查内容,加大分值比例,考查内容由原涉及试卷一、试卷四两卷,扩大覆盖到全部 4 张试卷。2015 年,根据党的十八届四中全会《中共中央关于全面推进依法治国若干重大问题的决定》(以下简称《决定》),将社会主义法治理念科目调整为中国特色社会主义法治理论。

2. 加大了法律实务、职业伦理的考查力度。这期间,调整了考查学科内容、知识点分值比例,增加刑法、民法、行政法和刑事诉讼法、民事诉讼法、行政诉讼法等考试内容的比重,更加注重考查考生的司法实践能力。强化了法律职业道德内容的考查,在考试大纲中增加了法律职业道德内容的比重,引导法律职业从业人员切实遵守职业品行、履行职业责任。

(三)调整考试放宽政策

根据《法官法》《检察官法》的规定,对适用规定学历条件确有困难的地方,经有关部门审核确定，在一定时期内，可以将任职学历条件放宽为高等院校法律专科学历。据此，2002 年以来，最高人民法院、最高人民检察院、司法部先后下发通知，决定在部分地方放宽担任法官、检察官、申请律师执业的学历条件，并确定放宽任职执业地区范围。按照上述规定，司法部自 2002 年在组织实施国家司法考试时，综合考虑民族自治地方需求、国家扶贫开发政策，商最高人民法院、最高人民检察院同意相应确定了司法考试放宽报名学历条件地方范围。2005 年全国人大常委会法工委有关批复规定，对适用规定的任职或执业学历条件确有困难的地方，经有关部门审核确定，在一定时期内，可以将学历条件放宽为高等院校法律专业专科学历。按照上述规定，2002 年至 2017 年，国家司法考试先后多次扩大放宽报名学历条件实施范围，调整降分录取标准，并对使用少数民族语言文字试卷考生制定实施了多项优惠政策，下大力气解决中西部地区特别是基层法律职业队伍短缺问题。

1. 调整和扩大放宽政策实施范围。* 从 2002 年 1 月 1 日至 2017 年，司法部商最高人民法院、最高人民检察院，连续实施三期（每期五年）放宽考试报名学历条件政策，向社会公布国家司法考试放宽报名学历条件地方名单，调整和扩大了放宽报名学历条件地区范围，明确放宽条件地区报考学历条件放宽至法律专业专科毕业。

2002 年，列入国家司法考试放宽报名学历条件的地区，主要为国务院审批确定的国家级扶贫重点县（区）和民族自治地方。2003 年，新增 249 个县级行政区划；2005 年，将西部地区的省级扶贫重点县（区、市）列入放宽报名学历条件地区，新增 94 个县级行政区划；2007 年，将西部地区（除西藏外）11 个省份确定的省级扶贫重点县级市（区），享受民族区域自治或优惠政策的县级市（区）列入放宽报名学历条件地区，新增 107 个县级行政区划；2008 年，按照《国务院办公厅关于中部六省比照实施振兴东北地区等老工业基地和西部大开发有关政策的通知》精神，将中部 6 省符合西部大开发有关政策范围的 243 个县（区、市）中的 97 个县（区）增加为放宽报名学历条件地区，并依据相关规定增加四川省乐山市金口河区为放宽地区。至此，全国放宽报名学历条件地区涉及 25

---

* 《国家司法考试放宽报名学历条件地方名单》及相关数据资料，均来自司法部年度考试公告和成绩发布公告。——编者注

个省、自治区、直辖市的1213个县级行政区划。2011年按照国家相关政策要求,将西部10省(自治区)所辖县(市、区)全部纳入国家司法考试放宽政策实施地区范围。2017年,为贯彻落实中央关于在艰苦边远地区和民族地区适当降低司法考试门槛有关精神,司法部将黑龙江省大小兴安岭林区的37个县级行政区划单位纳入放宽条件地方。

2. 实施降分录取政策。适应民族自治地方和中西部基层法律职业队伍建设的需要,依据国家司法考试实施办法,司法部多次调整放宽地区申请放宽政策人员录取标准。2002年至2010年放宽地区年度合格分数线分别为:2002年235分,2003年225分,2004年335分,2005年330分,2006年325分,2007年320分,2008年、2009年、2010年315分。*

2011年至2016年,放宽地区实施分地区、分档次降分政策,分别降55分、50分、45分,即内蒙古、广西、宁夏、新疆4个自治区,四川、贵州、云南、甘肃、青海5个省的自治州、自治县合格分数线为305分;四川、贵州、云南、甘肃、青海5个省所辖县(市、区)合格分数线为310分;除上述10省(区)外,全国放宽报名学历条件地方合格分数线为315分。2007年开始,西藏自治区放宽合格分数线为290分,2008年至2017年为280分。

截至2017年6月,全国共有25个省(自治区)的1444个县适用放宽条件政策,降低了报考人员的学历条件,降低合格分数线的标准。15次司法考试,全国有15万人因为考试放宽政策获得了法律职业资格证书,[1]其中很大一部分取得资格人员,充实到偏远贫困地区、少数民族地区基层的法律实务部门任职,或者担任律师和公证员,有效缓解了上述地区法律人才短缺问题。

3. 对使用少数民族语言文字试卷考生实施优惠政策。依据《国家司法考试实施办法(试行)》有关规定,为方便少数民族考生备考,2003年以后,司法部制定并实施了对使用少数民族语言文字试卷考生的多项优惠政策。针对西藏、新疆、内蒙古等少数民族集中地区,翻译印制了蒙古文、维吾尔文、哈萨克文3种少数民族语言文字考试大纲,翻译印制了哈萨克文、维吾尔文、朝鲜文、蒙古

---

* 2002年、2003年,考试总分为400分,统一合格分数线为240分;2004年至2017年,考试总分为600分,统一合格分数360分。——编者注

〔1〕《司法部举行"国家司法考试组织实施工作情况"发布会》,载国务院新闻办公室网2017年6月5日,http://www.scio.gov.cn/xwfbh/gbwxwfbh/xwfbh/sfb/Document/1554253/1554253.htm。

文、藏文5种少数民族语言文字试卷，单独确定少数民族语言文字试卷考生录取合格分数线，为民族自治地方选拔了一批优秀双语法律职业人才。

（四）允许普通高校在校四年级学生参加司法考试

为进一步拓宽司法机关招录法律人才渠道，促进优秀法律本科毕业生顺畅地进入法律职业，自2008年起，允许普通高校在校四年级学生参加国家司法考试。仅2014年报考人数达到8万余人，占全国报考人数的17.6%，自2008年至2013年，有近8.6万名应届本科毕业生取得法律职业资格。[1] 允许普通高校在校四年级学生参加国家司法考试，拓宽了司法机关招录法律人才渠道，促进了优秀法律本科毕业生顺畅地进入法律职业，有利于推动法律职业队伍专业化建设。

（五）允许我国香港、澳门特别行政区和台湾地区居民参加司法考试

根据国务院批准的《内地与香港关于建立更紧密经贸关系的安排》和《内地与澳门关于建立更紧密经贸关系的安排》（以下简称《两个安排》），司法部于2003年11月制定并发布了《香港特别行政区和澳门特别行政区居民参加国家司法考试若干规定》（已失效），允许符合规定条件的香港、澳门居民在内地考区报名参加国家司法考试。2004年，将广东省深圳市和珠海市设为居住在香港、澳门特别行政区的香港、澳门居民的集中报考地区。2005年，司法部对《香港特别行政区和澳门特别行政区居民参加国家司法考试若干规定》作出修订，决定在香港和澳门分别设立考区，举行国家司法考试，以方便居住在香港、澳门的居民报名参考。

为促进大陆与台湾地区的交流与合作，增进海峡两岸交往，根据《国家司法考试实施办法》，2008年，司法部制定并发布了《台湾居民参加国家司法考试若干规定》，允许符合规定条件的台湾居民在大陆报名的，应当在报名地司法行政机关设置的考试场参加考试；在香港、澳门报名的，应当在香港、澳门承办考试组织工作的机构所确定的本地考场参加考试。同时，为方便居住在台湾岛内或国外的台湾居民来大陆报考国家司法考试，司法行政机关在广东省深圳市和福建省厦门市专门设立报考点，负责办理台湾居民报名和考试工作。

---

〔1〕 参见周斌：《司法考试13年：64万人过司考超半数从事法律职业》，载中国新闻网，https://www.chinanews.com.cn/fz/2014/09-17/6598256.shtml。

（六）强化考试诚信建设

为便利考生报考，2017 年，司法部对全日制普通高等学校四年级应届本科毕业生参考的，在报名时不再要求其提供所在院校出具的格式证明信息，改由考生本人对信息的真实性作出承诺。[1] 对参加高等教育自学考试，单科成绩已全部合格人员，不再要求其报名时出具格式证明，也改为由考生作出相应承诺。此外，这一年还取消了台湾考生使用户籍誊本或者户口名簿复印件报名时提供公证的规定，对香港、澳门考生报名时也不再要求提供身份证或身份证明复印件的公证信息，改为由考生对本人提交的身份信息真实性作出承诺，进一步便利港澳台考生报名参考。推行承诺制，要求考生对自己填报的信息真实有效负责，既是司法行政机关推出的一项便民利民举措，也是强化考试诚信建设的重要内容。

（七）推进考试信息化建设

为进一步提高考试工作效率和工作质量，司法部和考区所在地司法行政机关不断加快信息化建设步伐，着力推进考务工作的科学化和规范化。

1. 实施网上考务管理。从 2003 年开始，加大报名工作的科技含量，逐步推行网上考务管理的工作模式，即考生在现场报名时可一次性完成审验、收费、采像和核发准考证等全部环节，基本实现了准确、高效、便捷的预期目标，得到了考生和社会的好评。

2. 实施网上评卷。从 2005 年开始，对第四卷（主观卷）全部实行网上评阅。相对以往的人工评卷，网上评卷模式较客观地反映了考生考试的真实状况，同时也大大提高了试题评估、考试组织等方面数据统计分析的准确性。

3. 实施全程网络化管理。从 2010 年开始，全国司法考试报名实行统一网上报名。2011 年，率先在上海市试行国家司法考试报名全程网络化管理，取消现场确认工作环节，基本实现了网上报名、网上缴费、自行打印准考证、网上资格初审、网上监管的管理目标。2013 年，司法部决定全面实行国家司法考试工作全程网络化管理。2015 年开通试运行法律职业资格管理系统，实现了省级司法考试管理机构之间取得法律职业资格人员档案的电子流转。

---

〔1〕《司法部举行“国家司法考试组织实施工作情况”发布会》，载国务院新闻办公室网 2017 年 6 月 5 日，http://www.scio.gov.cn/xwfbh/gbwxwfbh/xwfbh/sfb/Document/1554253/1554253.htm。

4. 实施计算机化考试方式试点。适应计算机化考试的发展趋势，2017年司法部决定在黑龙江大庆、江苏苏州、广西北海、重庆北碚和宁夏石嘴山5个考区实行计算机化考试试点。[1] 选择在这5个考区报名考试的考生，前三卷采取"机考"的方式参考。实践证明，推进考试信息化建设，实施考试全程网络化管理，既方便考生报名、参考、申领资格，又提高了工作效率，有效降低考试安全风险，保障了考试组织实施工作的顺利进行，为全面实施计算机考试方式奠定了基础。

三、国家统一司法考试组织实施评价

(一) 建立国家统一司法考试制度意义重大

1. 实行统一的法律人才选拔标准，完成了四考到一考的整合，形成了法律职业统一准入制度。国家统一司法考试制度的建立实施，有利于提高特定法律职业人员的整体素质，对于把住法律职业入口关发挥了重要作用。

2. 将高等院校法律专业本科毕业或高等院校非法律专业本科毕业具有法律专业知识等专业学历，明确为司法考试报考条件，初步建立司法考试与大学法学教育的互动关系，进一步推进法学教育、司法考试、法律职业的紧密衔接。

3. 建立实施国家统一司法考试制度，构建以法官、检察官、律师、公证员等特定法律职业为核心的法律职业共同体，是我国司法改革的一项重大举措，有利于推动建立科学合理、适合中国国情的司法制度。

4. 经过努力，建立健全了考试组织实施工作机构，形成了以社会主义法治理念为统领，以法学教育的核心课程和司法机关的业务需求为测试基础，比较完备的国家统一司法考试组织实施制度体系，为建立实施国家统一法律职业资格考试制度提供了有利条件，积累了有益经验。

(二) 司法考试实施成效

司法考试在很大程度上沿袭了过去律师资格考试的方式，其最突出的特点是，采用一次性书面考试模式。这种模式的优点：一是组织成本较低。由于每年只组织一次考试，考试的组织成本相对较低，在试卷运输、考场设置、考试监

---

[1] 《司法部举行"国家司法考试组织实施工作情况"发布会》，载国务院新闻办公室网2017年6月5日，http://www.scio.gov.cn/xwfbh/gbwxwfbh/xwfbh/sfb/Document/1554253/1554253.htm。

督等方面投入的费用较少。二是考生负担较轻。考生每年只参加一次考试，备考时间可以集中在一个时间段。三是考查内容较全面。题型既包括以选择题为主的客观性试题，又包括案例分析、论述、司法文书等主观性试题，因而具有一定的区分度。我国自 2002 年实行统一司法考试以来，选拔了一大批合格法律职业人才。据统计，自 2002 年组织首次司法考试，到 2017 年实现司法考试的圆满收官，司法部共组织实施了 16 次司法考试。全国有 619 万余人次报名，513 万余人参加考试，有 98 万人通过考试取得法律职业资格。其中，近一半人员从事法官、检察官、律师和公证员等法律职业，还有大量人员从事立法、行政执法、公司企业法务等法律工作，基层法律职业队伍得到有效补充，为社会主义法治建设提供了有力人才保障。[1]

(三)考试模式有待改进

随着全面依法治国步伐加快推进，全社会对高素质专业化法治人才需求越来越迫切。伴随着司法考试的逐渐进行，其报考条件过于宽泛、一次性书面考试模式的科学性，以及通过一次考试而不必进行专业训练就取得职业准入资格，即"一考定乾坤"等问题引起各方面关注。

1. 在报考条件方面，尽管明确了"高等院校法律专业本科毕业或高等院校非法律专业本科毕业具有法律专业知识"等要求，但是，实际上并未作严格规定，相对宽松的报考条件导致不完全符合法律职业需要的考生报考。

2. 试卷结构不尽合理。由于一次性考试方式，四张试卷分值相同，且 3/4 的分值集中在选择题这一客观题型上，只要前 3 卷客观题答得好，第四卷主观题做得差一点，考生仍有很大的可能取得法律职业资格。可见，一次性书面考试增大了不具备从事法律职业能力者取得司法考试合格成绩的可能性。[2]

3. 难以全面考查考生能力。司法考试前 3 卷以选择题为主，而选择题强调答案的标准化和"唯一正确性"。从司法考试历年公布的真题来看，前 3 卷大

---

〔1〕 参见王亦军：《今年国家统一法律职业资格考试 6 月 20 日开始网上报名》，载中青在线，http://news.cyol.com/yuanchuang/2018-06/08/content_17272804.htm。

〔2〕 参见徐盈雁：《现行司法考试弊端有目共睹　司考改革势在必行》，载《检察日报》2006 年 8 月 11 日。郑成良教授认为，现行一次性书面考试增大了不具备从事法律职业能力者取得司法考试合格成绩的可能性，因为任何考试都带有偶然性，考试的次数越少，考试结果偶然性的概率越大，"一考定终身"的弊端不言而喻。

多以法律、司法解释的条文为考点，因此客观上只能是对考生的了解和理解能力检测，也就是侧重于记忆能力的检测，法律应用能力的考核效果并不明显。但在一次性考试模式下，因为试题的数量、试卷的数量、单场考试时间和考试场次在总体上都有一定的上限，无法实现全面考查考生分析问题能力、逻辑思维能力目标。

4. 考务组织存在资源浪费。一次性考试模式要求所有考生参加全部考试，回答全部主客观试题，而事实上，每年约有 60% 的考生对法学基础知识尚未系统掌握，因而对这部分考生的主观题评阅并没有实质意义，徒增评阅负担，也是考务组织上的资源浪费。[1]

5. 统一职前培训制度尚未形成。各自独立分散的职前培训制度，难以构建科学的法律职业人员养成机制，不利于形成法律职业队伍统一的法治理念、法律意识和职业技能、职业伦理。由此，司法考试制度改革势在必行。

---

〔1〕 参见潘剑锋：《论以法律职业精英化为目标的法律职业资格考试》，载《现代法学》2019 年第 5 期。

第三章　国外司法考试制度

受法律制度、司法制度和历史文化等因素的影响，"法律职业资格考试"或"司法考试"称谓不尽相同，各国的考试模式也各有其特点。国外司法考试制度经过长期发展、演变，现已出现多种模式，多数发达国家司法考试制度带有其所属法系的特征。本章重点梳理介绍以英美为代表的普通法系国家律师考试制度，以德日韩为代表的大陆法系国家司法考试制度，并比较分析两大法系司法考试的主要特点。

第一节　普通法系国家司法考试制度

普通法系国家实行法官、检察官、律师任用一元化模式，其律师资格考试就是其法律职业资格考试。法官、检察官是从有经验的律师中选任的，律师须通过严格考试才能获得执业资格，如英国、美国、澳大利亚、加拿大等。

一、美国律师资格考试制度[1]

美国没有法官、检察官考试制度，只有律师资格考试制度。美国律师资格考试是其法律职业的入门考试，绝大多数法官又从优秀律师当中选拔产生。同时，美国作为联邦制国家，其国内各州都实行独立的律师资格考试制度，没有全美统一的律师资格考试。1878 年，美国成立了由法官、律师、检察官、法学教授

〔1〕 本部分内容参考 2009 年司法行政系统外事干部赴美培训考察报告相关材料。

组成的自治性团体——全美律师协会(American Bar Association,ABA)。美国律师协会设置的专门部门负责美国法学院教育和律师资格考试准入,只有美国律师协会认可的法学院 J. D. 毕业生,才可以报名参加各州的律师资格考试。1931 年,美国成立了全国律师资格考试委员会,为各地律师考试机构提供标准性考试试卷,协调各地考务工作,并于 1971 年实现了各州在律师资格考试时间、形式方面的统一。

(一)报考条件

美国律师资格考试对报考者的籍贯(如得克萨斯州规定只有本州公民才能参加本州律师资格考试)、年龄(一般是申请考试人员须年满 18 周岁,有的州则要求达到 21 周岁)以及学历资格、考试管理机构、考试内容和形式具有相应规定和要求。根据规定,取得美国律师协会认可的大学法学院法律博士学位可以报考所有州的考试,取得法学硕士学位只能在美国的 11 个州报考。法学硕士要在考试前 6 个月向考试单位申请"考试资格审核",一般要求递交本科四年法律教育的成绩单、法学硕士证明等。只有审核通过后,方可在考试前 3 个月缴费报考。

(二)组织管理

美国律师资格考试由各州自己组织,由各州律师资格考试委员会负责、律师协会参与。大多数州 1 年举行 2 次考试(有的州 1 年举行 1 次考试),并以闭卷形式进行。各州律师资格考试委员会负责本州律师考试的命题与评卷,在律师资格考试前,由律师协会就考试时间、地点和费用等事项对外发布通知。美国联邦和各州不对律师资格考试进行财政拨款,律师资格考试经费来自考生报名费,报名费的结余部分上缴州财政。律师资格考试录取率由各州决定。一般来说,通过了律师资格考试,就可以直接取得律师资格。但各州律师协会一般在考试前,还会采取不同的方式,对考生精神状况和道德品质进行审查和调查。调查主要集中在身体是否健康、是否有吸毒行为、是否诚实等方面,以防止不符合条件者进入法律职业队伍。

(三)考试方式

1870 年之前,美国律师资格考试主要采取口试,19 世纪末开始采用笔试方式。考试内容包括联邦法和所在州地方法两部分。联邦法采取全国联考,统一命题和考试,内容包括法律职业资格考试、法律职业技能考试、法律讨论分析考试等几个部分;州法律则由各州单独出题和测试,内容多涉及本州的法律法规。州法律考试形式既有选择题,也有问答和案例分析题,该部分考题由州律师资格考试委员会命题及评分。此外,通过律师资格考试的考生,还必须通过美国律师协会规定的职业道德规范考试,才能被授予执业资格。职业道德规范考试是单独进行的一次全国性考试,考试内容为职业伦理和职业责任,题型全部是选择题。

(四)律师执业特点

美国律师执业范围非常广泛。律师既可以在律师事务所担任专职律师,也可以在政府组织等公共部门和私人企业从事法律事务,甚至可以担任私人专职法律顾问,也有的律师受雇于政府部门,担任检察官。但是,无论担任何种法律工作,符合一定条件,具有多年实务经验的优秀律师,都可以通过推荐的方式成为美国联邦法院和地方法院的法官。因此,在美国,律师是法律职业的起点,也是法律职业的主要组成部分。检察官实际上是政府雇佣的律师。尽管美国各地法院设置以及法律制度不同,但是,在大多数情况下,担任法官都需要具有法学院毕业背景、取得律师资格以及具有一定期间的律师执业经验。

二、英国律师资格考试制度

英国同样实行法律职业一元化模式。律师是法律职业的起点,英国法律职业是以律师职业为主体的(检察官属于国家律师),其律师资格考试就是法律职业资格考试。与美国不同,英国源于其贵族式的政治传统,律师分为初级律师(又称事务律师)和出庭律师(又称辩护律师)两类。英国检察官作为国家律师,从社会律师中挑选产生,必须是具有10年以上资历的大律师或者律师。[1]英国在1461年首次设置的检察长一职,就是从原来的国王律师更名而来。英国法官也多是从具有长期执业经验的律师特别是出庭律师中选任。

(一)出庭律师

出庭律师的重要工作是出庭从事民事和刑事案件诉讼活动。出庭律师分初级出庭律师和皇家出庭律师。一般来说,从事10年以上律师工作的优秀出

---

〔1〕 参见陈业宏、唐鸣:《中外司法制度比较》,商务印书馆2000年版,第132页。

庭律师，经过推荐才可能成为皇家出庭律师，皇家出庭律师通常比初级出庭律师的收费要高。除了治安审判官以外，英国法官主要是从出庭律师中选任的，皇家出庭律师更是英国法官的供给源。英国所有的出庭律师都是从历史悠久的林肯律师学院、雷格律师学院、内殿律师学院、中殿律师学院，这四大律师学院毕业的。律师学院是自治性的法律职业训练机构，不仅是出庭律师的训练场所，而且是出庭律师资格的考试机构和出庭律师的监督组织。在进入律师学院学习时，必须提供证明其"品质良好"的证明书两份，有犯罪记录者、宣告破产者不能进入律师学院。进入律师学院原则上要求具有大学法律学位，或者通过了专门为非法律专业毕业生获得法律文凭而举办的考试。四大学院的毕业生要取得出庭律师资格必须符合下列条件：(1)按照规定参加一定次数的学术交流聚餐会活动；(2)通过法律教育委员会主持的考试；(3)由所在律师学院授予律师资格，并在一个至少拥有5年经历的出庭律师的指导下参加为期1年的法律实习活动。英国出庭律师资格考试由四大律师学院委托法学教育评议机构组织实施，因此，对律师资格的考试实际上是律师学院主持。出庭律师资格考试分两次进行，第一次为基础法学阶段，第二次为职业适合阶段。前一阶段考试重在考查学生对基础知识的掌握，如果已在大学取得法律学位可以免试；后一阶段的考试则强调实务性和可操作性。[1] 出庭律师资格考试的内容包括论文考试和选课考试两部分。论文考试包括：(1)普通法与刑法论文；(2)衡平法论文。选课考试包括：民事诉讼程序、刑事诉讼程序和证据法，亲属法、租税法、土地租借法、买卖法和分期付款购买法，地方自治及城市规划、不动产转让实务，国际贸易法，国际税法和国际公法等。

(二)事务律师

英国于1974年制定了《事务律师法》，对事务律师的职业与业务作了比较全面的规定。事务律师主要工作是处理诸如起草法律文书一类的一般性律师业务，以及为出庭律师的出庭进行准备工作。担任事务律师，一般经过如下步骤：(1)大学毕业并取得学士学位；(2)登记作为律师协会的进修生；(3)在执业事务律师的指导下从事法律实践；(4)参加事务律师资格考试。

英国初级律师资格考试则由律师协会主持，考试内容包括必考科目和选考

---

〔1〕 参见张采凤主编：《比较司法制度》，中国人民公安大学出版社2007年版，第74页。

科目两部分。必考科目为不动产转让、会计、租税法、衡平法和继承法、商法、公司法和合伙法。选考科目有亲属法、地方自治法、治安审判法等。具有法律学士学位的学生如果在大学期间的考试同考试科目相同,且考试合格者,那么在考试中可免试这些科目。

(三)律师执业条件

根据英国法律,通过律师资格考试获得律师资格,并不意味着可以直接执业,还应完成一定期限的实习,方可进行执业。对于希望成为出庭律师者来讲,获得律师资格证书后的见习阶段,是跟随一个至少有5年资历并正在执业的出庭律师实习1年。经导师(专门负责传授实务技能的出庭律师)考评合格后,见习律师就正式获得出庭资格。现任的专利代理人、商标代理人和事务律师,不能成为出庭律师。

准备从事事务律师执业的人通过律师资格考试后,要到事务律师事务所或者其他被允许的机构,如政府部门、皇家检察服务部门、治安法院服务部门、工商业机构等,经过2年的全职实习(或者4年兼职实习)。申请事务律师资格的人,则必须是"人品和其他条件都适合担任事务律师的人",并由事务律师协会负责对其进行资格审查。完成实习后,保持良好记录者就可获得事务律师执业资格。

第二节　大陆法系国家司法考试制度

大陆法系国家实行法官、检察官、律师任用上的二元化模式,法官、检察官、律师都是单独培养的,法官、检察官一般不从律师中产生。这种任用二元化又可细分为两种模式:一是法律职业资格分别取得,指法官、检察官资格考试和律师资格考试分别进行,即对法官、检察官和律师分别采用不同的资格取得制度,如法国。二是法律职业资格统一获取,指律师、法官和检察官资格经过统一的司法考试和实习获得,如德国、日本、韩国等。

一、德国司法考试制度[1]

德国实行统一选任法官、检察官和律师一体制考试模式。欲从事检察、审

〔1〕 参见《2002年中国司法部赴德意考察司法考试研究报告》相关内容。

判、律师、公证职业必须首先取得法律职业资格。德国关于考试制度规定有德国《基本法》、《法官法》、《律师法》、《法律职业教育改革法》,州《培训法》及实施条例等。在德国国家权力架构中,法律职业资格考试归属司法行政事务(具有行政权性质)。所以,德国法律职业资格考试工作由州司法部负责,在州司法部内设州法律考试局。根据德国议会2002年4月21日通过的德国《法学教育改革法》,[1]《法官法》《律师条例》进行了修订,强化了大学的法律职业培养目标和要求。

(一)考试制度[2]

德国将"第一次国家考试"分解为"大学考试"和"国家考试"两个部分。其中"大学考试"的考试权归大学行使,考试内容是大学选修科目;"国家考试"由国家(各州)举行,内容仅涉及大学必修科目。"大学考试"和"国家考试"两部分都通过的考生,也就是通过第一次国家考试的考生,即取得实习文官资格,可进入为期两年半的见习期。实习分别在民事(刑事)法院、检察机关、地方政府、律师事务所进行。实习内容包括律师、法官、检察官及公司、银行等业务。实习期间从州司法部每月领取生活费,参加8次口试和8次笔试,考试全部合格并顺利完成实习任务者,即可参加第二次国家司法考试。第二次国家司法考试由联邦司法部主持,考试形式分笔试和口试两种,主要考查应试者实践能力。考试内容是对已办结的案件处理的评估、案例分析以及由考试委员会主持的面试。如考生不能通过第二次国家司法考试,还有一次补考的机会。通过第二次国家司法考试后,即取得候补文官资格。司法部颁发法律职业人员资格证,终身有效。通过者可申请成为律师、法官、检察官。

(二)职业选任制度

德国法官、律师、检察官职业通过不同的途径申请获得。其中德国法官的产生,首先要由持有考试资格证书的人员主动申请参加法官选任考试,考试合格并经考查通过者被任命为预备法官,预备期满再被授予正式法官资格。德国检察官采取任命制,先从持有考试资格证书的人员中选择任用实习检察官,再授予候补检察官,最后是授予最低一级的检察官,然后,在检察系统内逐级晋升。

---

[1] 参见左菁:《论德国法学教育改革与最新立法》,载《教育科学论坛》2016年第5期。
[2] 参见叶芳:《德国司法考试制度及启示》,载《中国司法》2011年第2期。

二、日本司法考试制度[1]

日本社会历史上多秉承中华法系基本精神,直至明治维新以后,才将司法权与行政权相分离,逐步确立起近代司法制度。到了近代后期,对“三法曹”(法官、检察官、律师)的选拔制度逐步改进完善。日本于1923年正式实施高等考试司法科考试制度,1929年进一步修改了《高等考试令》。第二次世界大战后日本在美国的干预下,开始将法曹选拔制度与行政官选拔制度分立,并于1949年开始对法官、检察官、律师实施不加区分的统一资格考试制度和司法研修制度。

(一)发展概况

日本自2004年开始实施法学教育和司法考试制度改革,2006年实施《司法考试法》,改革的主要目的是将原先单纯靠考试形式对人才进行选拔的司法考试制度,转变为以法曹教育培养为主的司法考试制度,创设研究生教育层次的法科大学院,实行新的司法考试制度和司法研修制度,构建以法学教育、司法考试、司法研修三个环节有机结合的培养方式,来保障法律职业人才的素质。日本的法律职业资格考试又称为司法考试,由法务省的下设机构,即司法考试委员会来管理和主持。

(二)考试方式

日本相关法律规定,司法考试目的在于判定将要成为法官、检察官和律师的人,是否具有必要的法律知识以及能力。根据2006年《司法考试法》,只有法科大学院的毕业生才有资格参加司法考试,且司法研习的时间也缩短为一年。非法科大学院的毕业者可以通过司法考试预备考试取得新司法考试的考试资格。司法考试预备考试旨在判定考试者是否具备与法科大学院毕业生相当的学识及相应能力,以及履行法律相关实务的基本素养。2006年《司法考试法》还规定考试题型采短答式及论文式,以笔试方法进行。[2] 论文式采取给出大段案例让考生分析法律问题的方式。短答式与论文式比重为1:4,总分为论文式与短答式得分之和。合格者进入司法研习环节。

---

〔1〕 参见2009年中国司法代表团《关于赴日本司法研修所考察日本司法制度研究报告》相关内容。

〔2〕 参见肖萍:《从转型中的日本司法考试制度看我国司法考试制度的完善》,载《法学杂志》2010年第3期。

(三)统一研修制度

统一研修制度是日本司法考试制度的重要内容。对有志于成为法律职业人员的日本考生来讲,通过司法考试仅仅意味着取得了接受国家司法培训的资格。要真正成为法官、检察官、律师,还必须在隶属于最高裁判所的司法研修所中接受一系列的专门实务教育。实务研修采取集中授课教育和实地实习相结合的方式,特别强调司法实务教育。司法研修生要接受根据证据法原理对事实作出判断的训练,要以实际案例为素材进行训练,还要到法院、检察厅、律师事务所接受"一对一"的学徒式教育。在这一系列严格训练的基础上,司法研修生还需要最后通过毕业考试,合格者根据个人的意愿分别从事法官、检察官、律师工作。

三、韩国司法考试制度[1]

第二次世界大战后韩国法律制度受美国影响较大。1948 年实施的法律职业资格考试称为"朝鲜辩试",选拔法曹。此后,韩国先后颁布了《司法官试补的任命修习和考试规定》(1950 ~ 1963 年)、《司法考试令》(1964 ~ 2001 年),使得其考试制度不断完善。21 世纪初,韩国大力进行司法考试制度改革。2002 年开始,韩国实施《司法考试法》,该法规定欲成为法官、检察官、律师或军法务官的人都要参加统一的国家法律职业资格考试。法律职业资格考试工作由法务部主管,法务部成立考试委员会具体负责考试事务管理和实施工作。2005 年 5 月 16 日,韩国司法改革推进委员会(系总统咨询机构)提出了按照美国"法学院"模式进行相应改革的法律草案。目前,韩国采取的是法律职业一体化考试制度,实行统一选拔、统一研修和培训。

(一)考试方式

韩国考试以范围广、知识难、通过率低而著称。根据《司法考试法》,韩国国家法律职业资格考试每年举行一次,每次考试又分三次进行。只有通过前一次考试合格者,才有资格参加下一次考试。出题方式是从题库中选择考题。第一次考试的内容是选择题(包括必考和选择科目),主要考宪法、民法、刑法、外

---

〔1〕 参见韩大元:《韩国司法改革及其启示》,载《人民法院报》2002 年 1 月 21 日;刘复晨:《透视韩国司法考试制度》,载《教育》2007 年第 23 期。

语、经济学、文化史等八门课程。考试通过者,两年内可以参加第二次考试。第二次考试内容是笔试论述题,主要考宪法、行政法、商法、民法、民事诉讼法、刑法、刑事诉讼法等,通过率为 30% 左右。要求采取论文形式作答,是三次考试中最难的一次考试。第三次考试是面试,考生须在多位考官面前与其他考生一起讨论和回答考官提出的问题,一般持续 10 分钟左右。2007 年,韩国国会通过了《法学专门大学院法》,该法案规定引进法律研究生院制度。不论本科学历为何,都须在完成法学研究生教育后,才能参加司法考试。这一方面将使法学本科教育解脱出来,成为真正的法学基础教育;另一方面,今后任何人不论本科学历为何,也都必须在完成法学研究生教育后,才能投考司法考试,从而保证了法律行业的执业水准。[1]

(二)统一研修制度

即使通过国家法律职业资格考试的人,也不能立即成为法官、检事、律师。韩国法律规定,通过考试并不当然取得从事法律职业的资格,考试合格人员必须进入最高法院办的司法研修院完成两年的司法研修学习,学习法官、检事、律师的全部业务。通过毕业考试后,根据本人的愿望与成绩,安排其为法官、检事或律师。与日本情况类似,韩国法官及检察官社会地位较高,所以,通过考试者首先希望成为法官、检察官,其次才是律师。能否被选拔为法官、检察官,主要取决于考试成绩及学员在司法研修和培训中心学习期间的考试成绩。

尽管两大法系因历史传统、法律渊源等方面的区别,带来了两者在考试制度和法律职业选任制度上的差异。但通过上述比较可以看出,以判例为主要法律渊源的普通法系国家,和以成文法典为主要法律渊源的大陆法系国家,在法律职业选任制度方面有诸多共性,特别是在法律职业人才养成机制上具有共同的特点,即成为专业的法律从业人员一般要经历三个阶段:严格的法学教育培养、科学的考试选拔和系统的职前实务培训。日本 2006 年的《司法考试法》规定,创设研究生教育层次的法科大学院,实行新的司法考试制度和统一司法研修制度,韩国 2007 年通过的《法学专门大学院法》,借鉴日本的做法,该法案规定引进"法律研究生院制度"。日、韩两国都构建了以统一法科研究生教育、统一司法考试、统一司法研修三个环节有机结合的"一体化"法律职业人才养成

[1] 参见刘复晨:《韩国改革司法考试制度》,载《法制日报》2007 年 7 月 18 日,第 4 版。

机制，推动形成以法官、检察官和律师为核心的同质化的法律职业群体，进而保障法律职业人才的整体素质和专业水准。

随着现代各国对不同法系理念和制度的相互渗透和借鉴，各自都在加快推动法学教育、考试制度与法律实务的有机衔接，形成了法律职业人才养成的一般规律，从而有利于甄选出更优秀的法律职业人才，进一步推动法律职业专业化水平，更好地满足本国法治实践的需要。

第四章　国家统一法律职业资格制度

国家统一法律职业资格制度，是为全面依法治国提供人才保障的基础性制度。建立这一制度，旨在遵循法律职业人才形成规律，在指导思想、工作目标、准入标准、制度机制等方面，进行全新的设计与改革，进而提升法律职业人员应当具备的职业素养、职业能力和职业操守，更好地推进法律职业队伍革命化、正规化、专业化、职业化建设。本章重点阐述建立国家统一法律职业资格制度的必要性，基本思路和主要任务，以及统一国家法律职业资格制度构成和重要意义。

第一节　国家统一法律职业资格制度的确立

一、建立国家统一法律职业资格制度的必要性

（一）法律职业专业化职业化建设扎实推进

1. 法学教育发挥了人才培养的先导性作用。总体来看，改革开放四十多年来，法学教育历经恢复重建、快速发展、改革创新三个阶段。特别是 21 世纪以来，以建立实施国家统一司法考试制度为契机，围绕更好地为法治建设实践提供高素质法治人才保障，法学本科阶段的人才培养逐步强化了专业教育基础上的职业教育培养模式，推动我国法学教育全面转型。[1] 2011 年教育部、中共中央政法委发布了《关于实施卓越法律人才教育培养计划的若干意见》后，我国

〔1〕 参见霍宪丹：《论当前我国的统一司法考试与法律教育改革》，载《环球法律评论》2002 年第 1 期。

法学教育培养应用型、复合型法律职业人才力度进一步加大。进入新时代，适应我国社会主要矛盾变化和法治建设新的目标任务要求，以习近平总书记2017年5月3日在中国政法大学考察时的重要讲话为根本遵循，着眼于为全面依法治国培养德才兼备高素质法治人才，促进我国法学教育进一步变革创新。2018年9月，教育部、中央政法委发布了《关于坚持德法兼修 实施卓越法治人才教育培养计划2.0的意见》。该意见突出强调了法治人才的政治素质和法律职业伦理教育要求，明确完善协同育人机制，构建以高校为核心、以法治实践部门为共同责任主体的“法治人才培养共同体”，进一步推动了法学教育内涵式发展和法治人才培养能力稳步提升。截至2021年8月，全国共有法学一级学科博士点55个、硕士点149个，632所高校依法依规开设法学本科专业。[1] 法学院系从20世纪50年代的“五院四系”发展到2022年的600多所，培养规模从几千人发展到几十万人，为全面依法治国输送了数百万计的人才。[2] 可见，法学教育在法治人才培养方面，有效发挥了先导性作用；同时，也为建立实施统一法律职业资格制度，选拔合格法律职业人才奠定了基础。

2. 我国法律职业队伍建设初建成效。四十多年来，随着法治建设实践不断推进，法学教育快速恢复发展，我国先后建立实施了全国统一律师考试制度、统一司法考试制度、统一法律职业资格制度，法律职业人员的任职条件和录取标准不断提高，为建设高素质专业化法律职业队伍提供有效制度保障。从我国法治实践进程与法律职业形成发展来看，目前我国法官、检察官和律师、公证员等法律职业人员中，相当一部分通过了律考、司考和法考。总体来说，具备法学知识、专业素养和良好的法律职业品行。法院、检察院、律师、公证员系统也都建立了任职或执业前实习训练与在岗教育培训制度，一定程度上保证了职业能力水准，为构建“一体化”法律人才养成机制奠定了基础。职业交流方面，法官、检察官、律师与法律院校互聘、兼职与挂职工作已有序开展，建立了法律研修学者和法律实习生双向交流制度等。这些措施有助于促进法律职业共同体的形

---

〔1〕 参见《对十三届全国人大四次会议第8342号建议的答复》，载教育部网，http://www.moe.gov.cn/jyb_xxgk/xxgk_jyta/jyta_gaojiaosi/202109/t20210907_560085.html。

〔2〕 参见马怀德：《完善法治人才培养体系》，载《民主与法制》2022年第14期。

成,进一步推动我国法律职业队伍建设,法律职业也日益成为社会各方面最关注的职业之一。

(二)法律职业队伍建设亟须改进完善

着眼于建设高素质专业化法治工作队伍,提高法律职业人才供给质量,受各方面因素的制约,我国法律职业队伍建设在实现职业认同与尊重、落实“一体化”职业养成机制、加强职业伦理素养、畅通职业交流转换等方面还有待改进和完善。

1. 职业认同感有待提升。以法官、检察官、律师为核心的法律职业群体,基于职业性质和职业角色不同,在具体的法治实践活动中不可避免地会产生交流互动,有时还会有交锋甚至冲突。与此同时,由于不同的法律职业人员对法律知识的把握程度和法律精神的理解不尽相同,有时会造成不同法律职业者之间缺乏理解和认同,甚至出现不够尊重的现象。因此,秉持专业精神和公平原则,如何健全完善国家统一法律职业资格制度,增进不同岗位法律职业者之间的了解与沟通,使各类职业者之间形成共同的法治信仰和法治思维,推动法律职业共同体实现职业认同,是当前法律职业队伍建设中需要着力解决的问题。

2. “一体化”人才养成机制尚需健全。适应全面依法治国需要,构建以能力建设为目标的高素质专业化法律职业队伍,建设高质量法律职业共同体,“一体化”人才养成机制还需要进一步完善。

一是法治人才培养模式还有待改进和完善。多年以来法学教育存在的重智育轻德育、重技能轻素养,理论教学与实践教学脱节,课程安排及培养模式同质化等问题,〔1〕尚未从根本上得到解决。一些法学院校有关实习实践教学及课程师资等方面安排,尚未达到法治人才培养应有的科学化、标准化要求;法治人才应当具备的职业能力,特别是法治理念、思维方式和职业道德素养等必需的素质、能力培养要求,还需要在教学实践中进一步体现;如何强化统筹规划,推动法律硕士教育与法律职业资格考试的有机结合,达到培养复合型法治人才

---

〔1〕 参见廖永安、刘浅哲:《创新法治人才培养机制　造就高素质法治工作队伍》,载百度百家号“华声在线”2020 年 9 月 1 日,https://baijiahao.baidu.com/s?id=1676592876630456403&wfr=spider&for=pc。

的目的,需要进一步改进法律硕士学位课程教育等。总体上,法治人才培养质量和素质都需要进一步提升。

二是统一法律职业资格考试制度改革有待进一步深化。着眼于提高法律职业人才供给质量,对担任初任法官、初任检察官和申请律师执业,究竟需要什么条件,法治信仰、法律思维、法律知识、职业能力、专业素质应当达到何种程度,通过考试如何科学检测出应试人员发现问题、分析解决问题能力,以及职业道德水准进行深入研究,明确法律职业胜任标准,以更好地满足法律职业对人才的需求;在考试模式选择上,如何使考试制度更能适应法律职业需要,强化与法学教育良性互动,对考试的时间、次数、内容、方式等进行科学合理的设计,使考试效果最大化,都需要进一步研究探索。特别是疫情防控常态化条件下,适应多批次考试组织实施工作要求,有效提升考试保障能力,确保考试组织实施顺利完成也是一个全新的挑战。

三是推进统一职前培训制度的落地落实。尽管明确建立实施统一的职前培训制度,但统一职前培训涉及多个法律职业用人或行业主管部门,尤其是行政机关中初次从事行政处罚决定法制审核、行政复议、行政裁决、法律顾问的公务员,所属行业系统分布分散,需要加快推进统一职前培训制度落实见效。对于未来法律职业培训模式,如何通过科学专业设计,建立在职同堂培训和专业交流研讨等职业能力训练制度,统筹职前培训与在职岗位培训,构建法律职业人员统一培训体系,是一个全新的重大课题。

3. 职业伦理素养有待进一步强化。建立真正意义上的法律职业共同体,取决于以法官、检察官、律师为核心的法律职业人员,按照相应的职业角色切实履行职责,最终促成共同法律思维和共同行为规则的形成,进而推动司法公正、促进社会和谐有序。社会主义法治人才,应该是价值优先、人文优先,做到德法兼修,才能更好地顺应现代法治要求,而有无共同的职业操守,是法律职业共同体形成与否的内在标准。[1] 目前,职业伦理水准已作为法学教育素质评价、考试考查检测以及任职前统一培训考核中的一项重要内容,但如何通过法学教育教

---

〔1〕 参见徐显明:《对构建具有中国特色的法律职业共同体的思考》,载《中国法律评论》2014 年第 3 期。

学安排、考试模式选择和培训方式方法创新，更好地实现法律职业人员具备良好的职业伦理素养，还有很大的改进空间。

4. 不同法律职业之间流动不畅。早在2008年，中共中央组织部、最高人民法院、最高人民检察院联合出台了《公开选拔初任法官、检察官任职人选暂行办法》，明确面向社会，从具备任职条件和资格条件的人员中选拔初任法官、初任检察官任职人选，首次正式明确了面向社会公开选拔法官、检察官制度。2016年，中共中央办公厅印发《从律师和法学专家中公开选拔立法工作者、法官、检察官办法》。从律师中选拔法官、检察官，打通法律职业群体的“旋转门”，有利于畅通法律职业共同体之间职业身份转换，优化法官、检察官队伍结构，对于提高法官、检察官整体素质意义重大。考察世界主要国家法官遴选制度，美国、英国法院的法官都从律师中产生。日本、韩国法律规定，法官可以从律师或具有律师资格的从事法律事务的人员中遴选。随着我国法治领域改革不断深入，特别是司法队伍职业化、专业化建设加快推进，上海、广东等法检机关适时组织开展从符合公告条件的优秀执业律师中，选拔少量法官、检察官工作。但总体来看，受国家公务员制度及相关司法用人制度的影响，法官、检察官、律师之间的职业流动不畅，进而也难以实现职业角色顺畅转换，不利于法律职业共同体建设。

二、国家统一法律职业资格制度的确立

（一）国家统一法律职业资格制度的提出

党的十八大以来，我国法律职业队伍革命化、正规化、专业化、职业化建设加快推进。2014年党的十八届四中全会《决定》，提出建设中国特色社会主义法治体系，建设社会主义法治国家总目标，明确必须大力提高法治工作队伍思想政治素质、业务工作能力、职业道德水准，努力建设一支忠于党、忠于国家、忠于人民、忠于法律的社会主义法治工作队伍。《决定》首次提出要“完善法律职业准入制度，健全国家统一法律职业资格考试制度，建立法律职业人员统一职前培训制度”。习近平总书记多次就建设高素质社会主义法治工作队伍、完善法律职业准入制度作出重要论述、重要指示，强调把能力建设作为一项重要任

务,坚持从源头抓起,改革和完善司法考试制度[1]。这是建立国家统一法律职业资格制度的理论起点、逻辑起点和实践起点。[2] 2015 年 12 月,中共中央办公厅、国务院办公厅印发《法律职业资格制度意见》,强调要改革司法考试制度,完善统一法律职业资格制度,将司法考试制度调整为国家统一法律职业资格考试制度,建立法律职业人员统一职前培训制度。

(二)国家统一法律职业资格制度的建立

2017 年 9 月 1 日,第十二届全国人大常委会第 29 次会议审议通过了《关于修改〈中华人民共和国法官法〉等八部法律的决定》(以下简称《关于修改〈法官法〉等八部法律的决定》),明确建立实施国家统一法律职业资格考试制度,于 2018 年 1 月 1 日起施行。《关于修改〈法官法〉等八部法律的决定》明确提出扩大法律职业人员范围,提高法律职业准入标准,建立统一职前培训制度等要求,为确立国家统一法律职业资格制度提供了法律依据。2022 年,司法部、中共中央组织部、最高人民法院、最高人民检察院制定出台了《职前培训指导意见》,明确提出建立实施法律职业人员统一职前培训制度,进一步强化法律职业人员的政治能力、业务能力和职业伦理素养要求,成为继全国律师资格考试、国家司法考试、国家统一法律职业资格考试后,我国法律职业制度建设史上的又一项重大创新举措。

国家统一法律职业资格制度的确立,意味着我国已初步构建起以法学教育专业理论知识培养为基础,以通过国家统一法律职业资格考试为职业准入条件,以通过统一职前培训为提升胜任能力的有效途径,"一体化"法律职业人才养成制度机制。也标志着以统一法律职业资格制度为主导,以共同法治理念、价值追求、法治信仰和法治伦理等为职业特征,以法官、检察官、律师为核心的中国特色社会主义法律职业共同体初步形成。

---

[1] 参见《2018 年国家统一法律职业资格考试公告发布——赵大程就国家统一法律职业资格考试答记者问》,载司法部网 2018 年 6 月 8 日,http://www.moj.gov.cn/pub/sfbgw/gwxw/xwyw/szywbnyw/202101/t20210122_148173.html。

[2] 参见《2018 年国家统一法律职业资格考试公告发布——赵大程就国家统一法律职业资格考试答记者问》,载司法部网 2018 年 6 月 8 日,http://www.moj.gov.cn/pub/sfbgw/gwxw/xwyw/szywbnyw/202101/t20210122_148173.html。

第二节　基本思路和主要任务

一、基本思路

按照有关法律、法规和规范性文件规定和要求，国家统一法律职业资格制度改革的基本思路，主要是：

1. 坚持党的领导。贯彻中国特色社会主义法治理论，以建设一支忠于党、忠于国家、忠于人民、忠于法律的社会主义法治工作队伍为目标，选拔培养社会主义法律职业人才。

2. 坚持整体规划。科学设计和实施国家统一法律职业资格制度，确保资格准入、资格考试、资格管理和职前培训等国家统一法律职业资格制度各项改革措施的系统性、整体性和协同性。

3. 坚持遵循规律。遵循法治工作队伍形成规律，遵循法律职业人才特殊的职业素养、职业能力、职业操守要求，构建起资格考试与法学教育、职前培训"一体化"人才养成机制，[1]提高法律职业人才选拔、培养的科学性和公信力。

4. 坚持积极稳妥。立足国情，结合法治建设实践和法学教育发展实际，稳中求进，实行老人老办法、新人新办法，只对新进法律职业岗位的人员实行考试和职前培训，促进新旧制度妥善对接。

二、重点任务

(一)明确法律职业人员范围

在国家司法考试制度确定的法官、检察官、律师和公证员四类法律职业人员基础上，将部分涉及对公民、法人权利义务的保护和克减、具有准司法性质的法律从业人员，包括初次担任法律类仲裁员，以及行政机关中初次从事行政处罚决定法制审核、行政复议、行政裁决、法律顾问的公务员，纳入应当取得法律职业资格的范围。

(二)明确法律职业的准入条件

分别从思想政治、专业学历条件和取得法律职业资格等方面，明确了法律

[1] 姜海涛：《构建国家统一法律职业资格制度若干思考》，载《中国司法》2018 年第 1 期。

职业的准入条件,强化了法律职业的政治素养标准、业务能力标准和职业伦理标准,突出了国家统一法律职业资格考试的专业性、扩展性、实践性特征,更"有利于法治思维和法治能力的训练养成,从源头上保证法律职业人员专业素养和专业能力"[1]。

(三)建立完善国家统一法律职业资格考试制度

将国家司法考试制度调整为国家统一法律职业资格考试制度,改革考试内容,从以知识考查为主向以能力考查为主转变。增加检验考生理论和实践相结合能力的内容和分值比重,在命题上更加突出检验考生在法律适用和事实认定等方面的法治实践水平。通过考试内容的改革,能够更好地将具有一定事实认定和法律适用能力、符合法治实务部门用人需要的法治人才选拔出来。

(四)加强法律职业资格管理

加强法律职业资格管理规范化、制度化建设,建立法律职业资格档案管理和信息发布制度,建立法律职业资格暂停、吊销制度,《国家统一法律职业资格考试实施办法》明确资格授予和管理相关具体规定。《法律职业资格管理办法》明确建立资格档案管理制度,建立资格暂停、吊销制度等,加强了对取得法律职业资格人员的动态管理和后续管理。同时,赋予了资格考试管理机构新的职责,明确司法行政机关应当将取得法律职业资格人员的有关信息,作出相应处理人员的有关信息,录入国家法律职业资格管理系统,在司法部官方网站上公布,强化了司法行政机关的管理、监督职能。

(五)建立统一职前培训制度

按照《法律职业资格制度意见》确定的国家统一法律职业资格制度框架,法律职业人员统一职前培训制度是国家统一法律职业资格制度的重要组成部分。结合我国法律职业培训工作实际,着眼于提高法治人才供给质量,加强法律职业人员职业能力建设,《法律职业资格制度意见》明确"统一标准、分系统实施"原则,确定统一职前培训的协调机构、责任分工和实施机构。按

---

〔1〕《2018年国家统一法律职业资格考试公告发布——赵大程就国家统一法律职业资格考试答记者问》,载司法部网2018年6月8日,http://www.moj.gov.cn/pub/sfbgw/gwxw/xwyw/szywbnyw/202101/t20210122_148173.html。

照“先选后训”“谁选谁训”的培训模式,明确了统一职前培训的内容和方式,以及应当参加统一职前培训的法律职业人员范围,加强职前培训的组织保障等要求。

第三节　国家统一法律职业资格制度的构成

我国建立实施国家统一法律职业资格制度的宗旨,在于把好法治人才的入口关、考试关、培训关和管理关,最大限度地保证每一个法律职业者具备从业所要求的知识、能力和素质。可见,国家统一法律职业资格制度,主要由法律职业准入条件、国家统一法律职业资格考试制度、法律职业资格管理制度和法律职业人员统一职前培训制度等内容构成。

一、法律职业资格准入的关键环节——国家统一法律职业资格考试

考试是人类社会文明的重要象征,在人才选拔中发挥着测试、鉴别、督促和评价等重要功能。遵循考试活动的一般规律,各种考试虽然其内容和方式有所不同,但一般都从考试内部、外部这两方面因素来把握。一是要考虑考试的内部因素:包括考试的性质、目的、任务、效力、方式、方法、时间、次数、内容、命题、实施、录取原则等因素。这些因素如何组合和设计,考试模式如何选择,构成了考试制度中关于考试本身的主体内容。二是要考虑考试的外部因素,即与考试关联的其他制度的关系,如考试与教育、教学的关系,与人事、劳动制度的关系,与经济社会发展及地域差异等的关系。[1]

国家统一法律职业资格考试制度是关于考试的考试模式选择和方案设计的制度,是由考试目的、考试政策、考试设计、考试模式、考试组织等多项内容组成的考试制度体系。遵循考试的一般规律,在组织实施国家统一法律职业资格考试时,需要处理好考试内外两方面因素。

1. 科学设计考试模式。首先解决好考试本身各种因素之间的关系。考试目标、考试条件、考试组织、考试实施、考试管理等相关因素,直接关系到考试公正性、科学性和权威性。因此,应当深入分析研究如何有效组合和设计,考试模

---

〔1〕 参见国家统一司法考试制度研究小组(杜国兴、晏福增、刘凯湘、潘剑锋、丁相顺、杨向斌):《国家统一司法考试制度改革与发展研究报告(2003 年 1 月)》。

式如何科学合理选择，才能更好地将德才兼备、具有扎实专业理论基础、具有一定事实认定和法律适用能力、符合法治实务部门需要的法治人才和后备力量选拔出来，促进考试效果达到最大化。

2. 妥善处理好考试与教育制度、司法制度等方面的关系。考试的检测水平决定了考试质量，考试的社会功能发挥影响着考试成效。因此，在组织实施国家法律职业资格考试时，应当处理好与其相关联的其他制度的关系，包括协调处理好考试与法学教育制度、任职前培训制度、司法制度的关系，与行政许可制度、公务员制度的关系，与法律职业任用、执业等人事制度的关系，促进良性互动，衔接顺畅，更好地实现考试选拔高素质法治人才的目标。

二、法律职业能力养成的有效途径——法律职业人员统一职前培训

建立国家统一法律职业资格制度的最终目标是通过一系列有效的政策和制度措施，选拔培育造就一支具有共同法治理念、法治信仰、法律思维、职业技能、专业素养和职业伦理精神的高素质的社会主义法治工作队伍。建立实施统一职前培训制度，是形成高质量法律职业共同体的有效途径。通过实务研修，不仅可以使实习培训人员学习和掌握实务技能知识，而且可以使这些未来的法官、检察官和律师在共同的学习生活交流中，统一对法律知识、法律职业伦理的共同认识，强化他们客观、公正看待事物、分析事物意识和能力，塑造法律职业体的共同品质，进而培养职业共同体意识。[1] 从各国法律职业人才养成规律来看，建立实施统一职前培训制度，有利于培养提高法律职业人员胜任能力，特别是运用法治思维法治方式，分析、解决法律问题的能力，为法律职业人才养成奠定坚实的实践实用基础。

目前，我国对取得法律职业资格并欲从事法律职业者，进行统一职前培训的制度刚刚建立起来。在此之前，这项工作分别是由法院、检察院、全国律师协会等组织律师事务所各自来组织完成。虽然在培训中也注重案例式、诊所式教学，但实务训练的内容和方法尚未统一，对从事法律职业应当具备的实务技能、应用能力、职业伦理的培养相对不足，也不够系统，因而训练的效果也难以保

---

〔1〕 参见国家统一司法考试制度研究小组（杜国兴、晏福增、刘凯湘、潘剑锋、丁相顺、杨向斌）：《国家统一司法考试制度改革与发展研究报告（2003 年 1 月）》。

证。根据《职前培训指导意见》,按照培养高素质专业化法治工作队伍的要求出发,在借鉴国外先进经验的基础上,应当加快建立实施法律职业人员统一职前培训制度,在统一职前培训指导委员会统筹协调下,推进取得法律职业资格人员统一职前培训工作,强化对参训人员的实习训练考核,确保参训人员达到从事法律职业所需要的初任标准。

三、法律职业共同体形成的重要标志——建立法学教育培养、统一考试选拔和统一职前培训"一体化"人才养成机制

考试仅是法治人才培养选拔体系中的一个环节,是有局限性的。仅通过考试方式很难实现选拔优秀法律职业人才目标。考察法律职业形成条件,借鉴国外司法考试制度的有益做法,按照完善国家统一法律职业资格制度的思路和任务要求,围绕建设高素质专业化法治人才队伍,需要进一步健全完善培养、选拔和培训一体化的法治人才养成机制,从而确保法律职业人才的综合素质和专业能力。

目前,我国"一体化"法治人才养成机制初步形成。一是我国法官、检察官等职业任用及考试报考专业学历条件,与法学教育实现了有效衔接。按照《法律职业资格制度意见》要求,2018 年出台的《国家统一法律职业资格考试实施办法》,明确在《国家统一法律职业资格考试实施办法》实施后,新取得学籍(考籍)的人员报考法考,除申请享受放宽政策人员外,须具备全日制普通高等学校法学类本科学历并获得学士及以上学位,全日制普通高等学校非法学类本科及以上学历并获得法律硕士、法学硕士及以上学位,全日制普通高等学校非法学类本科及以上学历并获得相应学位且从事法律工作满 3 年。2019 年修订的《法官法》《检察官法》,提高了初任法官、初任检察官的专业学历条件,与前述考试报考专业学历条件一致。根据有关法律规定,行政机关中拟初次从事行政处罚决定法制审核、行政复议、行政裁决、法律顾问的公务员,应当通过考试取得法律职业资格,意味着从事这些法律职业也需要具备相应的专业学历条件,从而国家统一促进法律职业资格考试与法学教育良性互动与紧密联系。二是法学教育加快构建从知识教育向能力教育转变的法治人才培养模式。依据 2021 年教育部修订的《法学类专业教学质量国家标准(2021 年版)》,重新定位的法学教育适应法治实践发展需求不断推进以下转变:明确将习近平法治思想

纳入高校法治理论教学体系，贯穿法学类专业课程；法学类专业教育从学术型专业教育、通识教育转向素质教育和专业教育基础上的职业教育；培养目标从过去的培养法学人才、法律人才，转向培养复合型创新型应用型法治人才及后备力量；培养规格从过去重素质、重理论，转为素质、知识、能力与伦理要求并重，努力提升培养和训练法律职业者所必需具备的专业知识和基本素养。三是统一职前培训制度初步建立。2022 年，司法部会同中共中央组织部、最高人民法院、最高人民检察院，制定出台了《职前培训指导意见》，明确提出建立实施取得法律职业资格人员统一职前培训制度，成为继全国律师考试、国家司法考试、国家统一法律职业资格考试后，我国法律职业制度建设史上的又一项重大创新举措。

第四节　建立国家统一法律职业资格制度的重要意义

一、国家统一法律职业资格制度是落实全面依法治国基本方略的需要

中国特色社会主义进入新时代，法治在党和国家工作全局中的地位更加突出，在推进国家和社会治理等方面的作用更加凸显，在维护社会公平正义等方面的任务更加繁重。能否形成一个训练有素、专业过硬的法治工作队伍，是事关法治中国建设能否实现的一个重要前提。着眼于培养选拔高素质专业化法治工作人才，党中央作出完善国家统一法律职业资格制度的重大决策部署。首先，建立实施国家统一法律职业资格制度，进一步扩大法律职业准入范围，把更高的素质和专业要求体现到建设中国特色社会主义法治体系、建设社会主义法治国家的目标当中，体现到立法、执法、司法、守法和法学教育研究等法治运行的各个环节中。其次，在吸纳国家司法考试制度的设计思想和测量方法的基础上，明确建立实施国家统一法律职业资格考试制度，有利于更好地发挥考试选拔和储备合格法治人才的功能。最后，着眼于提升职业能力，建立实施法律职业人员统一职前培训制度，促进法律职业人员形成共同的法律信仰、职业操守以及对法律职业的认同感，保证法律职业人员从业所应当具备的基本素质和业务能力。总之，有效发挥法律职业资格制度保障高质量法治人才供给的基础性作用，为实施全面依法治国提供充足的、持续的、高质量的人才支持和重要保障，有利于更好地推进法治中国建设。

二、国家统一法律职业资格制度是推进国家治理现代化的需要

法治是国家治理体系和治理能力现代化的重要依托。建立实施国家统一法律职业资格制度是深化依法治国实践的一项重要法律制度,是在法治轨道上推进国家治理现代化的一项重大改革成果。国家治理体系现代化其实质就在于是否实现了国家治理法治化、制度化。建立实施国家统一法律职业资格制度,通过构建统一准入门槛、统一考试选拔、统一职前培训的制度体系,公开、择优选拔和储备法律人才,符合法律职业人员养成及管理的规律性要求,有利于进一步推进法律职业队伍正规化、专业化、职业化建设。同时,建立实施国家统一法律职业资格制度,不仅扩大了法治建设的人才基础,吸引从事法律职业的社会个体参与法治实践,而且让法律事务和法律问题的处理更加专业化和社会化,进而更好地防范化解风险矛盾,维护公民和法人的合法权益,促进社会公平正义,推进国家治理和社会治理现代化法治化。

三、国家统一法律职业资格制度是建设高素质法律职业共同体的需要

天下之事,不难于立法,而难于法之必行。推进法律正确实施,必然要通过具体法律从业人员自身素质和能力水平来体现。建设一支德才兼备的高素质法治工作队伍至关重要。[1] 与新形势新任务新要求相比,法律职业共同体成员的整体素质和业务能力还存在不适应的问题。比如,有的理想信念不坚定,缺乏法律人应有的法治信仰和法治追求;有的把握国情不准、了解民意不深、大局观念不强,制定的法律不能反映客观规律;[2] 有的执法不够规范严格,有的司法不公不廉,难以落实公正司法、严格执法等要求。解决这些问题,必须遵循法治人才养成规律,通过建立实施国家统一法律职业资格制度,为提高法治人才供给质量注入强大动力,从而保证最终进入法律职业队伍的人才符合革命化、正规化、专业化、职业化标准,推动形成高质量中国特色社会主义法律职业共同体。

---

〔1〕 中共中央宣传部、中央全面依法治国委员会办公室编:《习近平法治思想学习纲要》,人民出版社、学习出版社 2021 年版,第 127 页。

〔2〕 参见江金权:《大力建设高素质法治工作队伍》,载《光明日报》2014 年 12 月 4 日,第 1 版。

四、国家统一法律职业资格制度是提高选拔培养法律职业人才公信力的需要

法律职业是一门高度专业化的职业。国家统一法律职业资格制度在选拔培养高素质、专业化法治人才中发挥着重要的基础保障作用。立足于我国经济社会发展和法学教育供给实际，改革后确立的国家统一法律职业资格考试制度，在吸收国家司法考试经验做法、借鉴国外有益做法的基础上，着力推动由知识考试向素质考试转变，进一步完善了国家统一法律职业资格考试模式考试内容，更加注重考查参加考试人员的事实认定和法律适用等法治实践应用能力和水平。同时，着眼于提升法律职业人员的职业能力，建立实施法律职业人员统一职前培训制度，通过集中教育培训和岗位实习以及实践实战训练考核，有效提升参训人员政治能力、业务能力和职业伦理水准，促进法律职业人员达到从业合格标准，进一步提升法律职业人才培养选拔的科学性和公信力。

第五章　建立完善国家统一法律职业资格考试制度

建立实施国家统一法律职业资格考试制度，是党和国家着力提高法治工作队伍能力素质，推进法律职业专业化、职业化建设作出的一项重大决策，是法律赋予司法行政机关的一项重要职能。本章介绍我国国家统一法律职业资格考试制度建立的主要依据、资格考试制度定位，研究探讨考试的性质功能效力，综合分析考试制度调整完善的主要内容。

第一节　概　　述

根据2017年9月第十二届全国人大常委会第29次会议审议通过的《关于修改〈法官法〉等八部法律的决定》要求，2018年4月28日，司法部公布施行《国家统一法律职业资格考试实施办法》，作为组织实施国家统一法律职业资格考试的基本规范。这标志着国家统一法律职业资格考试制度正式建立。根据《国家统一法律职业资格考试实施办法》等相关规定，2018年9月，首次国家统一法律职业资格考试客观题考试，全国共有60.4万余人报名，47.3万余人参加，11万余人通过考试取得合格成绩。[1] 2018年10月，首次国家统一法律职业资格考试主观题考试顺利举行。

---

〔1〕 参见廉玲维：《试论我国法律职业资格考试准入制度的发展与完善》，载《中国法律评论》2021年第2期。

一、国家统一法律职业资格考试制度建立的主要依据

(一)理论依据

对法律职业共同体,特别是法官、检察官和律师实行统一的职业准入资格考试,符合现代法治理念要求。从学理上来说,现代法治本身要求法律具有规范性、权威性与普遍性,其目的是实现法律的秩序、自由、公正、正义等价值,而这必然要求法律职业人员对法律的价值与法律精神应当有相同的理念与追求,对法律制度及本质内涵有相同的理解与把握。实现上述目标,除了需要设立专门的法学院校培养法律专业的毕业生外,还需要通过权威和公正的检测手段对欲进入法律职业的人员进行严格遴选,从众多欲从事法律职业的人员中选拔出具有一定事实认定和法律适用能力、符合法治实务部门需要的合格法律职业人才,以“确保合格者的进入和不合格者的排除”[1]。

(二)现实依据

法律职业担负着维护社会公平正义的使命,最终是通过法官、检察官和律师等法律职业人员运用法律原理和法治思维及方法对个案处理和纠纷解决的途径来实现的。由此决定了法律职业应当是高素质且极具专业性的职业,也就意味着对从业者的法律专业知识、法律职业素养、法律职业技能等有着相当高的要求,这是大多数发达国家的选择,也是全面依法治国、建设社会主义法治国家的必然要求。建立国家统一法律职业资格考试制度,选拔培养高质量、专业化的法治人才,是实现这一目标的必要条件,因而也是有利于推进我国法治建设发展进程的重要法律制度。

(三)法律依据

依据《关于修改〈法官法〉等八部法律的决定》和相关法律规定,确立了考试制度、考试适用范围、考试组织实施主体,明确了考试相关工作人员工作规范、应试人员行为规范。

1. 依法确立资格考试制度。《关于修改〈法官法〉等八部法律的决定》规定国家对初任法官、检察官,对行政机关中初次从事行政处罚决定法制审核、行政复议、行政裁决、法律顾问的公务员实行统一法律职业资格考试制度。申请律

---

〔1〕 参见国家统一司法考试制度研究领导小组(杜国兴、晏福增、刘凯湘、潘剑锋、丁相顺、杨向斌):《国家统一司法考试制度改革与发展研究报告(2003 年 1 月)》。

师执业、申请公证执业应当通过国家统一法律职业资格考试取得资格。仲裁员(法律类)应当符合的条件之一为通过国家统一法律职业资格考试取得资格,从事仲裁工作满8年。上述规定为建立国家统一法律职业资格考试制度提供了法律遵循。

2. 依法确立资格考试适用范围。按照修改的《法官法》《检察官法》《公务员法》《律师法》《公证法》《仲裁法》《行政复议法》《行政处罚法》相关规定,初任法官、初任检察官,申请律师执业、公证员执业和初次担任法律类仲裁员,以及行政机关中初次从事行政处罚决定法制审核、行政复议、行政裁决、法律顾问的公务员,必须通过国家统一考试,取得资格。法律职业人员范围在司法考试制度确定的法官、检察官、律师、公证员四类法律职业人员基础上,新增初次担任法律类仲裁员,以及行政机关中初次从事行政处罚决定法制审核、行政复议、行政裁决、法律顾问的公务员。

3. 依法确立考试组织实施主体。该决定明确统一法律职业资格考试制度,由国务院司法行政部门商最高人民法院等有关部门组织实施。按照第十三届全国人大一次会议批准的《国务院机构改革方案》,司法部负责法律职业资格考试的组织实施工作。2018年4月28日公布实施的《国家统一法律职业资格考试实施办法》第6条规定,国家统一法律职业资格考试由司法部负责实施。可见,上述法律政策规定,均明确国务院司法行政部门承担资格考试组织实施工作。实施国家统一法律职业资格考试是一项行政管理活动,涉及考试规划设计、制度规范、组织实施、指挥控制、协调监督等多项行政管理环节,具有典型的行政管理特点,年度考试是一项常规的行政活动,从政策的制定到考试各环节的组织实施,都涉及行政权限和具体的行政行为。因此,法律规定由国务院司法行政部门负责实施,既是司法行政机关的法定职责,是考试组织实施工作必然要求,也是保障考试顺利实施的客观需要。

4. 依法规范考试工作人员行为。法律职业资格考试作为最具专业性的国家考试,直接关系到为国家选拔和培养社会主义法治人才,具备较强的政治性、严肃性和权威性。组织实施国家统一法律职业资格考试系司法部的重要职责,参与考试具体组织实施工作的各级司法行政机关应当严格按照《监察法》《公职人员政务处分法》《政府信息公开条例》《行政复议法》《行政诉讼法》等相关法律,和考试组织实施相关工作要求,应当依法组织实施考试工作,恪守职业道德和考试工作纪律,确保行为依法依规,考试公平公正。

5.依法规范应试人员行为。应试人员作为参加考试的重要主体,一方面接受考试实施部门提供的服务,另一方面也是被选拔、被测试的对象,应当严格遵守考试纪律要求,做到依法参考,诚信参考。2015 年 8 月 29 日第十二届全国人民代表大会常务委员会第 16 次会议通过了《刑法修正案(九)》,明确了在法律规定的国家考试中组织实施作弊、替考等相关行为属于刑事违法行为,应受刑事处罚。2019 年 4 月 8 日通过的《关于办理组织考试作弊等刑事案件适用法律若干问题的解释》,进一步明确了属于"法律规定的国家考试"的情形,为依法惩治组织考试作弊、非法出售、提供试题、答案、代替考试等犯罪,维护考试公平与秩序提供了相关的规定,应试人员涉及前述相关违法行为的,应受到法律制裁;此外,考试违纪行为处理办法和考试应试规则,也就规范应试人员行为提出明确要求。

二、国家统一法律职业资格考试制度的定位

建立和实施国家统一法律职业资格考试制度,是党和国家着眼全面依法治国、建设社会主义法治国家,着力提高法治工作队伍能力素质,建立公正权威司法制度作出的一项重大决策,是法律赋予司法行政机关的一项重要职能。在设计和建构国家统一法律职业资格考试制度时,首先要考虑和解决的是其定位问题。从前述设立国家统一法律职业资格制度的背景和依据出发,应当从以下几个方面理解和把握国家统一法律职业资格考试制度。

(一)国家统一法律职业资格考试制度是我国法律制度的重要组成部分

国家统一法律职业资格考试制度作为我国法律职业统一的准入考试,主要涉及法官、检察官和律师等九类法律职业人才和后备力量的选拔。法官、检察官均属于司法人员,法官制度和检察官制度属于司法制度的主体部分;从广义上讲,律师制度、公证制度都属于司法制度的重要组成部分;法律类仲裁活动具有司法性,是中国司法制度的重要组成部分;行政机关中初次从事行政处罚决定法制审核、行政复议、行政裁决和从事法律顾问的公务员属于行政人员,行政处罚制度、行政复议制度和行政裁决制度等属于行政法律制度的重要组成部分。可见,法律职业资格考试,是重要的法律职业准入制度,与我国的司法制度、行政法律制度等法律制度密切关联,是我国法律制度的重要组成部分。

（二）国家统一法律职业资格考试制度是我国法治人才培养选拔体系中的关键环节

国家统一法律职业资格考试制度，是选拔合格法律职业人才的国家考试制度，是我国法治人才培养选拔体系中承上启下的关键环节。一方面，通过考试取得资格是参加统一职前培训的前提条件。取得从业资格许可，须具备符合考试规定的专业学历等报考条件、通过资格考试、取得法律职业资格并获得法律职业资格证书等形式要件，符合拟从事法律职业所应当具有的资格许可要求。在此基础上，依据《职前培训指导意见》，取得法律职业资格的法律职业人员，方可参加统一职前培训。可见，取得资格是法律职业人员参加职前培训的前提条件。另一方面，国家统一法律职业资格考试具有检测法律知识及专业能力的功能。通过考试取得资格，即意味着应试人员具有从事法律职业所应具备的理论素养、业务能力和职业伦理。从这个意义上说，国家统一法律职业资格考试属于水平考试范畴，也因此具有了检测法学教育质量现状以及法律专业能力程度功能，从而影响着我国的法学教育。

（三）国家统一法律职业资格考试制度是连接我国法学教育和法律职业的桥梁和纽带

适应法治实践的要求，改革后报名参加考试的人员中大部分具有法学教育背景或法律工作经历，与法学教育联系密切。一方面，法学作为一门实践性的科学，法学院校培养的学生是否适应法治实践需要，其教学效果能否在考试中得到充分反映，为法学教育界和广大考生所密切关注；另一方面，国家统一法律职业资格考试是法律职业准入考试，意味着考生通过考试，即具备了从事法律职业所要求的资格水平。因此，国家统一法律职业资格考试目标和要求，即是法律职业对法学教育提出的人才培养要求，实质上是法律职业部门通过考试向法学教育提出了人才要求。由此可见，国家统一法律职业资格考试作为法学教育的出口，要与法学教学实践相贯通，反映法学教育发展趋势；同时，作为法律职业的入口，国家统一法律职业资格考试要与法律职业要求相适应，是连接法学教育与法律职业的纽带。

综合上述分析，国家统一法律职业资格考试制度应当定位为与我国司法制度、行政法律制度等法律制度密切关联，是我国法律制度的重要组成部分；国家统一法律职业资格考试是国家统一法律职业资格制度的核心内容,是我国法治人才选拔培养体系中的关键环节;国家统一法律职业资格考试是法律职业准入考试,涉及法律职业准入范围、准入条件、胜任标准、资格授予等重要内容,是选拔培养合格法律职业人才的基础性制度。

第二节 考试性质、功能与效力

依据《国家统一法律职业资格考试实施办法》,国家统一法律职业资格考试是国家统一组织的选拔合格法律职业人才的国家考试。初任法官、初任检察官,申请律师执业、公证员执业和初次担任法律类仲裁员,以及行政机关中初次从事行政处罚决定审核、行政复议、行政裁决、法律顾问的公务员,应当通过国家统一法律职业资格考试,取得法律职业资格。上述规定明确了国家统一法律职业资格考试的性质、功能与效力。

一、考试性质

依据《国家统一法律职业资格考试实施办法》,国家统一法律职业资格考试是国家统一组织的选拔合格法律职业人才的国家考试。对考试性质应当从几个层面来理解:

(一)国家统一法律职业资格考试是统一组织的国家考试

国家统一法律职业资格考试属于国家考试。它既非地方性或区域性的考试,亦非行业性或部门性的考试,也不同于以往由司法部组织的律师资格考试和由最高人民法院、最高人民检察院组织的法官、检察官任职资格考试,也不同于选拔特定法律职业人才的国家司法考试。它是按照有关法律、法规和规范性文件规定,依法确立的法律职业资格考试,是由司法部统一组织的国家考试,具有高度的统一性和权威性。因此,应从国家考试的高度来理解和把握考试的定位意义、目的效力以及考试方案、考试模式等内容。

(二)国家统一法律职业资格考试是统一实施的法律职业资格考试

国家统一法律职业资格考试,是指初任法官、初任检察官,申请律师执业、公证员执业和初次担任法律类仲裁员,以及行政机关中初次从事行政处罚决定法制审核、行政复议、行政裁决、法律顾问的公务员的从业准入资格考试。它不同于各种入学考试、结业考试、就业考试、任职考试、水平等级考试等单纯功能的考试,也不同于执业医师考试、注册会计师考试等某一类职业资格考试,更不是广义上所有法律职业的资格考试,而是一种行政许可类的特定范围的法律职业资格考试。通过考试,经审核符合资格授予条件的,授予法律职业资格,颁发法律职业资格证书。未通过考试,便不具备从事法律职业的基本资格,亦不能从事上述九类法律职业。当然,能否从事法律职业,还须符合法律规定的从事法律工作的其他任职执业条件。

(三)国家统一法律职业资格考试是选拔优秀法律职业人才的国家考试

国家统一法律职业资格考试作为我国法律职业的准入制度,是从事法律职业的必经途径。通过考试取得法律职业资格是成为法律职业人员前提条件。法律职业资格考试通过科学合理的考试方式,严格规范的考试实施,选拔适应法律职业需要的合格法律职业人才。通过考试选拔,为每年几十万的应试人员中的成绩合格人员进入法律职业提供正当依据,再经过必要的职前实习训练提升职业能力和综合素质,从而最大限度地保证每一个进入法律职业共同体的从业人员胜任该职业,进而确保选拔合格法律职业人才的考试宗旨的实现。

二、考试功能

国家统一法律职业资格考试功能是由考试性质、我国法学教育发展状况和法治人才养成机制等多种因素共同决定的。准确地理解和把握考试功能,直接影响我国国家统一法律职业资格考试相关制度的具体设计,包括考试方式、考试次数、考试科目、考试时间、试卷评阅等。

(一)对应试人员进行知识、能力和素质检测

根据考试学的一般理论,考试是一种用以考查、甄别和鉴定人的差异情况的手段或方法,是对社会个体掌握知识和能力的状态和水平进行测量的社会活动。[1] 按照国家统一法律职业资格考试实施客观题、主观题两阶段考试要求,

---

〔1〕 参见漆书青:《现代测量理论在考试中的应用》,华中师范大学出版社 2003 年版,第 1 页。

考试目标之一是对应试人员的法律专业知识、理论素养以及运用法律规范、原理和方法，对法治理论问题、社会法律现象和实务进行分析、判断、综合、评价，兼具水平检测和素质考核两个方面。一方面，第一阶段客观卷考试侧重检测考生是否具有基本的法学理论功底、合理的专业知识结构；另一方面，第二阶段主观卷考试侧重检测考生是否具有严谨的逻辑思维、法律思维和职业能力以及法律人的职业认同感与职业操守等。总之，要通过统一考试达到检测应试人员是否具有从事法律职业应当具备的“中国特色社会主义法治理论素养及相应的政治素养、业务能力和职业伦理”等综合素质。[1] 从这个意义上说，国家统一法律职业资格考试属于水平考试的范畴，同时具有了检测法学教育的质量水平以及与法律实务联系程度的功能，从而影响我国的法学教育。

（二）选拔储备合格法律职业人才

国家统一法律职业资格考试的另一个目标，是选拔储备合格法律职业人才。通过考试，给予每个符合报考条件的应试人员公平竞争的机会，确保从质和量两个方面最大限度地选拔出符合法律职业需要的人才，体现就业公平性，从而公正有效地解决法律职业就业中的供需矛盾，进而保障法律的公平、正义价值的实现。另外，每年都有相当数量的社会人员通过考试取得法律职业资格，这些取得法律职业资格人员的存在，作为法治人才的社会储备，成为有关法律职业部门选人的“蓄水池”。可见，法律职业资格考试的选拔储备功能，影响着我国的法律职业就业态势并进而影响我国法治领域改革。

三、考试效力

考试性质决定考试效力。根据《国家统一法律职业资格考试实施办法》第2条第2款、第3款规定，通过国家统一法律职业资格考试取得法律职业资格是担任初任法官、初任检察官和取得律师执业资格、公证员执业资格和初次担任法律类仲裁员，以及在行政机关中初次从事行政处罚决定审核、行政复议、行政裁决、法律顾问的公务员的必经程序和前提条件。凡是未通过国家统一法律职业资格考试取得由司法部颁发的法律职业资格证书，便不能从事上述法律职

---

〔1〕 中华人民共和国司法部制定：《2021年国家统一法律职业资格考试大纲》，法律出版社2021年版，第1页。

业。这就为今后我国目前设定的九类法律职业从业者设置了统一的准入资格条件,即使是有法学本科专业的背景但未通过国家统一法律职业资格考试也不能从事上述九类法律职业。

《国家统一法律职业资格考试实施办法》第2条明确规定了需要取得法律职业资格的法律职业范围,并明确"法律、行政法规另有规定的除外"。《法官法》第12条规定,人民法院的院长、副院长应当从法官或者其他具备法官条件的人员中产生。《检察官法》也作出相应规定。按照《公务员法》规定,法官、检察官以及行政机关中初次从事行政处罚决定审核、行政复议、行政裁决、法律顾问的公务员属于公务员序列,需通过公务员任职考试。就任职条件而言,国家法律职业资格考试成绩合格和职前培训考核合格后,还需要符合法律规定的从事法律工作的其他任职执业条件。

第三节　考试调整完善的主要内容

依据《关于修改〈法官法〉等八部法律的决定》《国家统一法律职业资格考试实施办法》和司法部考试公告,比较国家司法考试,国家统一法律职业资格考试改革主要包括以下内容。

一、严格报名学历、专业条件

《国家统一法律职业资格考试实施办法》第9条第5项明确规定,报名参加国家统一法律职业资格考试,考生应当具备全日制普通高等学校法学类本科学历并获得学士及以上学位;全日制普通高等学校非法学类本科及以上学历,并获得法律硕士、法学硕士及以上学位;全日制普通高等学校非法学类本科及以上学历并获得相应学位且从事法律工作满3年。2019年修订的《法官法》《检察官法》明确了初任法官、检察官的专业学历学位条件,实现与国家统一法律职业资格考试规定的专业学历学位条件保持一致。

二、改革考试内容

国家统一法律职业资格考试作为测量法律职业素养的考试,更加突出检验考生在法律适用和事实认定等方面的法治实践水平,反映法治实践的最新成果要求。依据《国家统一法律职业资格考试实施办法》《国家统一法律职业资格考试大纲》的规定，法律职业资格考试按照法治实践要求，综合考查应试人员从事法律职业应当具有的政治素养、业务能力和职业伦理。考试内容从司法考试以知识考查为主向以能力考查为主转变，在考查考生应知应会的宪法法律知识基础上，重点考查考生分析问题、解决问题的能力，着眼实践确定客观题考试、主观题考试，大幅度提高案例题分值，增加检验考生理论和实践相结合能力的考试内容和分值比重。

三、改革考试方式

国家统一法律职业资格考试方式既保持了考试的可持续性、平稳推进，吸纳了国家司法考试的有益做法，又根据新形势新任务要求、新制度的定位，提出了一系列改革新举措。一是考试卷式作了调整。实行“2+1”考试模式，即客观题2张试卷，主观题1张试卷，题型包括案例分析题、法律文书题、论述题等，考场将为考生配备法律法规汇编。二是全面推行计算机化考试方式。2018年客观题考试在包括港澳考区在内的全国各考区实行计算机化考试方式，主观题考试在若干考区实行计算机化考试试点。2019年主观题考试以计算机化考试为主。2020年法律职业资格考试主观题考试实行计算机化考试。三是实行客观题考试、主观题考试分阶段通过的方式。从2018年开始，参加国家统一法律职业资格考试的考生，通过客观题考试后再参加主观题考试。四是增加客观题考试成绩有效时长。考生当年客观题考试合格成绩在下一个考试年度内有效。

四、调整考试报名相关政策

（一）提高放宽报名学历条件

继续在艰苦边远地区和民族地区实行与内地有一定差别的考试政策，但适当提高了放宽报名学历条件，由国家司法考试的高等学校专科学历法律专业调整为国家统一法律职业资格考试的高等学校本科学历。放宽地域范围变化不大，即国务院审批确定的集中连片特殊困难地区所辖县（县级市、区）和国家扶贫开发工作重点县（县级市、区）、艰苦边远地区和少数民族地区的县级行政区域。

（二）继续实施普通高校在校四年级学生参考政策

2021年考试公告明确，普通高等学校、军队院校2022年全日制应届本科毕业生(包括专升本)和以同等学力报考的应届硕士毕业生,可以报名参加2021年国家统一法律职业资格考试。2022年全日制专升本应届本科毕业生、军队院校应届本科毕业生和以同等学力报考的应届硕士毕业生一并纳入这一政策适用范围,上述人员也可以报名参加2021年法律职业资格考试。

五、做好国家统一法律职业资格考试制度与国家司法考试制度的衔接

实行"老人老办法,新人新办法",妥善解决国家统一法律职业资格考试制度与国家司法考试制度的衔接问题。一是针对法律职业岗位,只对新进法律职业岗位人员实行考试。《关于修改〈法官法〉等八部法律的决定》明确规定行政机关中初次从事行政处罚决定审核、行政复议、行政裁决、法律顾问的公务员,需要取得法律职业资格;已经在行政机关中从事行政处罚决定审核、行政复议、行政裁决工作且胜任现职务的人员,没有从业资格方面的要求。二是针对专业学历条件,《国家统一法律职业资格考试实施办法》第9条的规定就是"新人新办法",第22条的规定则为"老人老办法"。允许该办法施行前即2018年4月28日前已取得学籍(考籍)或者已取得相应学历的高等学校法学类专业本科及以上学历毕业生,或者高等学校非法学类专业本科及以上学历毕业生并具有法律专业知识的,报名参加国家统一法律职业资格考试。

第六章　法律职业人员的范围

明确应当参加考试取得资格的法律职业人员范围，是国家统一法律职业资格制度改革的一项重要内容。按照有关法律规定，应当取得法律职业资格的法律职业人员对从业资格应有统一的素质能力要求。适应全面推进国家各方面工作法治化需要，国家鼓励其他相关法律职业人员参加考试取得资格。

第一节　应当取得法律职业资格人员

一、法官、检察官、律师、公证员

（一）应当取得资格的相关规定

延续了此前法官、检察官、律师、公证员这四类特定法律职业人员须通过国家司法考试的规定，《国家统一法律职业资格考试实施办法》均明确这四类人员须通过考试取得国家法律职业资格。

2017 年 9 月发布的《关于修改〈法官法〉等八部法律的决定》，对《法官法》《检察官法》中对初任法官、初任检察官的资格要求由“通过国家司法考试”修改为“通过国家统一法律职业资格考试”，并规定国家对初任法官、初任检察官实行国家统一法律职业资格考试制度。对《律师法》作了修改，对律师的资格要求由“通过国家司法考试”修改为“通过国家统一法律职业资格考试”。此外，《关于修改〈法官法〉等八部法律的决定》，对公证员的资格要求由“通过国家司法考试”修改为“通过国家统一法律职业资格考试”。

（二）例外规定

值得注意的是，对于非初任的法官、检察官，法律法规以及相关文件并未要求必须考试取得法律职业资格证书，可以通过考核等其他方式授予，也可以无需此证即可担任相应职务。依据法律规定，已经担任法官、检察官无须再通过考试取得法官、检察官任职资格。

与法官、检察官从业资格类似，律师、公证员从业资格的条件也有例外。与法官、检察官从业资格类似，律师从业资格的条件也有例外。《律师法》第 8 条规定，具有高等院校本科以上学历，在法律服务人员紧缺领域从事专业工作满 15 年，具有高级职称或者同等专业水平并具有相应的专业法律知识的人员，申请专职律师执业的，经国务院司法行政部门考核合格，准予执业，具体办法由国务院规定。

《公证法》第 19 条还规定了不需要通过国家统一法律职业资格考试成为公证员的条件，即“从事法学教学、研究工作，具有高级职称的人员，或者具有本科以上学历，从事审判、检察、法制工作、法律服务满 10 年的公务员、律师，已经离开原工作岗位，经考核合格的，可以担任公证员”。

二、法律顾问、仲裁员及行政机关中从事行政处罚决定法制审核、行政复议、行政裁决的人员

（一）法律职业准入范围扩大的主要考虑

法律顾问、仲裁员及行政机关中初次从事行政处罚决定审核、行政复议、行政裁决的公务员是依法新增加的必须取得法律职业资格的职业类型。将法律职业准入人员范围由法官、检察官、律师、公证员四类人员扩展到九类人员，主要考虑以下几个方面：第一，参加考试人员范围的调整是适应法律职业资格考试服务全面依法治国各个领域，为科学立法、严格执法、公正司法、全民守法提供人才保障的要求而作出的改变。第二，法律顾问、仲裁员及政府部门中从事行政处罚决定法制审核、行政复议、行政裁决的人员要么有权对公民、法人权利义务进行保护或者克减，要么对法律纠纷作出裁决，其政治素养、业务能力和职业伦理水平直接影响公民、法人合法权益的保护，需要对他们有更高的从业资格要求。第三，从事行政处罚决定法制审核、行政复议、行政裁决、法律顾问的

公务员，虽然是行政岗位，但法律职业属性较强，被称为“行政法务人员”，他们的职业门槛高了，行政违法就能相应减少，客观上起到为司法减负的作用，同时也让更多的法律专业人才服务于法治政府建设。

（二）新增的需通过考试取得资格的法律职业

《关于修改〈法官法〉等八部法律的决定》对《公务员法》《行政复议法》《行政处罚法》《仲裁法》在修法中分别作出了相应规定，具体如下。

1. 法律顾问。一般来说“法律顾问”是广义的，包括政府法律顾问、企业法律顾问、个人法律顾问等。党政机关的法律顾问是以党内法规工作机构、政府法制机构人员为主体，吸收法学专家和律师参加的法律顾问队伍。根据有关规定，“工商、金融、文化等行业的国有独资或者控股企业（以下简称国有企业）内部专门从事企业法律事务的工作人员和企业外聘的律师，可以担任法律顾问”。

《公务员法》第25条对行政机关中从事法律顾问的公务员的法律职业资格作出规定：“报考公务员，除应当具备本法第十三条规定的条件以外，还应当具备省级以上公务员主管部门规定的拟任职位所要求的资格条件。国家对行政机关中初次从事行政处罚决定审核、行政复议、行政裁决、法律顾问的公务员实行统一法律职业资格考试制度，由国务院司法行政部门商有关部门组织实施。”

2. 仲裁员。我国仲裁可以分为商事仲裁和行政仲裁，行政仲裁包括劳动仲裁、农村土地承包仲裁和人事仲裁等。规范商事仲裁的《仲裁法》中的“仲裁员应当符合下列条件之一：（一）从事仲裁工作满八年的……（三）曾任审判员满八年的……”相关规定，修改为“仲裁员应当符合下列条件之一：（一）通过国家统一法律职业资格考试取得法律职业资格，从事仲裁工作满八年的；（二）曾任法官满八年的……”即增加了仲裁员须通过国家统一法律职业资格考试取得法律职业资格的规定。规范劳动仲裁、农村土地承包仲裁的《劳动争议调解仲裁法》《农村土地承包经营纠纷调解仲裁法》中关于仲裁员资格的规定并没有作类似修改，从事劳动仲裁、农村土地承包仲裁和人事仲裁等行政仲裁的仲裁员，无须取得法律职业资格。因此，应当通过国家统一法律职业资格考试取得法律职业资格的仲裁员仅指商事仲裁的仲裁员。

3. 行政机关中初次从事行政处罚决定法制审核、行政复议、行政裁决的公务员。行政机关公务员可能作出行政决策、行政指导、行政许可、行政强制、行政处罚、行政复议、行政裁决等多种行政行为。按照有关法律和规范性文件规定,仅对从事具有准司法性质的或者法律专业性较强工作的公务员提出了法律职业资格要求,在政府部门从事行政处罚决定审核、行政复议、行政裁决工作且胜任现职务的,可继续从事现工作。国家统一法律职业资格制度实施以后新进入上述岗位的,应当取得法律职业资格。为此,《公务员法》第 25 条对 4 类公务员的法律职业资格作出规定:"报考公务员,除应当具备本法第十三条规定的条件以外,还应当具备省级以上公务员主管部门规定的拟任职位所要求的资格条件。国家对行政机关中初次从事行政处罚决定审核、行政复议、行政裁决、法律顾问的公务员实行统一法律职业资格考试制度,由国务院司法行政部门商有关部门组织实施。"

(1)行政机关中初次从事行政处罚决定法制审核的人员。原 2017 年《行政处罚法》在第 38 条中增加 1 款:"在行政机关负责人作出决定之前,应当由从事行政处罚决定审核的人员进行审核。行政机关中初次从事行政处罚决定审核的人员,应当通过国家统一法律职业资格考试取得法律职业资格。"2021 年修改后的《行政处罚法》第 58 条将"行政机关中初次从事行政处罚决定审核的人员"修改为"行政机关中初次从事行政处罚决定法制审核的人员",并规定该类人员应当通过国家统一法律职业资格考试取得法律职业资格。在行政机关适用一般程序作出行政处罚决定时,要经过立案、调查取证、说明理由并告知权利,听取当事人的陈述和申辩、审核、作出决定、制作行政处罚决定书、送达等环节,其中,在行政机关负责人作出决定之前,应当由从事行政处罚决定审核的人员进行法制审核,审核人员的审核意见是行政机关负责人作出决定的重要参考,因此对从事审核的人员提出较高的法律素养要求。考虑到《国家统一法律职业资格考试实施办法》出台前,行政机关还有许多无法律职业资格、但有长期的实践经验和较高的法律素养,并能胜任相关工作的工作人员,因此按照有关规定,已从事法制审核的人员在未取得法律职业资格的情况下也可继续任职。

(2)行政机关中初次从事行政复议的人员。《行政复议法》第 3 条规定:"依照本法履行行政复议职责的行政机关是行政复议机关。行政复议机关负责法制工作的机构具体办理行政复议事项,履行下列职责:(一)受理行政复议申请……行政机关中初次从事行政复议的人员，应当通过国家统一法律职业资格考试取得法律职业资格。”

(3)行政机关中初次从事行政裁决的人员。《关于健全行政裁决制度加强行政裁决工作的意见》对行政裁决的概念作出了界定，“行政裁决是行政机关根据当事人申请，根据法律法规授权，居中对与行政管理活动密切相关的民事纠纷进行裁处的行为”，并要求重点做好自然资源权属争议、知识产权侵权纠纷和补偿争议、政府采购活动争议等方面的行政裁决工作。

第二节　国家鼓励取得法律职业资格的人员

国家鼓励从事法律法规起草的立法工作者、其他行政执法人员、法学教育研究工作者，参加国家统一法律职业资格考试，取得职业资格。也就是说，对于这三类人员，国家并没有对其取得国家统一法律职业资格作出硬性规定，而是采取了引导、鼓励的政策。这一方面对这三类法律职业从业者积极参加国家统一法律职业资格考试并取得法律职业资格起到促进作用，另一方面也避免了政策的“一刀切”造成相关工作从业人员“断层”现象的发生。

一、从事法律法规起草的立法工作者

“从事法律法规起草的立法工作者”主要指在国家和地方人大、司法行政机关以及各级政府部门从事法律法规起草的立法工作者。例如：全国人大常委会法工委从事法律起草的立法工作者，司法部从事法律、行政法规起草的立法工作者，某国家部委条法司从事法律法规、部门规章起草的立法工作者，某省人大常委会法工委从事地方性法规起草的立法工作者，某省司法厅从事地方性法规、政府规章起草的立法工作者，某省地市级人大和司法局从事地方性法规、政府规章起草的立法工作者，等等。

二、其他行政执法人员

“其他行政执法人员”包括行政机关内部除了从事行政处罚决定审核、行政复议、行政裁决工作之外的行政执法人员。例如，从事行政许可审查、行政监督检查、行政强制执行、行政指导等工作的行政执法人员。这些执法人员从事的行政执法行为，虽然不像行政处罚决定法制审核、行政复议、行政裁决那样直

接决定行政相对人的权利义务归属，但是也可能对行政相对人的权利义务造成影响，而通过国家统一法律职业资格考试有助于其提升综合法律素养，因此国家鼓励这些行政执法人员通过国家统一法律职业资格考试，从而提升政府依法行政能力、保护行政相对人的合法权益。

三、法学教育研究工作者

“法学教育研究工作者”包括高等院校从事法学教育的老师、科研机构从事法学研究的研究人员等。一般来讲，成为法学教育研究工作者，需要对某一个或某几个领域的法学问题研究比较精深，而通过国家统一法律职业资格考试则有助于其全面掌握法学各主要学科的知识，融会贯通不同领域的法学相关理论，更有利于开展高水平的教学和研究工作。

第七章　法律职业资格的准入条件

具备什么样的条件，才能取得法律职业资格，是国家统一法律职业资格考试制度的重要内容，也是一项重要的行政许可制度。按照《国家统一法律职业资格考试实施办法》和年度考试公告相关规定，取得法律职业资格，必须同时具备下列条件：一是符合报考综合素质和专业学历学位等条件；二是不具有《国家统一法律职业资格考试实施办法》规定的禁止报考的六类情形；三是参加国家统一法律职业资格考试并获得通过。本章分别就报考条件、禁止报考情形和参加考试并获得通过等准入条件进行梳理阐释，并通过比较分析，进一步明确严格法律职业准入制度的重要意义。

第一节　符合报考条件

一、考试报考条件

考试报考条件具体体现在对应试者的自然条件（国籍、年龄、行为能力等）、教育背景（学历、专业等）、资历以及素质品行等各个方面作出要求。根据《国家统一法律职业资格考试实施办法》相关规定，以 2022 年司法部公告（第 4 号）为例，报名参加法律职业资格考试应当符合以下条件：一是具有中华人民共和国国籍，包括香港、澳门特别行政区永久性居民中的中国公民和台湾居民。二是拥护《宪法》，享有选举权和被选举权。三是具有良好的政治、业务素质和道德品行。四是具有完全民事行为能力。五是具备全日制普通高等学校法学类本科学历并获得学士及以上学位，全日制普通高等学校非法学类本科及以上学历并获得法律硕士、法学硕士及以上学位，全日制普通高等学校非法学类本科及以上学历并获得相应学位且从事法律工作满3年。在《国家统一法律职业资格考试实施办法》实施前已取得学籍（考籍）或者已取得相应学历的高等学校法学类专业本科及以上学历毕业生，或者为高等学校非法学类专业本科及以上学历毕业生并具有法律专业知识的，可以报名参加法律职业资格考试。

二、综合素质和专业学历要求

（一）综合素质要求

国家统一法律职业资格考试更突出了良好的政治素质、业务素质和道德品行等综合素质要求。之所以这样规定，是因为选拔政治业务素质高的法律职业人才是建设好优秀法治工作队伍的保证和前提，有利于从源头上保证法律职业人员的政治素质、职业品行、专业素养和专业能力。

《2021年国家统一法律职业资格考试大纲》明确大纲编写修订工作要围绕建设一支德才兼备的高素质法治工作队伍，把握法治人才选拔培养的正确方向，将习近平法治思想纳入考试范围，继续强化对法律职业立场、伦理和技能的考查，促进提高考试选拔的科学性和有效性，引导广大应试人员坚持正确政治方向，坚定理想信念，拥护中国共产党领导，拥护社会主义法治，自觉践行社会主义核心价值观，忠实崇尚社会主义法治，坚定不移走中国特色社会主义法治道路等要求。[1] 按照上述要求，考试大纲还明确国家统一法律职业资格考试综合考查应试人员从事法律职业应当具有的政治素养、职业伦理；将习近平法治思想、法律职业道德作为国家统一法律职业资格考试客观题考试试卷一和主观题考试的重要内容。着眼于坚持总体国家安全观，促进提升国家安全意识，《2022年国家统一法律职业资格考试大纲》将《国家安全法》《香港特别行政区维护国家安全法》等纳入考查范围。[2]

（二）专业学历要求

国家统一法律职业资格考试制度对准入条件中的专业学历学位条件要求

---

〔1〕 参见《〈2021年国家统一法律职业资格考试大纲〉将于近日出版发行》，载司法部网，http://www.moj.gov.cn/pub/sfbgw/gwxw/xwyw/szywbnyw/202105/t20210512_392007.html。

〔2〕 参见《〈2022年国家统一法律职业资格考试大纲〉将于近日出版发行》，载司法部网，http://www.moj.gov.cn/pub/sfbgw/gwxw/xwyw/202205/t20220518_455281.html。

更为严格(包括放宽地区)。报考学历专业条件由国家司法考试的“高等院校法律专业本科毕业或者高等院校非法律专业本科毕业并具有法律专业知识”改为“具备全日制普通高等学校法学类本科学历并获得学士及以上学位,全日制普通高等学校非法学类本科及以上学历并获得法律硕士、法学硕士及以上学位,全日制普通高等学校非法学类本科及以上学历并获得相应学位且从事法律工作满三年”等要求。

1. 专业学历条件的发展变化。严格的大学准入考试和系统的法学专业教育,有利于法治思维和法治能力养成。由于法律职业的社会功能和专业性,各个国家都详细规定了法官、检察官、律师等法律职业的准入条件。我国对法律职业人员的任职条件,特别是学历专业条件经历了一个发展过程,要求不断提高。1979 年颁布的《人民法院组织法》第 34 条,规定了有选举权和被选举权的年满 23 岁的公民,可以被选举为人民法院院长,或者被任命为副院长、庭长、副庭长、审判员和助理审判员,但剥夺过政治权利的人除外。该条内容对法律专业知识、品行等方面内容都没有明确规定。同样,1982 年修正的《人民检察院组织法》对检察官的任职资格也没有提出明确要求。1983 年修改《人民法院组织法》时,增加了“人民法院的审判人员必须具有法律专业知识”的规定,但却未明确法律专业知识的具体标准,由此导致在当时一段时期内,法官之间的职业背景差距较大,“法官整体职业化水平很低,法官素质良莠不齐”。[1]

1995 年 2 月,第八届全国人大常委会第 12 次会议通过《法官法》和《检察官法》,对法官、检察官的任职条件作了明确规定。《法官法》第 9 条、《检察官法》第 10 条分别规定了法官、检察官的任职专业学历条件,即“高等院校法律专业毕业或者高等院校非法律专业毕业具有法律专业知识,工作满二年的,或者获得法律专业学士学位,工作满一年的;获得法律专业硕士学位、法律专业博士学位的,可以不受上述工作年限的限制”。从上述关于法官、检察官的任职专业学历资格规定来看,对法律专业知识的相关规定并不明确。此外,《法官法》《检察官法》还规定,担任法院院长、副院长、审判委员会委员、庭长、副庭长,担任检察院检察长、副检察长、检察委员会委员,都应当从具有实际工作经验的人员中择优提出人选。这一规定在实践中为不具备法律专业知识的人员

〔1〕 董开军:《司法行政学》,中国民主法制出版社 2007 年版,第 419 页。

进入法检机关工作提供了便利条件，是不符合法官、检察官队伍高素质专业化的任职资格要求的。2001 年 6 月，九届全国人大常委会第 22 次会议对《法官法》《检察官法》进行修正，将法官、检察官任职条件中的专业学历条件，明确为“高等院校法律专业本科毕业或者高等院校非法律专业本科毕业具有法律专业知识”等要求，该项规定突出了法律专业本科毕业条件，比修订前的《法官法》《检察官法》对法官、检察官任职专业学历条件更加严格。2001 年 12 月 29 日九届全国人大常委会第 25 次会议通过《关于修改〈中华人民共和国律师法〉的决定》，明确了“具有高等院校法律专业本科以上学历，或者高等院校其他专业本科以上学历具有法律专业知识的人员，经国家司法考试合格的，取得资格”。据此，从 2001 年开始，我国法官、检察官任职的学历条件和律师资格的学历条件必须达到大学本科以上。按照 2005 年 8 月 28 日十届全国人大常委会第 17 次会议通过的《公证法》第 18 条的规定，从 2005 年开始，我国公证员资格的学历条件必须达到大学本科以上。根据修正后的《法官法》《检察官法》《律师法》《公证法》，我国国家司法考试制度，明确了担任初任法官、初任检察官、申请律师公证员执业应当具有大学本科以上学历的条件。

相比国家司法考试，国家统一法律职业资格考试制度对专业学历学位条件要求更为具体、更为严格（包括放宽地区）。国家统一法律职业资格考试从报考学历条件提高了法律职业准入门槛，是综合考虑我国法治人才选拔培养和法学教育的实践情况，是落实国家统一法律职业资格考试有效发挥选拔高素质专业化法律职业人才作用的重大改革举措。随着新时代经济社会发展环境的深刻变化，法治建设进程的不断深化，这一改革将更好地促进国家统一法律职业资格考试与法学专业教育紧密衔接，进一步增强我国法律职业的职业化、专业化程度，推动越来越多的高素质的优秀法律人才通过考试成为法律职业人员，为维护社会公平公正、建设法治国家和法治社会奠定良好的人才基础。

2. 法学类专业范围。依据教育部《普通高等学校本科专业目录（2022 年版）》报名专业学历条件中的“法学类”规定，法学类专业由原来的 3 个专业增加到 7 个专业，分别为法学、知识产权、监狱学、信用风险管理与法律防控、国际经贸规则、司法警察学、社区矫正、纪检监察，其学科代码为 0301。对于具有非法学类本科及以上学历学位的人员，如获得法学类第二学士学位、法律硕士、法学硕士、法学博士或者从事法律工作满三年，可以报考法律职业资格考试。

根据《国家统一法律职业资格考试实施办法》第 9 条等规定，取得全日制普通高等学校非法学类专业本科学历及学位后，再取得法学类专业第二学士学历学位的，取得的法学类专业第二学士学历学位能在教育部全国高等教育学生信息咨询与就业指导中心网站（学信网）进行查询并进行学历认证，符合“法学类”专业的报考要求。取得法学双学位的，对于法学类专业为主修专业的，取得法学类专业本科学历及学士学位，符合“法学类”专业的报考要求；对法学类专业为辅修专业的，其辅修的法学类专业学历学位不能在教育部全国高等教育学生信息咨询与就业指导中心网站（学信网）查询或认证，不符合“法学类”专业的报考要求。[1] 国家统一法律职业资格考试对报考人员的法学教育背景和法律工作实践经验的专业性要求，体现法治工作队伍高素质专业化的迫切要求。

3. 从事法律工作。根据全国人大常委会法工委分别在 2002 年和 2006 年关于《法官法》《检察官法》相关规定的答复意见，“从事法律工作”主要是指从事国家或地方的立法工作，审判、检察工作，公安、国家安全、监狱管理、劳动教养管理工作（戒毒管理），律师，法律教学和研究工作，党的政法委员会以及政府部门中的法律工作等。

按《国家统一法律职业资格考试实施办法》要求，不具有法学本科或以上学历及对应法学学位的其他学科的全日制高等教育院校本科及以上学历的毕业生原则上不具有报考资格。作为对以上规定的例外，《国家统一法律职业资格考试实施办法》明确“获得其他相应学位且从事法律工作三年以上”者，具有报考资格。依据法工委上述从事法律工作的答复意见，法官、检察官、律师等职位的工作，本身就具有法律职业资格。因此，“法律工作”应当是指除法官、检察官和律师之外的从事其他法律工作。另外，全国人大常委会法工委的上述答复意见最早于 2002 年作出。随着法治实践的不断发展，目前从事法律工作的职业也有一些新的变化，比如从事纪检监察工作、党内法规工作，以及法律辅助工作的职业，像法院的书记员、仲裁委员会的秘书、公司的法务助理、律师事务所的律师助理等，能否确定为“法律工作”，有必要重新明确。

---

〔1〕 参见《2021 年国家统一法律职业资格考试〈公告〉相关政策规定问答》，载司法部网，http://www.moj.gov.cn/pub/sfbgw/zwxxgk/fdzdgknr/fdzdgknrjdhy/202105/t20210531_424826.html。

4. 普通高等学校。普通高等学校，是指依法设立并经国务院教育行政部门批准，举办全日制本科层次普通高等学历教育的高等学校，包括全日制普通本科院校和独立学院。

三、实施考试放宽政策

贯彻落实党中央、国务院关于精准扶贫以及过渡期内保持主要帮扶政策总体稳定的政策要求，根据《国家统一法律职业资格考试实施办法》第 23 条规定，司法部自 2018 年实施国家统一法律职业资格考试制度以来，继续实施放宽政策。比较国家司法考试放宽报名学历条件"高等院校法律专科毕业"，国家统一法律职业资格考试进一步放宽报名学历条件。2022 年司法部公告（第 4 号）明确，2022 年继续实施法律职业资格考试放宽政策（2021 ~ 2025 年），报名人员户籍在放宽条件地方的，可以将报名学历条件放宽为高等学校本科毕业。

1. 法考放宽政策的含义。具体体现在以下几个方面：一是取得高等学校本科及以上学历即可，不论是否为法学专业，也不论是否为全日制学历，也不要求具有三年法律工作经历。二是法律大专人员取得本科及以上学历的，在放宽政策适用地区和适用期限内，不受其取得学籍（考籍）的时间和取得毕业证书时间限制。三是满足放宽地区对法律职业人员的需要，在制定考试大纲、考试合格标准等方面适当放宽。《2018 年国家统一考试公告》明确，对 25 个省（区、市）的 1000 余个县（县级市、区）实施考试放宽政策，2018 年客观题考试全国合格分数线为 180 分，放宽合格分数线根据放宽地区的不同，分为 140 分、150 分、160 分三档。同时，明确在民族自治地方组织法律职业资格考试，应试人员可以使用民族语言文字进行考试。

2. 继续实施放宽政策。其主要理由：一是着眼于巩固和拓展脱贫攻坚成果。为贯彻落实党中央、国务院关于过渡期内保持主要帮扶政策总体稳定的政策要求，司法部继续实施在艰苦边远地区和少数民族地区与内地有一定差别的政策，适当降低任职学历门槛，让当地符合条件的人能够进得来、留得下，有利于法治队伍的长远发展。二是考虑到目前法律大专学历报名和通过人数均较少的实际。以 2016 年为例，法律大专学历报名人数（15,452 人）占 2.6%，通过人数(1031 人)只占 1.3%,[1]因此,将学历条件放宽至高等学校本科毕业,既有效解决了放宽地区法官、检察官人数不足的问题,又有利于加强法律职业队伍正规化、专业化、职业化建设,符合实质平等的要求。

四、符合报考条件的其他相关规定[2]

1. 继续允许普通高等学校在校四年级学生报名参考。与国家司法考试不同,国家统一法律职业资格考试将下一年毕业的全日制专升本应届本科生、军队院校应届本科生和以同等学力报考的应届硕士生,纳入这一政策适用范围,上述人员也可以报名参加当年的国家统一法律职业资格考试,有效解决了国家司法考试多年来遗留下来的问题。[3] 2022 年考试公告[司法部公告(第 4 号)]明确:普通高等学校、军队院校 2023 年全日制应届本科毕业生(包括专升本,下同)和以同等学力报考的应届硕士毕业生,可以报名参加 2022 年法律职业资格考试。

对于"老人"和"新人",根据《国家统一法律职业资格考试实施办法》和《现役军人参加国家统一法律职业资格考试若干规定》等规定,需适用不同的专业学历条件。一是《国家统一法律职业资格考试实施办法》实施前,即 2018 年 4 月 28 日前已取得学籍(考籍)或者已取得相应学历的高等学校法学类专业本科及以上学历毕业生,或者高等学校非法学类专业本科及以上学历毕业生并具有法律专业知识的,属于"老人老办法"适用范围,可以报名参加法律职业资格考试。二是除申请享受放宽政策人员外,《国家统一法律职业资格考试实施办法》实施后取得学籍的普通高等学校 2023 年全日制应届本科毕业生应获得法学类专业本科学历及学士学位;《国家统一法律职业资格考试实施办法》实施后取得学籍的军队院校 2023 年全日制应届本科毕业生应获得本科学历及

---

〔1〕 参见周强:《关于〈中华人民共和国法官法(修订草案)〉的说明——2017 年 12 月 22 日在第十二届全国人民代表大会常务委员会第三十一次会议上》,载中国人大网 2019 年 4 月 23 日,http://www.npc.gov.cn/npc/c30834/201904/bbb28478b0394aaf8e7965b7514c5017.shtml。

〔2〕 参见《2022 年国家统一法律职业资格考试公告》,载司法部网,http://www.moj.gov.cn/pub/sfbgw/zwxxgk/fdzdgknr/fdzdgknrtzwj/202206/t20220601_456313.html。

〔3〕 参见《2018 年国家统一法律职业资格考试公告发布——赵大程就国家统一法律职业资格考试答记者问》,载司法部网,http://www.moj.gov.cn/pub/sfbgw/zlk/202102/t20210207_173796.html。

学士学位。[1]

2. 2022 年国家统一法律职业资格考试报名时已经完成学业但尚未取得学历学位证书的普通高等学校、军队院校 2022 年应届本科毕业生和以同等学力报考的应届硕士研究生及继续教育(包括网络教育、成人教育、开放大学等)的 2022 年本科毕业生,以及参加高等教育自学考试单科成绩已全部合格且本年度内能取得毕业证书人员,符合《国家统一法律职业资格考试实施办法》第 9 条或者第 22 条、第 23 条规定的专业学历条件情形的,可以报名参加 2022 年法律职业资格考试。

3. 香港、澳门特别行政区、台湾地区居民报考。香港、澳门和台湾居民可以选择使用简体汉字或者繁体汉字填报本人信息和答题。持港澳台或国外高等学校本科及以上学历学位人员,学历学位证书经过教育部留学服务中心认证后,可以报名参加法律职业资格考试。其中,除申请享受放宽政策人员外,《国家统一法律职业资格考试实施办法》实施后取得学籍的港澳台或者国外高等学校法学(法律)类本科及以上学历学位的人员,学历学位证书经过教育部留学服务中心认证后,可以报名参加国家统一法律职业资格考试。

五、可以报考的其他情形

1. 2021 年客观题考试保留有效成绩人员报考的相关规定。2021 年国家统一法律职业资格考试客观题考试成绩达到全国统一合格分数线或者放宽合格分数线的人员,其合格成绩在 2022 年法律职业资格考试中有效。其中,达到全国统一合格分数线的,可在主观题考试报名时确认参加 2022 年主观题考试,符合放宽政策的可同时申请享受放宽政策;达到放宽合格分数线的,可报名参加 2022 年客观题考试和主观题考试,或者在主观题考试报名时确认参加 2022 年主观题考试。

2. 使用汉文或五种少数民族语言文字试卷参加考试的相关规定。《国家统一法律职业资格考试实施办法》还规定,在民族自治地方组织法律职业资格考试,应试人员可以使用民族语言文字进行考试。吸取了国家司法考试的有益

---

[1] 参见《2022 年国家统一法律职业资格考试公告》,载司法部网,http://www.moj.gov.cn/pub/sfbgw/zwxxgk/fdzdgknr/fdzdgknrtzwj/202206/t20220601_456313.html。

做法，国家统一法律职业资格考试明确报名人员应选择使用汉文试卷参加考试，也可以选择使用蒙古文、藏文、维吾尔文、哈萨克文、朝鲜文五种少数民族语言文字试卷参加考试。同时要求应试人员应当使用同一语言文字试卷参加客观题考试和主观题考试。2022 年司法部公告（第 4 号）规定，“如因疫情等情况部分考区考试延期举行，设置少数民族语言文字试卷的考区需要另行启用试卷的，不再单独提供少数民族语言文字试卷，应试人员使用汉文试卷参加考试，但可使用五种少数民族语言文字作答，并继续单独确定合格分数线”。

3. 现役军人报考要求。《国家统一法律职业资格考试实施办法》规定，符合条件的现役军人参加法律职业资格考试的具体规则，由司法部会同中央军委政法委员会另行规定。2022 年司法部公告（第 4 号）明确：符合条件的现役军人报考法律职业资格考试，应当通过司法部官网进行网上报名、交纳考试费、打印准考证，并到地方司法行政机关设置的考区参加考试。司法部会同中央军委政法委员会对现役军人相关信息进行统一核验，现役军人报名参加考试的其他事宜，按照司法部和中央军委政法委员会有关通知要求办理。

第二节 禁止报考情形

一、不得报名参加考试的情形

（一）法律职业相关禁业要求

2017 年《关于修改〈法官法〉等八部法律的决定》，将《律师法》中的“被开除公职或者被吊销律师执业证书的”修改为“被开除公职或者被吊销律师、公证员执业证书的”，将《公证法》中的“被吊销执业证书的”修改为“被吊销公证员、律师执业证书的”。《公务员法》第 26 条明确规定，因犯罪受过刑事处罚的、被开除中国共产党党籍的、被开除公职的和被依法列为失信联合惩戒对象的人员不得录用为公务员。《法官法》《检察官法》等明确了禁止任职或从业的相关规定。

（二）《国家统一法律职业资格考试实施办法》有关禁止报考规定

根据《国家统一法律职业资格考试实施办法》第 10 条规定，有下列情形之一的人员，不得报名参加法律职业资格考试：一是因故意犯罪受过刑事处罚的；二是曾被开除公职或者曾被吊销律师执业证书、公证员执业证书的；三是被吊销法律职业资格证书的；四是被给予二年内不得报名参加法律职业资格考试（国家司法考试）处理期限未满或者被给予终身不得报名参加法律职业资格考试（国家司法考试）处理的[1]；五是因严重失信行为被国家有关单位确定为失信联合惩戒对象并纳入国家信用信息共享平台的；六是因其他情形被给予终身禁止从事法律职业处理的。有上述规定情形之一的人员，已经办理报名手续的，报名无效；已经参加考试的，考试成绩无效。

（三）如何把握禁止报考具体情形

《国家统一法律职业资格考试实施办法》第 9 条规定，符合报名条件人员应当"具有良好的政治、业务素质和道德品行"。"品行良好"是报名人员报名参加国家统一法律职业资格考试的重要条件。法律职业人员应当具备较高的综合素质，包括良好的道德品行，这也是世界多数国家考试选拔法律职业人员的共同要求。我国《法官法》《检察官法》《公务员法》《律师法》均将"品行良好"明确为相关人员任职或执业的条件之一。如何认定不符合"品行良好"条件，在法律职业准入环节建立起第一道屏障，需要准确把握和权衡。

1. 不符合"品行良好"报考条件的情形。按照《国家统一法律职业资格考试实施办法》第 9 条规定，符合"品行良好"条件，才可以报名参加法律职业资格考试。而《国家统一法律职业资格考试实施办法》第 10 条规定的六种不得报名参加法律职业资格考试的情形，分别属于刑事处罚、行政处分、行政处理、失信惩戒等情形，应当属于不符合"品行良好"条件。

2. 其他不符合"品行良好"的情形。除《国家统一法律职业资格考试实施办法》第 10 条规定的六种情形以外，还可能存在下列四种情形：因违法违纪行为被国家机关、事业单位辞退的，因违反党纪受到撤销党内职务以上处分的，因违反治安管理行为被处以行政拘留的，有其他产生严重不良社会影响行为的。2021 年 5 月 1 日施行的《申请律师执业人员实习管理规则》（以下简称新《规

---

〔1〕《国家统一法律职业资格考试实施办法》第 16 条规定了被给予二年内不得报名参加国家统一法律职业资格考试处理或者被给予终身不得报名参加国家统一法律职业资格考试处理的情形，即应试人员有违反考试纪律行为的，由司法行政机关按照有关规定，视其情节、后果，分别给予口头警告、责令离开考场并取消本场考试成绩、确认当年考试成绩无效、二年内不得报名参加国家统一法律职业资格考试的处理；构成故意犯罪的，给予终身不得报名参加国家统一法律职业资格考试的处理。

则》)明确规定,上述四种情形不符合申请律师实习人员条件中"品行良好"规定。新《规则》还规定,上述四种情形发生在申请实习人员18周岁以前或者发生在实习登记三年以前,且申请实习人员确已改正的,应当提交书面承诺及相关证明材料,经律师协会设立的专门委员会审核同意,可以准予实习登记。全国律协认为,新《规则》与国家有关规定及要求保持了有效衔接,[1]为各地律师协会准确把握"品行良好"标准提供遵循。

3. 对不符合"品行良好"报考条件情形处理程序的把握。《国家统一法律职业资格考试实施办法》第10条规定的禁止报考六种情形与新《规则》新增的不符合申请律师实习人员条件的四种情形,从行为性质和影响程度来看,属于违纪违法违规犯罪以及其他产生严重不良社会影响等行为,应认定为不符合考试报考条件中"品行良好"条件。如考试报名时存在新《规则》所列新增的不符合申请律师实习人员条件的四种情形,发生在报名人员18周岁以前或者发生在其报名以前三年,且报名人员报名时确已改正的,此种情形如何把握,可参照新《规则》相关规定,首先请本人提交书面承诺及本人户籍所在地或经常居住地基层组织提供相关证明材料,再由考区所在地司法行政机关会同相关处分机关、惩戒机构协商提出审查建议,报省(区、市)司法行政机关核查后,报司法部考试工作机构审核认定。

二、加强考试诚信建设

与国家司法考试相比,国家统一法律职业资格考试的禁止报考条件中增加了"因严重失信行为被国家有关单位确定为失信联合惩戒对象并纳入国家信用信息共享平台的"不得报考要求。之所以这样规定,是因为在社会主义市场经济条件下,一个人是否具有良好的信用(如银行信用贷款、个人消费信用等)应是衡量其个人品行的基础。国家统一法律职业资格考试突出了被确定为失信联合惩戒对象的人员不得报考的规定,进一步强化了对严重失信行为的约束和惩戒,有利于建设忠诚干净担当的高素质专业化法治工作队伍。

---

[1] 《〈申请律师执业人员实习管理规则〉修订解读》,载中国律师网2021年4月9日,http://www.acla.org.cn/article/page/detailById/31819。

为推进诚信体系建设,2022 年司法部公告(第 4 号)还规定,报名人员应当如实、准确填报个人信息,对报名信息作出真实有效承诺,并对填报材料实质内容的真实性负责。普通高等学校、军队院校 2023 年全日制应届本科毕业生和以同等学力报考的应届硕士毕业生网上报名时,应当签署应届毕业生承诺书。参加高等教育自学考试单科成绩已全部合格且本年度内能取得毕业证书的人员,网上报名时应当签署单科成绩已全部合格承诺书。报名人员填报虚假信息或以其他方式骗取报名的,司法行政机关将按照《国家统一法律职业资格考试违纪行为处理办法》等规定进行处理。

三、其他禁止报考规定

2022 年司法部公告(第 4 号)还明确,已经取得 A 类法律职业资格证书的,不得报名参加 2022 年法律职业资格考试。另外,2018 年 8 月颁布的《国家统一法律职业资格考试工作规则》第 9 条第 2 款规定:"参与命题管理的工作人员,不得报名参加法律职业资格考试,不得组织或者参加社会机构考试培训工作。"

第三节　通过考试取得资格

一、参加资格考试成绩合格

根据《国家统一法律职业资格考试实施办法》的规定,符合第 9 条规定的报名条件且不具有第 10 条第 1 款规定六种情形的人员,可以报名参加法律职业资格考试,即参加法律职业资格考试客观题考试和主观题考试。根据《国家统一法律职业资格考试实施办法》第 13 条的规定,法律职业资格考试每年举行一次,分为客观题考试和主观题考试两个阶段,考生客观题考试成绩合格的方可参加主观题考试。客观题考试成绩和主观题考试成绩不合并计算。主观题考试也实行单独通过方式。上一年客观题考试保留有效成绩人员、当年客观题考试成绩合格人员,参加当年主观题考试取得合格成绩的,可申请授予法律职业资格。另外,普通高等学校、军队院校下一年全日制应届本科毕业生和以同等学力报考的应届硕士毕业生,参加当年法律职业资格考试客观题考试和主观题考试成绩合格的,应在规定期限内向司法行政机关申请授予法律职业资格。

二、取得法律职业资格

国家统一法律职业资格考试制度是一种职业资格类行政许可制度。参加考试并获得通过,经审核符合资格授予条件的,由司法部授予法律职业资格,颁发法律职业资格证书,即具备从事法律职业资格。不通过法律职业资格考试,便不具备从事法律职业的基本资格,亦不能从事前述九类法律职业。此外,依相关规定,以欺骗、贿赂等不正当手段取得法律职业资格证书的,由司法部撤销原授予法律职业资格的决定,注销其法律职业资格证书。取得法律职业资格人员有违反宪法和法律、妨害司法公正、违背职业伦理道德等行为的,由司法行政机关根据司法部有关规定,视其情节、后果,对其给予相应处理。当然,最终能否从事法律职业,还须符合法律规定的从事不同法律职业的其他任职、执业条件。

第八章　考试方式和考试内容

法律职业资格考试制度的考试方式和考试内容解决的是怎么考、考什么的问题,属于考试的核心内容。考试方式和内容的设定,不仅取决于考试目的,而且受考试规模、组织实施能力及应试人员等影响。一般来说,考试方式和考试内容主要包括考试组织实施主体、考试模式、具体内容、通过方式等。本章分三节进行介绍。

第一节　影响考试方式的相关因素

法律职业资格考试制度的考试方式,涉及由谁来组织实施,实行怎么样的考试模式,以及考试具体实施方式。考试方式是否科学合理,关键看是否有利于确保考试选拔的科学性和有效性,是否符合考试的实际,提高组织实施效率。如上所述,影响考试方式的因素有很多,总体上可以分为内在因素和外在因素两个方面。

一、影响考试方式的内在因素

一般来说,考试要兼顾水平性测试和竞争性选拔的双重的目标,只是在倾向程度上存在差别,例如:驾校的理论测试更多体现的是水平性测试,不在乎通过率;而高考、研究生考试、公务员考试等受到招生或入职规模限制往往优中选优,淘汰率较高。我国法律职业资格考试制度是为建设一支高素质社会主义法治工作队伍选拔储备法律职业人才的资格准入考试,涉及九类法律职业人员,包括：初任法官、检察官，申请律师、公证员执业，初次担任法律类仲裁员，以及行政机关中初次从事行政处罚决定法制审核、行政复议、行政裁决、法律顾问的公务员。这就决定了我国国家统一法律职业资格考试不能像德国和日本、韩国的司法考试那样，采取低通过率的精英化选拔方式，例如2006年韩国参加司法考试的考生近3万人，合格者仅为994人，[1]而应该兼顾九类法律职业用人部门的人才需求，并且为后续法律职业用人部门进一步选拔留下一定余地，如2016年至2018年，我国律师的增长分别为2.9万余人、3.9万余人、5.8万余人。截至2022年6月，全国律师总数达到60.5万人。[2] 因此，在人员准入范围、用人需求规模以及职业资格考试制度和从事法律职业的制度关系的影响下，我国的国家统一法律职业资格考试（包括司法考试）通过规模和比例方面要相对高些。据统计，截至2017年，16次国家司法考试，全国共有620万余人报名，514万余人参考，98万余人通过考试取得法律职业资格，通过人数占参考人数的19%。其中，有40余万人进入法院、检察院等实务部门，或者成为执业律师和公证员，还有大量获得法律职业资格人员从事其他法律职业工作。[3] 同理，美国律师考试从市场主导的角度，通过率也较高，如2007年至2017年报道的数据，纽约州律师资格考试通过率大多在60%以上，而加利福尼亚州律师资格考试通过率则大多在40%以上。[4]

二、影响考试方式的外在因素

制约考试方式的外因主要包括考试的规模、考试组织实施能力。考试规模和考试组织实施能力制约着考试方式的设定，这两个因素之间又相互影响。首先，我国是一个人口大国，参见各类考试的人数众多，以国家统一法律职业资格考试（国家司法考试）为例，2017年以来，每年报考人数均超过60余万人，这种情况下，考试方式就必须考虑成本和现实的可操作性，而不能简单地与国外的

---

〔1〕 参见张建伟：《统一司法资格考试：观察与省思》，载国际经济法网2011年5月28日，http://ielaw.uibe.edu.cn/zyflrcjy/9296.htm。

〔2〕 参见《中共中央宣传部举行新时代全面依法治国取得的历史性成就发布会》，载司法部官网，http://www.moj.gov.cn/pub/sfbgw/zwgkxwfbh/202207/t20220728_460706.html。

〔3〕 参见祁彪：《回眸：我国法律职业准入制度的岁月变迁》，载《民主与法制周刊》2018年第28期。

〔4〕 参见宏景国际：《美国律师考试有多难？过了司考的律师这样说……》，载搜狐网，https://www.sohu.com/a/363877280_120337833?_trans_=000019_wzwza。

相关做法进行比较。如德国的司法考试要经过两次考试,并且每次考试都有笔试、面试,还有论文写作等内容,过程极为精细,但我国的国家统一法律职业资格考试而言,如果采取这种方式,组织实施成本将极大增加,且很难保证质量。其次,考试的组织实施能力也是一个重要因素。传统考试采用纸笔方式,但随着计算机普及,考试信息化管理服务能力提升,越来越多的考试采用机考方式进行,考试承载能力有效提高,也有利于采用更为科学有效的考试方式。

第二节 考试方式

根据《国家统一法律职业资格考试实施办法》等规定,国家统一法律职业资格考试由司法部统一组织实施,考试每年举行一次,实行客观题考试和主观题考试两阶段分别通过方式,通过客观题考试后再参加主观题考试,全面推行计算机化考试方式。考试方式方法改革,既有利于综合考查应试人员从事法律职业所应具有的政治素养、业务能力和职业伦理,也有利于实现国家统一法律职业资格考试在考查考生应知应会的宪法法律知识基础上,分阶段有重点的考查考生分析问题、解决问题能力。[1]

一、实行全国统一组织实施的考试方式

我国国家统一法律职业资格考试实行国家统一组织,司法部作为具体负责实施机关,实行全国统一组织、统一命题、统一录取的方式。各地司法行政机关在司法部统一组织下负责本地考试组织实施工作。与之相对应,不同于由地方分别组织实施的方式,如美国律师资格、德国司法考试均由各州单独组织,单独命题、录取,我国各地自行组织实施的公务员考试以及现行高考制度都属于地方组织实施方式。这两个模式各有优劣,主要看是否适合本国政治制度和法治体系。我国法律职业资格考试由国家统一组织实施,实现了考试报考条件、考试内容、考试标准等方面的统一,有利于推进国家法治建设进程,也符合我国统一的法律制度体系要求,更是维护宪法法律权威的体现。

---

〔1〕 参见《关于〈国家统一法律职业资格考试实施办法(征求意见稿)〉起草说明》,载司法部官网,http://www.moj.gov.cn/pub/sfbgw/zwxxgk/fdzdgknr/fdzdgknrjdhy/201802/t20180205_349185.html。

二、实行两阶段分别通过的考试方式

综合相关国家法律职业资格考试(司法考试、律师考试)及我国有关国家级考试通过方式来看,考试通过是一次性通过还是分阶段乃至分科目通过,有三种通过模式。第一种是总分一次性通过方式,如国家司法考试制度采用四张试卷一次性通过方式。第二种是采用分阶段通过方式,如法律职业资格考试分为客观题考试和主观题考试两阶段分别通过方式。第三种是采用单科滚动通过方式,如注册会计师考试要求第一阶段单科合格。下面具体介绍国家统一法律职业资格考试实行两阶段分别通过方式的具体内涵和特征以及意义。

(一)实行分阶段通过方式是一种现实选择

我国国家司法考试时期采用四张试卷合并计算总分的一次性通过方式,2004 年起四张试卷总分为 600 分,全国统一合格分数线为 360 分,一次性考试具有简便易行的特点,便于国家在较低成本的情况下选拔储备了较多法律职业人才,具有较高效率,比较符合考生规模较大的国家级考试。但是一次性考试方式单一、精细化程度不够。

1. 一次性考试,考试通过的偶然性较大。一般来说,考试的次数越少,考试结果的偶然性就越大。一次性考试,既有可能让优秀的考生因发挥失常而名落孙山,也有可能让部分本来不具备相应素质的考生侥幸过关。[1] 社会上有人诟病国家司法考试是“一考定终身”,主要指的就是考试的偶然性。这样的考试方式,一定程度上影响到考试公平性,也不利于保证选拔的科学性。

2. 一次性考试通过方式也并不完全具有高效性。随着考试规模的增加,一次性考试的负担也越来越重,按照 360 分的合格分数线,大量考生前三卷成绩不到 210 分,即使第四卷得到满分,也不可能达到合格标准,但是因为采用一次性通过方式,给考试组织、阅卷带来大量工作,反而增加成本,造成国家资源浪费。

3. 选择题为主的一次性考试不够科学。选择题作答方式简单,特别是答案唯一,能够充分保证评分的客观性。但其根本缺陷也在于此。选择题答案唯

---

〔1〕 参见潘剑锋:《论以法律职业精英化为目标的法律职业资格考试》,载《现代法学》2019 年第 5 期。

一,“不适于测试发散思维,难以测试创造性”,[1]不利于选拔优秀的法律人才。比较来看,国外司法考试制度,多数采用分阶段多次通过的方式,如德国司法考试实行两次考试,中间还有一个司法研修实习期。借鉴国外考试的做法,有必要改进一次性考试方式,实行分阶段通过方式。

（二）分阶段通过方式的内涵和特征

根据《国家统一法律职业资格考试实施办法》规定,国家统一法律职业资格考试采用两阶段分别通过方式,应试人员客观题考试成绩合格的方可参加主观题考试,客观题考试合格成绩在本年度和下一个考试年度内有效。这一模式包括三层意思。

1. 客观题考试成绩单独合格。2018 年以来,国家统一法律职业资格考试客观题考试全国统一合格分数线均为 180 分,实行两张试卷总分通过的方式。这一点不同于注册会计师、注册建造师考试等单科通过方式。注册会计师资格考试实行专业阶段考试和综合阶段考试分别通过的方式,专业阶段考试实行 6 科单科通过方式,并在五年内滚动完成 6 科考试;注册建造师考试实行连续两个年度内完成 4 个考试科目全部合格的方式。

2. 通过客观题考试才能参加主观题考试。客观题考试成绩在本年度和下一个考试年度内有效。为了体现不同侧重的考查内容和目标,为适当减轻应试人员的复习备考压力,一般会采用保留合格成绩滚动通过的方式。国家统一法律职业资格考试客观题考试成绩在本年度及下一个考试年度内有效的规定,意味着第一年通过客观题考试的人员,可以参加当年主观题考试,参加当年主观题考试未通过或者未参加的,可以选择在下一年只参加主观题考试。

3. 主观题考试成绩实行单独计算,不与客观题考试成绩合并计算。2018 年起,主观题考试全国统一合格分数线均为 108 分。

（三）分阶段考试方式的意义

科学、合理的考试模式,才能有效选拔出高素质的法律职业人才。国家统一法律职业资格考试分阶段通过的考试模式设计,在不同阶段,考核重点、考核科目、题型设计、功能设定、阅卷形式、录取方式等各不相同,各有侧重。

1. 充分体现不同层次能力水平检测要求。国家统一法律职业资格考试采

---

[1] 漆书清:《现代测量理论在考试中的应用》,华中师范大学出版社 2003 年版,第 12 页。

取以考核理论知识为主的客观化试题和以考核实务能力为主的主观化试题分阶段的考试方式，既能够充分检测考生了解掌握法律知识、法律规范、法律原理等基本知识原理的理解掌握程度，也能够有效检测考生运用法律规范、原理、观点方法分析判断法治理论问题、社会法律现象和法律实务问题。既兼顾考查理论知识与考查实务能力的整体性结构特点，又体现了侧重不同层次能力水平检测要求。

2. 有利于提高国家统一法律职业资格考试选拔法律职业人员的科学性和权威性。《国家统一法律职业资格考试实施办法》规定通过客观题考试才能参加主观题考试，且主观题考试成绩实行单独计算等，层层递进、逐级筛选，有利于克服一次性考试的弊端，提高国家统一法律职业资格考试选拔法律职业人员的科学性和权威性，增强评卷工作的精准性，从而将具有一定分析问题、解决问题能力，符合法律职业需要的人员选拔出来。[1]

3. 有利于实现国家统一法律职业资格考试选拔高素质法律职业人才的目标。实行两阶段考试方式，加之客观题考试成绩实行两年有效期的方式，有利于应试人员集中精力分阶段备考，减轻备考负担，也可以促进应试人员参加社会实践来提高自己的技能和水平，更有利于检测其是否具备从业所需要的政治素养、实务技能、职业品行和综合素质，有效保障考试选拔优秀法律职业人才目标的实现。

三、实行计算机化考试方式

随着信息化技术以及计算机操作的不断发展普及，使用计算机进行考试的方式越来越受到重视并被逐渐引入各类考试实践。2012 年我国注册会计师考试开始实行计算机化考试方式，2014 年财政部修改的《注册会计师全国统一考试办法》对采用计算机化考试方式或者纸笔考试方式进一步明确。目前越来越多的考试已采用机考方式。

根据《国家统一法律职业资格考试实施办法》规定，国家统一法律职业资格考试实行计算机化考试方式和纸笔考试方式，从 2018 年起客观题考试全部

[1] 参见潘剑锋：《论以法律职业精英化为目标的法律职业资格考试》，载《现代法学》2019 年第 5 期。

实现计算机化考试方式,主观题考试也逐步推行计算机化考试方式。2019 年,为进一步缓解考试机位资源紧张问题,提高考试管理服务水平,客观题考试实行两个批次的机考方式。2020 年主观题考试全面实行机考,考生在计算机上查阅电子法律法规,对应试人员使用计算机考试确有困难的,在主观题考试部分考点保留部分纸笔考试。

(一)机考特点

计算机化考试,也称"机考",是指采用计算机作为考试工具,以优化的题库资源为基础,以现代信息技术为手段,集考试报名、试卷组拼、上机考试、答卷评阅、成绩生成等为一体的考试管理。机考是职业资格考试发展方向,具有缩短工作周期、提高工作效率、减少保密环节,提升考试安全、节省考试资源、规范考生管理、方便考生应考等优势,利于进一步实现考试的客观、公平、实效。

机考的特点主要体现在:一是机考可以有效完成报名、命题、制卷、运送、试题管理、考试、评卷、成绩公布工作。通过计算机技术的有效运用,减少考试组织管理的程序,提高工作时效。二是机考可以减少保密工作环节,提升考试安全、保密水平。机考运用多种技术手段提升安全性能,通过试题乱序和选项乱序,保证同一考场考生的试题及试题选项在计算机屏幕上显示的顺序不一致,避免座位相邻考生之间的抄袭;通过使用二代身份证比对等技术,防止考生替考。三是机考充分体现绿色考试理念。机考全部在计算机上进行考试管理,不需要再印制大量的纸质试卷,也避免了试卷的运送,减少了人防、物防的投入使用,节省了考试成本,节约了社会资源。

(二)机考实践

1. 从试点到全面实施。根据司法部的统一部署和安排,2017 年最后一次国家司法考试中,在黑龙江省大庆市、江苏省苏州市、广西壮族自治区北海市、重庆市北碚区和宁夏回族自治区石嘴山市 5 个考区实行计算机化考试试点,采取"3 + 1"的考试模式,即前三卷(试卷一、试卷二、试卷三)客观题考试实行机考,试题、答题要求和答题界面均在计算机显示屏上显示,考生使用计算机鼠标或键盘在计算机答题界面上直接作答。第四卷主观题考试保留纸笔考的方式。试点期间各考区考点均选定机位优质院校,机位数可以满足考试需求,安全保密措施符合要求,各项前期准备和保障工作按照计划有序进行,首次机考试点圆满顺利，为全国推行机考起到了先行先试的作用。

《国家统一法律职业资格考试实施办法》明确了国家统一法律职业资格考试实行纸笔考试或者计算机化考试的方式。据此，2018 年，法律职业资格考试客观题考试全面实行闭卷、计算机化考试方式，试题、答题要求和答题界面均在计算机显示屏上显示，应试人员应当使用计算机鼠标或键盘在计算机答题界面上直接作答。[1] 并 5 个考区实行主观题考试机考方式试点工作。

为确保考试顺利实施，有效应对考试方式带来的新变化，让考生熟悉国家统一法律职业资格考试机考系统、考试管理和具体操作等，报名时，司法部考试机构会同技术服务公司制作了机考答题演示、操作指南、模拟答题操作练习系统等视频资料，并同步在司法部网站和法律职业资格考试报名管理系统内开通“模拟考试模块”，供报名人员网上学习和在线练习。同时，考试机构对机考信息化系统进行必要的改造和测试，满足了六种文字试题的工作需求，实现了安全、稳定运行，为考试顺利实施奠定基础。考试前，各地考试机构充分利用网络媒介等信息交流平台，深入宣传解读国家统一法律职业资格考试机考特点，并与有关部门、高校密切配合，主动宣传机考，解答考生和社会关注问题等。2018 年下半年，在首次举办的国家统一法律职业资格考试中，客观题考试全国共设 303 个考区、考生 60 万余人，主观题考试共设 155 个考区、考生 18 万余人。年度考试实施工作顺利平稳，为进一步完善机考工作积累了经验。

2. 发展与完善。2019 年，国家统一法律职业资格考试为进一步缓解考试机位资源紧张问题，提高考试管理服务水平，客观题考试实行两个批次的机考方式，主观题考试也实行计算机化考试。对应试人员使用计算机考试确有困难的，保留部分纸笔考试方式。2020 年主观题考试全面实行机考，并允许考生在计算机上查阅电子法律法规。

考试一般分为闭卷考试和开卷考试两种。传统考试包括国家司法考试一直采用闭卷考试的方式，这一方式可以有效考查应试人员的法律知识，但随着考试竞争的加剧，闭卷考试侧重记忆性知识考查，其考查应试人员法律思维和

---

〔1〕 参见《2018 年国家统一法律职业资格考试公告》，载司法部官网，http://www.moj.gov.cn/pub/sfbgw/gjsfkssjxw/202103/t20210319_210539.html。

法律实务能力的全面性和有效性有限,而适度的“开卷考试”则有利于避免应试人员过分侧重法条记忆,可以加大非案例题的考查力度。因此,2018 年国家统一法律职业考试主观题考试由司法行政机关为应试人员统一配发法律法规,2019 年继续为应试人员增加增补法规,并在机考试点地区实行计算机上配备电子法规的方式,提高了管理工作效率,得到了考生的好评。同时,国家统一法律职业资格考试主观题考试设置选作题,应试人员可选择其一作答,这种方式有利于应试人员更好地发挥自身法律专业特长,对于选拔培养专业化的法律职业人才是一个创造性的举措。

(三)机考方式的合理性

实行计算机化考试方式是现行法律职业资格考试的一个重大变化。与传统纸笔考试相比,计算机化考试对信息化软硬件配置要求较高,前期投入方面存在一定成本较高的情形。但是,随着高等院校大多开设了计算机课程,各地建立了更多的计算机专用考场或机房,硬件保障方面的问题日益得到解决;以及计算机办公已成为人们日常办公基本技能,实行计算机化考试对绝大多数应试人员来说,不存在使用障碍。因此,在计算机化软硬件保障到位后,机考具有独特的优势。一是高效便捷。随着考试报名人数的逐年攀升,考试组织实施的管理成本和压力不断加大。机考采用无纸化办公,在电子试卷发放、回收试卷等方面,具有安全高效便捷的优势,有利于避免试卷在印刷、运送、返送、保管等多个环节的风险隐患和降低行政成本。同时,机考也为增加试卷组合类型、实现实时监控,防止作弊等提供有效保障。二是适应考试改革需要。机考更贴近法律职业工作日常工作环境和要求,有利于使考试更贴近法律职业素养,也可以适应案例题考查加大的改革要求。三是有利于考试公平。机考减小因试卷卷面不整洁或字迹模糊等导致的阅卷误差,同时,一般来说,机考可以适当节约书写时间,排除非考查性因素干扰,提高考试效率和公平。

第三节 考试内容

法律职业资格考试内容是解决考什么的问题,考试内容的科学与否,直接关系到考试的效果。考试内容服务于考试目标,适应一定的考试方式方法。因此,确定科学合理的考试内容具有重要的意义和作用。从法律职业资格考试制度的总体来看,考试内容涉及考试科目、卷式安排、分值分布等问题。

一、考试内容设定标准

法律职业资格考试是培养选拔高素质社会主义法治工作队伍的一项基础性制度。法律职业资格考试的内容,依赖于法律职业队伍建设的总体目标。根据有关法律、法规和规范性文件规定,法律职业资格制度是为全面依法治国提供人才保障的基础性制度,法律职业资格考试的测试目标是服务建设高素质社会主义法治工作队伍。《国家统一法律职业资格考试实施办法》第2条第1款规定,国家统一法律职业资格考试,是国家统一组织的选拔合格法律职业人才的国家考试。上述相关规定明确了国家统一法律职业资格制度的基本定位。为此,《国家统一法律职业资格考试大纲》明确提出,国家统一法律职业资格考试是为贯彻落实习近平新时代中国特色社会主义思想,以建设一支忠于党、忠于国家、忠于人民、忠于法律的社会主义法治工作队伍为目标,检测应试人员是否了解和掌握以宪法为核心的中国特色社会主义法律体系,是否具有从事相应法律职业所应具备的政治素养、业务能力和职业伦理,特别是检测应试人员是否掌握法律问题的发现能力、分析能力和法律知识综合性运用能力。

二、考试大纲功能

法律职业资格考试大纲是司法部根据考试政策、现行法律法规及法学理论发展制定和公布,用以规范考试性质、测试目标、考试科目,明确各学科考核基本要求和考试内容等考试重点问题,指导命题和应试人员备考的规范性文件。考试内容和命题范围以司法部当年公布的《国家统一法律职业资格考试大纲》为准。为充分发挥考试大纲的指引和规范作用,适应国家法治建设和法治工作队伍建设需要以及法学理论发展实际,近年来,年度考试大纲不断调整完善,明确了考试性质,规定了考试科目,加强了对政治素养、业务能力和职业伦理的考查力度。与国家司法考试大纲相比,国家统一法律职业资格考试大纲在考试内容上力求有一些新的变化。

1. 突出指引和规范功能。通过大纲内容和侧重点的规范调整,引导应试人员把握复习备考重点,不断强化法律职业人员必备素质。考试大纲将习近平法治思想纳入考试范围,明确走中国特色社会主义法治道路等要求,[1]确保考试的正确导向。强化对法律职业立场、伦理和技能的考查,促进提高考试选拔的科学性和有效性;适当增加和强化法律职业道德内容,引导应试人员牢固树立社会主义法治理念,提高职业道德素质;通过大纲对考查内容和要求的明确规范,发挥好国家统一法律职业资格考试对法学教育引领作用,引导应试人员建构从事法律职业必备的专业知识框架,推动法学教育朝着培养更多优秀法治人才方向发展。

2. 加大法律专业知识的考查力度。为适应法律职业队伍高素质、专业化和职业化要求,调整了考查学科内容、知识点分值比例,在客观题和主观题中突出刑法、民法、行政法和刑事诉讼法、民事诉讼法、行政诉讼法等考试内容的比重,提高了对考生法律专业知识和专业技能考查的科学性。为提高命题工作质量,司法部改进完善了题库征题工作。征题范围从原来的 5 所政法院校扩大到 15 所政法院校和法律实务部门、法学研究机构,征集试题数量、质量明显提高。[2]

3. 突出法治实践能力的考查。根据深化全面依法治国实践要求,在国家司法考试大纲基础上,司法部对国家统一法律职业资格考试大纲进行了相应调整,在考查考生应知应会的宪法法律知识基础上,更加突出检验考生在法律适用和事实认定等方面的法治实践水平。进一步明确运用相关法律原理、观点和方法,对法治理论、法律现象和法律实务进行分析判断和综合评价的考核知识点要求,增加检验考生理论和实践相结合能力的考试内容,进一步加强法律实务内容和应试人员实践能力的考查。上述调整使国家统一法律职业资格考试大纲更加贴近实务、更加符合需求,更具有针对性和指导性。

4. 便于命题和应试人员了解把握考试内容。考试大纲明确介绍各科目的基本要求和考核知识点,并从了解和理解、熟悉并运用两个层次上明确需要把

---

〔1〕 参见《〈2021 年国家统一法律职业资格考试大纲〉将于近日出版发行》,载司法部官网,http://www.moj.gov.cn/pub/sfbgw/gwxw/xwyw/szywbnyw/202105/t20210512_392007.html。

〔2〕 参见《2018 年国家统一法律职业资格考试公告发布——赵大程就国家统一法律职业资格考试答记者问》,载司法部官网 2018 年 6 月 8 日,http://www.moj.gov.cn/pub/sfbgw/gwxw/xwyw/szywbnyw/202101/t20210122_148173.html。

握的程度和要求,对各科目知识的深度、广度及考试方法提出原则性意见,有利于命题人员依据大纲进行命题,更有利于应试人员复习备考。

三、考试内容设定

依据《国家统一法律职业资格考试实施办法》和《国家统一法律职业资格考试大纲》,法律职业资格考试按照法治实践要求,考试内容在考查考生应知应会的宪法法律知识基础上,重点考查考生分析问题、解决问题的能力,从过去的以知识考查为主向以能力考查为主转变,进一步加大了综合考查应试人员从事法律职业应当具有的政治素养、业务能力和职业伦理的考查力度。

(一)考试科目

根据《国家统一法律职业资格考试实施办法》相关规定,国家统一法律职业资格考试以年度考试大纲为依据,考试内容涉及18个科目:包括习近平法治思想、法理学、宪法、中国法律史、刑法、民法、刑事诉讼法、民事诉讼法(含仲裁制度)、行政法与行政诉讼法、经济法、知识产权法(从民法中分出)、商法、国际法、国际私法、国际经济法、环境资源法(从经济法中分出)、劳动与社会保障法(从经济法中分出)、司法制度和法律职业道德。在考查内容上着重考查宪法法律知识、法治思维和法治能力,加大法律职业伦理的考查力度,大幅度提高案例题的分值比重。

1. 政治素养考查。主要考查坚持以习近平法治思想为指导,坚持法律职业队伍革命化、正规化、专业化、职业化方向,立足于建设高素质专业化的社会主义法治工作队伍为目标。在中国特色社会主义法治理论以及宪法、法理学等学科中,把党和国家全面依法治国的最新制度成果、实践成果和法学理论发展的最新成果纳入考试范围,引导广大应试人员深入学习领会深化依法治国实践的指导思想、总体思路和重点任务,进一步坚定走中国特色社会主义法治道路的思想自觉和行动自觉。为认真贯彻党的十九大精神,《2019年国家统一法律职业资格考试大纲》,在参考文献部分加入《习近平关于全面依法治国论述摘编》《中共中央关于全面推进依法治国若干重大问题的决定》《党的十九大报告有关法治的论述》。为深入贯彻落实中央全面依法治国工作会议精神,2021年将考查科目中国特色社会主义法治理论调整为习近平法治思想,将习近平法治思想的形成和发展、重大意义、核心要义和实践要求作为重点考查内容,并增加《论坚持全面依法治国》《法治中国建设规划》《法治社会建设实施纲要》等参考文献。

2. 法律专业知识和实务能力考查。党的十八届四中全会《决定》规定,"全面采用国家统一的法律类专业核心教材,纳入司法考试必考范围"。对此,兼顾法学专业16门核心课程,以马克思主义理论研究和建设工程法学类专业核心课为遵循,司法部确定了18个考查科目。在国家司法考试法学专业本科教育14门核心课程和职业道德等15门考查科目基础上,新增考查科目为环境资源法,劳动与社会保障法,将知识产权法从民法中分出单列为一门考查科目,法制史调整为中国法律史。

3. 加大案例题考查比重。为落实"以案例分析、法律方法检验考生在法律适用和事实认定等方面的法治实践水平"的考试要求,法考客观题以选择题为主,主要考查法律专业知识的一般了解与掌握;主观题考查方式是案例、法律文书和论述,主要考查考生运用知识和原理、法律规则来分析和解决实际问题的能力。而且,按照新的规定,实行两阶段的考试通过方式,即通过客观题考试后,才能参加主观题考试。考试方式、考试内容的调整,有效地改变了国家司法考试的前三卷得分高,即仅凭着对法律概念、法律原理和法律制度内容的识记、理解和一般性运用,就可能通过考试取得法律职业资格的弊端,实行两阶段考试方式,加大对法律实务内容的考核,适应了社会发展对法律职业资格考试的要求,更好地促进考试选择高素质职业人才功能的实现。

4. 法律职业道德考查。法律是调整人与人之间社会关系的主要规范。职业道德一般包含两方面内容,既是本行业人员在职业活动中的行为规范,又承担着行业对社会所负的道德责任和义务。因而,对于法律职业人员来说,除了要求应当具有较高水准的专业水平、实务能力外,更要有较高的职业道德水准,包括职业意识、职业伦理、职业行为规范等内容。法律职业道德是指法官、检察官、律师、公证员、法律类仲裁员、法律顾问和行政机关中从事行政处罚决定法制审核、行政复议、行政裁决的公务员等法律职业人员在进行法律职业活动过程中,所应遵循的符合法律职业要求的道德规范总和,包括心理意识、行为准则和行为规范等。[1]

着眼于选拔优秀法律职业人才，国家统一法律职业资格考试将法律职业道德纳入重点考查内容，并在客观题和主观题中都有明确要求。主要是了解法官、检察官、律师等法律职业的概念特征，熟悉相关法律职业的职业道德主要的内容及职业责任和执业行为规范并能够运用。此外，该部分大纲中主要参考资料，包括各类法律职业的纪律规范和行为规范，如《法官职业道德基本准则》《人民法院工作人员处分条例》《检察官职业道德基本准则》《检察人员纪律处分条例》《律师职业道德基本准则》《律师执业行为规范（试行）》《公证员职业道德基本准则》《公职人员政务处分法》等。因此，国家统一法律职业资格考试对法律职业道德的考查不仅是以纪律惩戒为目的法律职业伦理的考查，还包括对法律职业人员在从业活动时所遵循的符合法律职业要求的行为准则和行为规范的考查，体现理论与实务结合的特点。国家统一法律职业资格考试通过对考生法律职业道德和职业规则的实际运用能力的检测，有效地促进法律职业伦理规则的可适用性，[2]进而更好地实现法律职业人员所应当具备的职业信仰和职业品行要求。

总之，国家统一法律职业资格考试强化对政治素养、业务能力和职业伦理等方面的考查，有利于促进法律职业人员更好地运用法律思维和法治方式应对各种各样的现实问题的能力，增强专业水准；有利于引导法律职业人员坚定职业信仰，坚持职业理念，恪守行业操守，铭记职业伦理，将维护社会公平正义作为从业的重要出发点和落脚点。

（二）卷式结构

根据现行法律职业资格考试制度规定，国家统一法律职业资格考试以司法部制定并公布的《国家统一法律职业资格考试大纲》作为命题依据。实行“2＋1”的试卷模式（两张客观题试卷和一张主观题试卷），2021年国家统一法律职业资格考试公告对客观题考试和主观题考试卷式结构进行了规定。

---

〔1〕 国家统一法律职业资格考试辅导用书编辑委员会组编：《2021年国家统一法律职业资格考试辅导用书：习近平法治思想·法理学·宪法·中国法律史·司法制度与法律职业道德》，法律出版社2021年版，第303页。

〔2〕 参见袁钢：《中美法律职业资格考试的比较分析——以法律职业伦理考核为视角》，载《中国考试》2019年第8期。

1. 客观题考试。2021 年法律职业资格考试客观题考试共两卷，分为试卷一、试卷二，每张试卷 100 道试题，考试时间 180 分钟，分值为 150 分，其中单项选择题 50 题、每题 1 分，多项选择题和不定项选择题共 50 题、每题 2 分，两张试卷总分为 300 分。具体考查科目为：

试卷一：习近平法治思想、法理学、宪法、中国法律史、国际法、司法制度和法律职业道德、刑法、刑事诉讼法、行政法与行政诉讼法

试卷二：民法、知识产权法、商法、经济法、环境资源法、劳动与社会保障法、国际私法、国际经济法、民事诉讼法（含仲裁制度）

这种两张客观题试卷的方式，延续了国家司法考试时期的基本做法，通过客观题试卷，对应试人员应知应会的法律专业知识进行全面考查，符合法律职业人才选拔的一般要求，同时又采用大幅度提高案例题考查比重的方式，进一步增加考试的实务性。

2. 主观题考试。主观题考试为一卷，考试时间为 4 个小时，包括案例分析题、法律文书题、论述题等题型，分值为 180 分。具体考查科目为习近平法治思想、法理学、宪法、刑法、刑事诉讼法、民法、商法、民事诉讼法（含仲裁制度）、行政法与行政诉讼法、司法制度和法律职业道德。主观题考试设置选做题的，应试人员可选择其一作答。与国家司法考试制度相比，首先，国家统一法律职业资格考试主观题，试卷总分增加了 30 分，由原先的 5 道题，扩展到 6 道大题，并且增加了选做题，最后一题考生可以二选一作答。此外，还为考生配发法律法规。其次，考试增加到 4 个小时，考生的答题时间更加充分的同时，考查的内容进一步扩展，体现了考试以案例题为主，适应法律职业实践性的发展趋势。

第九章　考试制度规范

制度具有稳定性、长期性特征。国家统一法律职业资格考试的有效实施，不仅要依靠科学的政策指导和强有力的组织管理，更需要健全的考试制度规范体系，不断提升考试制度化规范化水平和组织实施全要素全流程工作程序合法、行为合规、结果合理、公平公正。

第一节　概　　述

一、考试制度规范体系概况

依据有关法律、法规和规范性文件规定，2018 年以来，考试制度规范化、标准化建设不断加强，形成了以《法官法》《检察官法》《公务员法》《律师法》《公证法》《仲裁法》《行政复议法》《行政处罚法》为依据，以部颁规章《国家统一法律职业资格考试实施办法》《国家统一法律职业资格考试违纪行为处理办法》《法律职业资格管理办法》为核心，以《国家统一法律职业资格考试工作规则》《国家统一法律职业资格考试监考规则》《国家统一法律职业资格考试应试规则》《国家统一法律职业资格考试应急预案》等规范性文件和具体的考试实施规程、操作规范为重要组成部分，构成了多层次法律职业资格考试制度规范体系。推动法律职业资格考试工作有法可依、有章可循。

二、建立考试制度规范体系的必要性

一是确保考试有法可依。通过国家立法,依据《关于修改〈法官法〉等八部法律的决定》以及修改后的八部法律,进一步明确了资格考试的法律制度依据,明确了考试效力要求,确立了司法行政机关组织实施资格考试的法律地位,确保考试组织实施工作有法可依、有章可循。

二是维护考试统一性权威性。立足法治工作队伍建设实际和法学教育供给现状,将扩大法律职业人员范围、提高考试准入条件、改进考试方式方法、加强资格管理及与国家司法考试的有机衔接等改革政策要求,以及多年来考试管理实践形成的经验做法,转化为制度成果,充分体现到修改后的法律规范和规章制度中,有效维护国家统一法律职业资格考试的统一性和权威性。

三是提升考试公信力。为规范国家统一法律职业资格考试的组织实施工作,在总结以往工作经验做法的基础上,司法部会同相关部门,深入开展调研、充分吸收全国人大代表、部分法律院校及广大考生意见、广泛征求中央有关部门和地方司法行政机关意见,扩大相关各方的参与度,推动形成了考试制度规范体系,进一步提升考试科学性和公信力。

四是推动考试规范化标准化。围绕组织实施好年度国家统一法律职业资格考试,以规章和规范性文件为主体,强化重点实施环节的规范运作。对考试报名、考区设置、试卷管理、应试要求、违纪处理、证书管理等重点环节和程序都有严密的规定,充分体现考试的规范性要求和考务工作的标准化、可操作特点。

第二节 考试规章

为进一步健全完善国家统一法律职业资格制度,提高考试规范化制度化管理水平,确保考试组织实施依法有序进行,司法部于 2018 年先后公布《国家统一法律职业资格考试实施办法》《法律职业资格管理办法》《国家统一法律职业资格考试违纪行为处理办法》三部部门规章。

一、《国家统一法律职业资格考试实施办法》概述

(一)制定《国家统一法律职业资格考试实施办法》的背景

《国家统一法律职业资格考试实施办法》是指导规范国家统一法律职业资

格考试的"总章程"。根据《关于修改〈法官法〉等八部法律的决定》,着眼于规范国家统一法律职业资格考试的组织实施工作,2018 年以来,司法部就考试报名专业学历条件、考试方式方法、考试内容以及特殊政策等内容,形成了《国家统一法律职业资格考试实施办法(征求意见稿)》,[1]经国家统一法律职业资格考试协调委员会(职前培训指导委员会)研究后,于 2018 年 2 月 5 日公开征求社会意见。根据修改的意见建议,司法部对《国家统一法律职业资格考试实施办法》作了进一步修改完善,于 2018 年 4 月 28 日公布实施。《国家统一法律职业资格考试实施办法》围绕国家统一法律职业资格考试制度安排、组织管理、报名条件、考试的内容和方式、违纪处理、法律职业资格授予和管理等方面的内容作了原则性规定。这是建立实施国家统一法律职业资格制度的第一部部门规章。

(二)《国家统一法律职业资格考试实施办法》新增的主要内容

《国家统一法律职业资格考试实施办法》共 7 章 28 条,包括总则、考试组织、报名条件、考试内容和方式、违纪处理、资格授予和管理、附则。与司法考试制度时期的《国家司法考试实施办法》相比,现行《国家统一法律职业资格考试实施办法》新增的主要内容有:

1. 扩大参加国家统一法律职业资格考试人员范围。《国家统一法律职业资格考试实施办法》明确了取得法律职业资格的人员范围,在司法考试制度确定的法官、检察官、律师、公证员四类法律职业人员基础上,将初次担任法律类仲裁员,以及行政机关中初次从事行政处罚决定法制审核、行政复议、行政裁决、法律顾问的公务员,纳入法律职业资格准入范围。

2. 提高报名人员专业学历门槛。《国家统一法律职业资格考试实施办法》第 9 条明确规定了报名人员专业学历条件,提高了法律职业资格考试的报名专业学历门槛。同时,遵循不动存量做好增量、确保各项举措能落实的改革思路,[2]按照"老人老办法、新人新办法"原则,规定在《国家统一法律职业资格考试实施办法》施行前已经取得高等院校学籍(考籍)或者已经取得相应学历

---

[1] 《司法部有关负责人详解〈国家统一法律职业资格考试实施办法〉》,载中国政府网,http://www.gov.cn/zhengce/2018-04/29/content_5286922.htm。

[2] 《司法部有关负责人详解〈国家统一法律职业资格考试实施办法〉》,载中国政府网,http://www.gov.cn/zhengce/2018-04/29/content_5286922.htm。

的人员,可以报名参加国家统一法律职业资格考试。此外,修改后《律师法》《公证法》《仲裁法》对担任公证员、律师、仲裁员的专业学历条件尽管未作出相应规定,但要求须通过国家统一法律职业资格考试取得法律职业资格,实际上已将其任职的学历、专业条件暗含于考试报名资格条件之中。

3. 完善不得报名的禁止性规定。立足从源头上把好法律职业的入口关,进一步完善对违法失信行为的惩戒机制,将"曾被开除公职或曾被吊销律师执业证书、公证员执业证书的""被吊销法律职业资格证书的""因严重失信行为被国家有关单位确定为失信联合惩戒对象并纳入国家信用信息共享平台的"以及"因其他情形被给予终身禁止从事法律职业处理的"纳入不得报考的人员范围。

4. 改革考试内容和方式。根据《国家统一法律职业资格考试实施办法》第四章相关规定,考试每年举行一次,分客观题考试和主观题考试两部分,综合考查应试人员从事法律职业应当具有的政治素养、业务能力和职业伦理。按照现行规定,应试人员客观题考试成绩合格的方可参加主观题考试,客观题考试合格成绩在本年度和下一个考试年度内有效。同时,考虑到 2018 年国家统一法律职业资格考试计算机化考试已全面推行,信息化要求、科学化标准、规范化管理已经成为国家统一法律职业资格考试的组织实施的主要手段和管理方式,办法明确了国家统一法律职业资格考试实行纸笔考试或者计算机化考试的方式。在考试内容上,明确考试内容和命题范围以司法部当年公布的《国家统一法律职业资格考试大纲》为准。

此外,《国家统一法律职业资格考试实施办法》还涉及违纪处理与资格管理相关方面的内容,在下文专门性的部门规章中将予以专节说明。

二、《法律职业资格管理办法》概述

(一)出台《法律职业资格管理办法》的主要考虑

授予法律职业资格是司法行政机关的一项重要行政许可职能。[1] 为规范

---

〔1〕 参见《司法部负责同志就〈法律职业资格管理办法〉答记者问》,载司法部官网 2020 年 12 月 1 日,http://www.moj.gov.cn/pub/sfbgw/jgsz/jgszzsdw/zsdwgjsfkszx/gjsfkszxdt/202012/t20201201_172232.html。

法律职业资格申请受理、审查核查、审核认定、证书颁发、服务和管理等工作，根据《行政许可法》等规定，司法部于2020年12月1日颁行了《法律职业资格管理办法》。《法律职业资格管理办法》共5章28条，包括总则，申请受理和审查、核查，审核认定和证书颁发，服务和管理以及附则。比较国家司法考试证书管理制度，《法律职业资格管理办法》补充完善了相关内容。主要包括：一是细化、完善法律职业资格申请授予、审查核查、证书颁发、服务管理等行为。二是根据《行政许可法》等规定，规范好申请授予法律职业资格的程序、期限以及行政许可相对人法定权利保障等内容。三是贯彻落实中央关于推进政府职能转变和"放管服"改革要求，将实践证明比较可行、相关各方充分认可的做法上升为制度规范。

（二）《法律职业资格管理办法》新增内容

1. 明确申请受理和审查、核查及审核认定要求。针对法律职业资格申请、受理、审查及证书颁发等全流程工作环节，该办法规定了申请人应在受理期限内，通过司法部网站登录法律职业资格管理系统，如实填写信息，并到受理机关指定的工作场所现场提交有关材料；受理机关应当将申请授予法律职业资格的依据、条件、程序、期限以及需要提交的全部材料的目录和申请书示范文本等在办公场所和网站上公示；受理、审查和办结资格授予相关事宜应严格按照工作程序逐级审核上报，司法部应在法定期限内作出授予或不授予的决定。

2. 实行法律职业资格证书分别管理。根据《国家统一法律职业资格考试实施办法》和法律职业资格管理实践，考虑到应试人员报名条件、合格分数线不同，将法律职业资格证书分为A类、B类、C类三类：符合《国家统一法律职业资格考试实施办法》规定条件，考试成绩达到全国统一合格分数线的，可颁发A类法律职业资格证书，申请享受放宽政策的可颁发B类法律职业资格证书；符合《国家统一法律职业资格考试实施办法》规定条件，申请享受放宽政策，考试成绩达到放宽条件地区合格分数线的，颁发C类法律职业资格证书。根据《行政许可法》的规定，《法律职业资格管理办法》将上述做法上升为制度性规定，明确了法律职业资格证书的适用范围。此外，还规定了法律职业资格证书遗失、损毁的办理程序，取得法律职业资格人员档案调转等。

3. 提高法律职业资格管理信息化水平。落实"放管服"改革要求，积极推行"互联网+政务服务"，实行法律职业资格网上申请、档案网上管理以及档案网上流转等方式，推行法律职业资格电子证照，向法律职业资格人员发放纸质证书和电子证书，实现让数据多跑路、群众少跑腿。

4. 完善相关服务举措。建立取得法律职业资格人员信息公开制度。严格期限规定，对司法部和下级司法行政机关的审核工作期限等作出了规定。强化行政许可相对人救济权利，告知相对人申请行政复议或者提起行政诉讼的权利。

三、《国家统一法律职业资格考试违纪行为处理办法》概述

（一）修订概况

《国家统一法律职业资格考试违纪行为处理办法》是对《国家统一法律职业资格考试实施办法》中有关违纪行为处理的具体细化，是集实体与程序为一体的综合性规章。2018 年 4 月，司法部公布实施的《国家统一法律职业资格考试实施办法》，对应试人员、考试工作人员在考试过程中的违纪行为处理作出原则性规定。2018 年 9 月 13 日，《国家统一法律职业资格考试违纪行为处理办法》公布施行。该办法共 5 章 29 条，对报名阶段、考试期间、考试作弊等典型应试违纪行为、工作人员违规违纪行为进行了列举，明确了相应的责任情形和权利救济渠道，同时还完善了与治安处罚、刑事处罚和政纪处分的制度衔接。较国家司法考试违纪处理规定而言，该办法在程序措施上更为完善。

（二）修订的主要内容

1. 报考人员违纪行为处理。《国家统一法律职业资格考试违纪行为处理办法》规定，对报名阶段通过提供伪造、变造的学历学位证书及证明书、法律工作经历、身份及户籍信息等骗取报名或者通过贿赂、胁迫等其他不正当手段取得报名资格的，作出报名无效和二年内禁考的处理；对已经参加考试的，给予考试成绩无效的处理；对已经取得法律职业资格的，由司法部作出撤销授予法律职业资格的决定，并注销其法律职业资格证书。对考试过程中的扰乱考场秩序行为、一般违纪行为和其他严重违纪行为，根据行为性质和情节轻重分别规定警告、取消本场考试成绩、取消所有场次考试成绩并两年禁考、取消所有场次考试成绩并终身禁考四种处理决定。

2. 考试工作人员违纪行为处理。维护公平公正的考试秩序，既要加强对应

试人员管理,也要加强对考试工作人员的管理。《国家统一法律职业资格考试违纪行为处理办法》规定了考试工作人员在考试实施各环节的违纪行为,并根据行为性质和情节轻重规定了不同的处理措施。按照《公务员法》和《国家统一法律职业资格考试违纪行为处理办法》规定,从事命题管理等考试工作人员,在国家统一法律职业资格考试社会培训机构兼职的属于违纪行为,司法行政机关要停止其继续从事考试工作,并根据有关规定给予相应处理或者建议相关单位给予相应处理。

3. 保障被处理人合法权益。根据《行政许可法》有关规定,《国家统一法律职业资格考试违纪行为处理办法》规定对违纪行为作出处理决定前,应当告知当事人作出处理决定的事实、理由及依据,并告知其享有陈述、申辩或者要求听证的权利。《国家统一法律职业资格考试违纪行为处理办法》还规定,报名、应试人员及其他相关人员对违纪处理决定不服的,有权申请行政复议或者提起行政诉讼。考试工作人员对违纪行为处理不服,可以依法申请复核或者提出申诉。

第三节 考试规范性文件

为规范考试工作流程,加强对应试人员和监考人员的管理,切实维护好考试秩序,司法部出台了一系列规范性文件及考务组织指引,以统筹指导全国各考区考试组织工作,充分防范和化解异常情况和突发事件,提高考务管理和应急处突能力。各省(区、市)司法厅(局)及地方考区也在总结本地考试组织实施工作经验基础上,强化责任担当,细化实施方案,相应地出台制定本地考务工作手册、应急预案,进一步明确工作职责、细化工作程序,初步形成一套行之有效的规范性指引。

一、考试组织实施相关规范

考试组织实施是一个常态化的过程,除重大疫情、突发自然灾害等可能严重影响考试如期举行的不可抗力情形,考试本身遵循着组织规范要求和常态化的工作流程。年度考试次数和考试方式等问题,原则上应处在一个相对稳定的、延续的状态,并且通过特定的方式及时向社会公告,这不仅是考试本身设置合理性的体现,也是法治环境下行政机关组织实施考试、维护考试预期信赖利益的重要保证。受新冠肺炎疫情影响，为维护广大应试人员、考试工作人员生命健康安全，2020年和2021年国家统一法律职业资格考试在时间和范围上都有不同程度的调整，相应工作安排也一并及时向社会公告，明确了考试组织实施相关要求和考务工作流程安排，确保了考试安全和疫情防控安全。考试组织实施的相关规范文件，主要包括考试组织、考试实施、考试监督和考试安全保密等项工作的程序和基本规范。2018年8月以来，司法部出台了《国家统一法律职业资格考试工作规则》、《国家统一法律职业资格考试监考规则》、《国家统一法律职业资格考试应试规则》及《国家统一法律职业资格考试应急预案》等一系列考试规范性文件。

（一）《国家统一法律职业资格考试工作规则》

《国家统一法律职业资格考试工作规则》是规定考务工作内容及操作方式的重要规范性文件。《国家统一法律职业资格考试工作规则》规范了国家统一法律职业资格考试报名、考区考点考场设置、考试组织实施、评卷与成绩管理等全流程考务工作，明确各环节职责权限，细化管理流程和处置程序，强调基本的组考规则和纪律要求等。比较国家司法考试工作规则制度，修订后的《国家统一法律职业资格考试工作规则》补充完善了一些内容：一是明确了三级司法行政机关组织实施国家统一法律职业资格考试的工作职责和工作要求，明确参与命题管理的工作人员不得报名参加考试或者组织、参加社会机构考试培训工作。二是简化报名程序和手续，减少不必要的证明材料，推行告知承诺制，明确报名人员对其填报信息实质内容的真实性应当作出承诺。三是规定了考区、考点和考场设置标准，要求考区考点考场设置需具备完善的考试安全体系、有标准化考点考场、符合国家保密管理规定等。四是加强了试题试卷管理。适应考试科学化、标准化要求，推动题库建设，明确试卷使用后在规定期限内报司法部批准后销毁，电子答题数据由司法部考试工作机构保存。五是对考试组织实施的准备事项、工作机制以及监考人员配备、考点考场布置和考试过程中备用卷启用程序等特殊情况的处理作出了规定，优化了考试实施工作。

（二）《国家统一法律职业资格考试应试规则》

《国家统一法律职业资格考试应试规则》是规范国家统一法律职业资格考试考场秩序的重要规范性文件。《国家统一法律职业资格考试应试规则》明确了应试人员参加计算机化考试和纸笔考试的行为要求，以及应当遵循的考试纪律等。比较国家司法考试考场规则制度，增加了一些最新内容：一是明确应试人员应当遵守的一般性规定。规定应试人员应当经考务安全管理系统核验身份后进入考场，明确进入考场和离开考场的时间，明确应试人员在考场内应当遵守的考试纪律。二是明确应试人员参加计算机化考试的行为规范。规定了考试作答、异常处理、考生权利及责任划分等内容，明确非因应试人员原因造成设备故障的，可以按规定进行补时、补考。三是明确应试人员参加纸笔考试的行为规范。除规定考试作答、异常处理、考生权利及责任划分等内容外，明确要求应试人员不得将司法行政机关配发的考试材料带出考场。

（三）《国家统一法律职业资格考试监考规则》

《国家统一法律职业资格考试监考规则》是监考人员在考试过程中办理考试事务、根据相关规定监督应试人员考试，并依照规定对应试人员违纪行为进行处理的重要依据。《国家统一法律职业资格考试监考规则》主要规定了监考人员的配备标准、工作职责、管理规范、纪律要求等，就其全面履职尽责，切实维护考场秩序提出相应规范要求。一是明确监考人员的一般性规定。对监考人员条件、选聘、各类监考人员的工作职责、配备标准等作了规定，并对派出巡考人员、督考人员进行了规定。二是明确了计算机化考试的监考要求。分别从计算机化考试的考前准备、考试实施基本流程以及电子试题下载和回收、考试机管理等方面，对监考工作内容进行了细化和明确。三是明确了纸笔考试的监考要求。规定了监考人员在纸笔考试中的具体工作内容、流程和标准，包括考前试卷（答卷）领取、分发，考中管理，考后试卷（答卷）回收、清点、封装以及配发材料回收等考务操作。

此外，司法部考试工作部门还结合历年考试组织实施工作经验及考务各环节准备工作，就考试过程各岗位人员职责、草稿纸使用管理规范、考试具体时间安排、机考软硬件换件、机考异常情况应急处理等研究制定了考务实施规则，以进一步细化和规范考试工作。

二、考试应急工作规范

（一）印发《国家统一法律职业资格考试应急预案》

制定考试应急处置工作规范，是加强考试管理，及时、有效地应对考试举行期间的突发事件、确保考试组织实施工作顺利进行的重要举措。针对考试组织实施过程中可能发生的自然灾害、重大疫情、重大事件等各类突发事件，2018年9月，司法部印发《国家统一法律职业资格考试应急预案》，明确突发事件性质内容，健全考试实施统一指挥监督体系，建立健全请示报告、特事特报、情况汇总等工作制度，完善相关工作措施等要求。

（二）《国家统一法律职业资格考试应急预案》主要内容

《国家统一法律职业资格考试应急预案》主要涵盖以下四方面内容：一是明确突发事件的性质内容。考试突发事件，是指考试组织实施过程中发生计算机化考试设备或者网络故障、电力故障、信息安全、重大舆情事件，以及重大疫情、重大意外事件等。二是明确应对组织机构。就防范风险、联系沟通、应急演练和现场处置等环节细化各项组织要求。明确属地责任，确保快速反应、合理处置、公平公正、预防为主的处置原则。统筹做好疫情防控常态化下的考试工作，必须压紧压实疫情防控和考试组织各方责任。三是完善应急处置程序。若发生突发事件，应立即控制现场，司法行政机关及时按规定要求指导应急处置，上级司法行政机关接到报告后应当及时指导，处置情况信息应当适时公布等。做好疫情防控工作预案，应当及早就考前准备、防疫物资准备、考点考场设置、考试期间具体要求等提出工作指引，落实相关工作举措。四是明确应急处置的责任。对突发事件中考试工作人员有擅离岗位、隐瞒不报或者报告不实、处理不及时或者采取措施不当等失职、渎职行为的，应当根据情节和后果由所在单位或有关部门给予相应处理；涉嫌构成犯罪的，移交监察机关、司法机关处理。

三、地方考试组织实施相关规范

按照《国家统一法律职业资格考试实施办法》和有关规定，全国各考区承担属地责任、主体责任，在考试组织实施过程中，应当根据司法部颁行或发布的考试组织实施规范性文件，及时对标对表，查漏补缺，细化岗位职责，明确服务清单，研究制定符合本地实际的考试工作实施细则和办法。主要包括：一是细化两个阶段考试实施流程，结合本地工作实际和经验做法，有针对性地补充和完善考试岗位人员设置与职责权限，及时向社会发布考试全流程工作指引；二是商本地卫健部门，研判确定考试防疫工作计划，包括考点考场环境消毒、人员健康监测、进场核酸体温检查、隔离考场启用等全过程疫情风险防范工作；三是根据考试工作时间安排和考务任务清单，具体拟定本地考试组织实施工作方案，包括考场编排与核定、应急工作预案、全要素全时空测试演练方案、考务人员培训指引、违纪处理行为指引等有关考试工作规范。

四、健全完善考试制度规范的思考

围绕建立国家统一实施法律职业资格考试制度，司法部先后制定并颁布实施多部规章、规范性文件，各地司法行政机关也制定了一些完善考务管理、改进服务考生等方面的规定，为提高考试组织实施的规范化发挥了重要作用。制定制度重要，执行制度更重要。国家统一法律职业资格考试工作进入了有规可依的阶段，还需要在有法必依规范管理上推动落实。首先，各级司法行政机关考试机构工作人员应当提高遵规守纪的观念和意识，认真学习、遵守、执行相关规章制度，在学懂弄通做实上下功夫。其次，强化制度执行力。着力解决制度执行落实不力问题，防止打折扣、搞变通。在执行考试政策和考试制度方面，部、省和考区所在市这三级司法行政机关，各负其责、各司其职，特别是考区这“最后一公里”，制度执行更需压紧压实。最后，坚持目标导向和问题导向，及时梳理总结考试实施工作经验和不足，查短板、除漏洞，健全完善相关制度规范，确保考试各个环节制度建设从有形覆盖到有效覆盖。

第十章　考试组织管理

国家统一法律职业资格考试管理工作是以考试组织实施为对象,以提高考试实施工作效率,实现考试实施预期目标为目的的管理活动,是司法行政机关的一项重要职能。考试管理活动既关系到司法行政机关的社会形象,也关系到考试的公信力,更关系到建设高素质专业化法治队伍目标的实现。为此,司法部和各地司法行政机关会同有关部门,坚持"从严治考、规范管理、热情服务",切实加强考试管理,强化统筹协调,优化考试工作机构、完善考试工作机制,不断提高服务管理水平,顺利完成年度考试组织实施工作,为广大考生提供严格规范、公平公正的考试环境。

第一节　考试工作原则

健全完善考试工作原则是实现考试组织公平公正、考试实施安全顺利、考试结果真实有效目标的重要保证。早在 2002 年国家司法考试制度建立之初,司法部就提出了将国家司法考试办成"最权威、最规范、最严密、最廉洁"考试的工作方针,要求组织实施工作做到"组织严密、程序严谨、标准严格、纪律严明"。[1] 2018 年国家统一法律职业资格考试制度确立以来,司法部和各地司法行政机关坚持"从严治考、规范管理、热情服务"的总要求,持续落实"严密组织、严谨程序、严格标准、严明纪律"工作要求,形成了服从大局、公平公正、从严治考、热情服务、安全有效等多项行之有效的考试工作原则。

---

〔1〕 丁露主编、姜晶副主编:《国家司法考试管理》,2010 年。

一、服从大局原则

服从大局是考试的基本立足点。国家统一法律职业资格考试是国家考试。国家考试的性质决定了其必须反映国家的意志,服从服务于国家对优秀法律职业人才选拔的需要,努力为建设社会主义现代化国家奠定坚实的法治人才基础。适应全面依法治国需要,司法部和各地司法行政机关应积极探索,立足于建设高素质法治队伍的目标,坚持法治人才选拔培养的正确方向,深刻认识和把握国家统一法律职业资格考试工作面临的目标形势任务,不断健全国家统一法律职业资格考试制度,改进考试方式方法,加大政治素质、职业能力和职业道德的考查力度,着力提升法律职业人才供给质量,有效发挥建设高素质专业化法治工作队伍的基础保障作用。

二、公平公正原则

公平公正反映国家统一法律职业资格考试的价值取向。《国家统一法律职业资格考试实施办法》第3条规定,国家统一法律职业资格考试应当依法、公平、公正。可见,公平公正既是考试制度的内在要求,也是其核心价值的体现。要落实考试公平、公正原则,一是合理设计考试模式。考试面对所有符合条件者开放,以考试成绩为唯一录取标准,既要检验应试者的专业水平,又要检验应试者的政治素养、职业伦理,努力使法律职业队伍的道德水准和专业素质得到有效保障,使法律职业人员在行使职权时保持客观与公正的立场。因此,多年来,司法部科学设计考试模式,制定完善考试大纲,把握好试题试卷难易度,以保证考试的科学规范,切实维护国家考试制度的公信力。二是完善规章制度。多年来,司法部制定出台了一系列规章和规范性文件,内容涉及考试报名管理、命题要求、考务组织、评卷要求、违纪行为处理、考试工作监察以及资格管理等各个方面工作,使考试的各个环节都有章可循,保证各项考务工作规范有序。三是严肃考风考纪。考生不仅关注考试结果的公平公正,更期待考试过程的公平公正,要求司法行政机关在考务工作中规范管理、规范审核。一方面,司法行政机关应当强化规矩意识,加强教育培训,严格按照规定条件选配考试工作人员,提高在考试报名审核、监考、违纪查处等工作环节的执法力度和规范化水平。另一方面,着力加强考生诚信教育。开展诚信考试和考试纪律宣传活动,以宣传片、文稿推送等方式集中宣传国家统一法律职业典型案例,营造风清气正的考试氛围。同时,依规依纪严肃处理违纪作弊行为,维护考试的公平性、权威性。

三、从严治考原则

"从严治考、规范管理、热情服务"是国家统一法律职业资格考试工作的总要求和多年考试工作的经验总结,也是考生对考试过程公平公正的期待。落实"从严治考",把考试真正举办成讲质量、重规范、守公正的考试,必须坚持管理与服务并重,一手抓规范严格管理,一手抓热情服务考生。一是严格落实责任制。考试组织工作做得如何,直接关系到法治权威,关系到司法行政机关的声誉。省(区、市)司法厅(局)长、主管厅(局)长以及各工作环节的负责人应当做到任务明确、责任明确、要求明确。考试期间,领导层、实施层、监督层各司其职,全力以赴,确保各项工作安全顺利地进行。二是强化协同保障机制。国家统一法律职业资格考试是国家考试,各地党委、政府及相关部门单位应当高度重视,密切配合,形成全力。地方司法行政机关应注重发挥卫生健康、公安、网信、保密、教育等部门职能作用,及时完善联席会议工作机制、强化对疫情防控、应急处置、网络电力等的保障作用。三是严密组织实施。考试前,可通过推进培育共建考试基地等方式,积极协调推动安排机考配置到位、运行稳定、管理规范的考点院校。科学合理设置考区考点考场,着力做好全时空、全要素测试工作,考试期间,按要求制定完善应急工作预案,建立排查和应对措施清单,切实提高处理突发事件能力,确保考试组织实施万无一失。

四、热情服务原则

服务原则是坚持以人为本、服务群众的具体体现。考试工作直接面对社会公众,涉及众多报考人员的切身利益,是司法行政机关服务社会的工作窗口。多年来,各级考试工作机构按照建设服务型政府的要求,坚持把考生利益放在第一位,热情回应考生诉求,采取多种举措,从政策研判制定、考试报名咨询、考务组织管理、参考权利救济、人员健康安全等方面,夯实和提高服务保障能力,切实做好服务考生的各项工作。一是牢固树立为民服务理念。各地考试工作机构把服务国家法治建设和服务考生有机统一起来,把选拔合格法律职业人才作为服务考生的根本出发点。加强宣传引导,做好考试公告发布、报名、考试实施、成绩公告发布等重点环节的宣传工作,利用主流媒体和新媒体开展信息发布、政策解读、考生问答等说明引导工作,及时回应考生关切。二是坚持寓服务于管理之中。贯彻国务院关于"放管服"改革要求,近年来,考试工作机构推出了一系列便利考生的举措,如积极推行书面告知承诺方式,在报名环节取消、简化不必要的证明和烦琐程序,极大方便了考生报名参考。考试期间,在交通出行、卫生防疫、信息安全等方面加大综合保障力度,特别是对视力障碍、行动不便、突发疾病等有特殊困难的应试人员,给予重点关注和帮扶,在严格管理的同时体现人文关怀,做到管理有效、服务到位。三是提高为考生服务的水平。细化考务管理和工作流程,在服务内容、程序和方式方法等方面制定具体规范,实现考生服务的规范化。通过官方媒体、多媒体网络平台、客户端等及时发布各类宣传信息和提示短信,为应试人员提供优质便捷服务。积极探索考生服务的个性化,研发使用视力障碍人员的语音读题系统,切实保障视障、残疾等特殊困难考生的参考权利。疫情防控常态化状态下,运用现代信息技术手段,优化考场编排方式,便利考生就近参考。

五、安全有效原则

考试安全有效是实现国家统一法律职业资格考试目标的前提和基础。做好突发事件的应对防范是确保考试安全、试卷安全、人员安全的重要保障。突发事件,是指考试组织实施过程中发生的试卷失窃或者毁损、试题泄密、机考设备或者网络故障、电力故障、信息安全、应试人员严重扰乱考场秩序、大面积作弊、重大舆情事件,以及造成考试无法正常实施、涉及人数众多的自然灾害、重大疫情、重大意外事件等。[1] 为确保考试组织实施工作顺利进行,加强国家统一法律职业资格考试组织管理,应当及时有效地应对考试组织实施期间的重大突发事件。处置突发事件应当遵循以下原则:一是统一领导、属地管理。司法部和各省(区、市)司法厅(局)以及考区所在地司法行政机关应当分别成立考试突发事件应急领导小组或工作小组。突发事件的应急处置工作应在司法部

---

〔1〕 参见《司法部办公厅关于印发〈国家统一法律职业资格考试应急预案〉的通知》,载司法部官网,http://www.moj.gov.cn/policyManager/policy_index.html?showMenu=false&showFileType=2&pkid=00dc797b21fd4815903430797911f10f。

考试突发事件应急领导小组的集中统一指导下，在当地党委、政府的统一领导下，由各省、自治区、直辖市司法厅（局）负责本地突发事件的应急处置工作，形成统一指挥、反应快捷、功能齐全、协调有序、运转高效的管理体系。二是协同应急、快速反应。加强与保密、公安、网信、教育、无线电、供电、通讯、消防、医疗等相关机构和部门的密切合作，提高对突发事件的应急处置能力。严格落实突发事件报告制度，畅通信息渠道，迅速及时采取应急措施。三是合理处置、公平公正。突发事件应急处置工作要符合国家应急处置法律法规和考试管理工作规定，应急措施要与突发事件可能造成的危害程度和范围相适应，扎实细致地做好涉及应试人员数据安全、考试设施设备安全、人员安全等重大突发事件的应对处理工作，确保应急处置工作公平公正，维护应试人员合法权益。四是正面引导、有效管控。突发事件发生后，要全面了解情况，加强正面宣传引导，准确及时掌握和应对舆情。五是预防为主、重在建设。坚持预防为主，制定应急工作预案，开展应急处置培训和演练，加强考前、考中和考后风险隐患分析和排查。严格规范管理、严格工作标准，加强突发事件应急的硬件保障和制度建设。

第二节　考试工作机构

国家统一法律职业资格考试工作机构，是为保证考试工作顺利实施，根据法律、部门规章和有关规范性文件设立的，在考试管理或者工作协调方面承担相应职责、发挥相应作用的有关部门或者组织。目前，考试工作机构，基本上适应了考试工作要求，为考试实施工作顺利开展提供了有效的组织保障。根据法律以及《国家统一法律职业资格考试实施办法》第3条、第6条的规定，考试工作机构主要包括考试管理机构和考试协调机构。

一、考试管理机构

（一）机构设置

考试管理机构是考试组织实施的主体，是考试制度得以贯彻落实的重要组织保障。根据党的十九届三中全会审议通过的《中共中央关于深化党和国家机构改革的决定》、《深化党和国家机构改革方案》和十三届全国人民代表大会第一次会议批准的《国务院机构改革方案》，国家统一法律职业资格考试由司法部负责实施,司法部负责指导、管理、监督全国的国家统一法律职业资格考试组织实施和业务培训等工作。

根据有关规定,目前司法部承担考试管理工作的机构主要有司法部法律职业资格管理局、司法部国家司法考试中心。司法部法律职业资格管理局,作为司法部的职能部门,具体负责国家统一法律职业资格考试工作;司法部国家司法考试中心,作为司法部直属事业单位,具体承办考务工作。各省(区、市)司法厅(局)参照司法部做法,结合工作实际,均设立了法律职业资格考试处、考试办公室和其他承担考试管理工作职能的机构。根据《国家统一法律职业资格考试实施办法》和《国家统一法律职业资格考试工作规则》,各省(区、市)司法厅(局)以及考区所在市(州、盟)司法局或者直辖市的区(县)司法局建立了相应的职能机构,具体负责国家统一法律职业资格考试工作,总体形成了部、省、市组织实施和管理国家统一法律职业资格考试的三级工作机制。

(二)主要职责

1. 司法部考试管理机构职责。2001 年 11 月,根据中央机构编制委员会办公室的批复,司法部成立了国家司法考试司,对外称国家司法考试办公室,作为司法部的职能部门,具体负责国家司法考试工作。2018 年,司法部重组后,根据"三定规定",国家司法考试司更名为法律职业资格管理局,负责法律职业资格考试组织实施工作、制定考试管理制度规范、审核授予法律职业资格以及职前教育培训等工作。司法部法律职业资格管理局的主要职责为:负责国家统一法律职业资格考试组织实施工作,编审国家统一法律职业资格考试大纲和考试试题,协调确定合格标准;负责国家统一法律职业资格审核、授予和资格证书管理工作;负责组织制定法律职业人员入职前培训规划并组织实施;参与指导法学教育工作,参与指导本系统高等法律职业教育工作。

2002 年 6 月,根据中央机构编制委员会办公室的批复,司法部成立了国家司法考试中心。根据有关规定,其主要职责是,参与研究年度工作方案、考试工作规范和协助考试大纲编审工作,指导各地开展考务组织管理、综合处理年度考试基本数据信息、指导各地考试考区设置、承担考试题库建设工作、承担试卷的组拼、发送工作、组织试卷评阅等工作、承担考试考务工作的信息化建设。

2. 省(区、市)考试机构的职责。《国家统一法律职业资格考试实施办法》规定,省、自治区、直辖市司法行政机关应当明确专门机构,按照有关规定承办国家统一法律职业资格考试的考务等工作。根据《国家统一法律职业资格考试工作规则》,省、自治区、直辖市司法行政机关应当依照规定履行以下职责:组织本辖区报名工作,处理报名中出现的问题;负责考区设置,审定考点、考场;部署本辖区计算机化考试和纸笔考试实施工作,组织考试工作培训;指导监督开展电子试卷的接收、使用及电子答题数据上传工作,负责纸质试卷(答卷)的接收、保管、分发、回收、返送;制定考试工作方案和应急事件处理工作预案;指导、管理和监督直辖市的区或者设区的市级司法行政机关的考试工作,处理考试中出现的问题。

3.设区的市级或者直辖市的区(县)司法局职责。按照《国家统一法律职业资格考试实施办法》规定,设区的市级或者直辖市的区(县)司法行政机关,应当在上级司法行政机关的监督指导下,承担本辖区内的国家统一法律职业资格考试的考务等工作。根据《国家统一法律职业资格考试工作规则》规定,直辖市的区或者设区的市级司法行政机关应当依照规定履行以下职责:负责本地区的报名工作,处理报名中出现的问题;设置考点,布置考场,并报上一级司法行政机关审定;监督管理和培训考试工作人员;监管电子试卷的接收、使用及电子答题数据上传等工作,负责纸质试卷(答卷)的接收、保管、分发、回收、返送;制定考试工作方案和应急事件处理工作预案;负责本考区考试实施,处理考试中出现的问题。

二、考试协调机构

(一)协调机构的建立

国家统一法律职业资格考试是国家统一组织的选拔合格法律职业人才的国家考试,关系到法律职业人才的培养和选拔,与法学教育、司法制度、公务员制度和人事制度紧密相关。为保证国家统一法律职业资格考试制度的顺利实施,需要建立一个各有关方面、各有关部门共同参与的协调沟通机制,就国家统一法律职业资格考试的重大事项进行协商,更好地发挥国家统一法律职业资格考试在服务法治国家建设,服务法治队伍建设中的基础性作用。

根据《国家统一法律职业资格考试实施办法》有关规定,2018 年 1 月 31 日,经中央政法委批准,国家统一法律职业资格考试协调委员会(职前培训指导委员会)成立,并召开了国家统一法律职业资格考试协调委员会(职前培训指导委员会)第一次会议,研究了《国家统一法律职业资格考试实施办法(征求意见稿)》和国家统一法律职业资格考试大纲制定等工作。协调委员会由司法部和最高人民法院、最高人民检察院、人力资源和社会保障部等部门以及部分高等院校共22个单位组成。[1]

(二)协调机构职责

依据《国家统一法律职业资格考试实施办法》相关规定,协调机构就确定、调整国家统一法律职业资格制度的有关政策、原则进行协调,就国家统一法律职业资格制度的健全、完善提供咨询等。其主要职责:

1.就国家统一法律职业资格考试的重大事项进行协商。做好协调工作,争取配合支持,是做好国家考试工作的重要条件,也是多年来司法部顺利组织实施考试工作的一条成功经验。几年来,司法部注重发挥国家统一法律职业资格考试协调委员会的职能作用,会同最高人民法院、最高人民检察院等有关部门、单位,建立定期协商机制,一般每年召开一至两次会议,并适时调整充实委员会组成人员,共同研究解决考试工作中的重大问题。

2.协商研究涉及考试放宽政策、资格管理等方面的办法意见。建立国家统一法律职业资格考试制度,需要解决放宽政策、合格标准以及处理好新旧制度的衔接过渡等问题,也要考虑到因报考条件、录取标准、适用范围不同,实行不同的资格管理问题,这会涉及教育、公务员管理、用人部门以及法学院校、行业协会等多个单位、部门。就此类问题,《国家统一法律职业资格考试实施办法》第23条第1款明确规定,国家统一法律职业资格考试的实施,可以在一定时期内,对艰苦边远和少数民族地区的应试人员,在报名学历条件、考试合格标准等方面适当放宽,对其取得的法律职业资格实行分别管理,具体办法由国家统一法律职业资格考试协调委员会确定。

3.协商研究国家统一法律职业资格考试的其他重大政策规定问题。《国家统一法律职业资格考试实施办法》第26条规定,国家统一法律职业资格考试的其他政策规定,经国家统一法律职业资格考试协调委员会确定后,在年度

---

〔1〕 参见《国家统一法律职业资格考试协调委员会第一次会议召开》,载人民网,http://legal.people.com.cn/n1/2018/0201/c42510-29800244.html。

国家统一法律职业资格考试公告中公布。国家统一法律职业资格考试以培养选拔合格法律职业人才为宗旨，既要围绕法律职业资格管理的规范化、制度化建设，健全法律职业资格制度法律法规、考试实施及职前培训配套制度规范，也要遵循法治人才培养选拔规律，重点围绕职业素养、职业能力、职业操守要求，突出人才培养的高素质、专业化。为此，考试协调委员会（职前培训指导委员会）充分发挥协调协商作用，多次就考试立法、考试大纲修订、职前培训制度确立等考试重大政策制度问题进行深入探讨、协商、研究提出意见建议，为完善国家统一法律职业资格考试制度提供决策参考。

4. 就健全完善国家统一法律职业资格制度提供咨询。作为国家统一法律职业资格考试的组织实施主体，考试协调委员会由司法部主持召集，就考试重大事项进行协商；同时，司法部聚焦民生期盼和社会热点，适时向协调委员会通报法律职业资格制度改革完善及年度考试组织实施情况，着力做好宣传解读工作，积极引导社会预期。

第三节　考试工作机制

国家统一法律职业资格考试制度是选拔培养高素质社会主义法律职业人才的基础性制度，依法由司法部会同最高人民法院、最高人民检察院和有关部门组织实施，由司法行政机关具体指导考试考务等组织实施具体工作。面对新任务、新特点、新要求，司法部和各级司法行政机关建立完善了考试指导机制、协作机制、保障机制、监督机制，构建全方位、多层次的考试组织实施工作体系。

一、考试指导机制

为实现考试预期目标，提高法治人才选拔的科学性、公信力，多年来，司法部在国家司法考试管理经验的基础上，借鉴其他大型国家级考试管理实践经验，会同各地司法行政机关，积极探索和完善考试管理的指导模式和组织实施方法，实行“分级管理，逐级负责”“谁主管，谁负责”原则，建立起统一部署、统一指挥、规范有序、上下畅通的工作格局。特别是近几年来，面对新冠肺炎疫情、台风地震等特殊情况，各级司法行政机关会同相关部门紧盯安全、舆情、应急等要素，妥善应对处置，确保了疫情防控和考试组织实施工作顺利进行。

（一）司法部统一部署

从考试流程来看，年度考试组织实施工作，包括制定考试年度工作方案、考试实施管理、考试成绩管理和考试信息资源管理等多个重要环节。根据《国家统一法律职业资格考试实施办法》规定，每年上半年，结合年度考试组织实施工作实际，司法部组织进行专门研究、统筹安排部署，开展制定年度考试实施方案、明确考试工作要求、确定考试标准、明确考试方式方法、试题命制、考区设置等工作。在每次考试实施之前，司法部成立考试工作领导小组和考试指挥小组，指导监督各地开展考前准备和考试组织实施工作；实行考试重大异常情况直报制度，完善考试远程视频巡查系统，着力提高考试指挥和应急处置效率。考试实施期间，司法部派出巡考人员对各地考区进行实地巡视检查，检查考场布置、试卷管理等考务工作落实情况，考区考点考场疫情防控情况，督促考试实施阶段的违纪行为处理等项工作；驻司法部纪检监察组专门组成工作组，分赴各地对考试工作实施现场监察；司法部考试机构建立值班制度，设专人值守，加强监控指导，协调解决组织实施中的问题。

（二）各省（区、市）履行属地责任

各地党委、政府把国家统一法律职业资格考试作为一项重要工作摆上议事日程，考前听取情况汇报，考中对本地考试工作进行巡视指导，协调解决问题。依据有关工作规定，各地建立由党委、政府牵头，通过建立联席会议、领导小组、协调委员会等工作机制，发挥部门优势，形成工作合力。按照考试工作的统一要求和司法部的统一指令，各地司法行政机关履行属地责任，做到全国“一盘棋”。按照“谁主管，谁负责”原则，各省（区、市）司法厅（局）强化属地管理，“一把手”负总责，靠前指挥；分管厅（局）长承担组织协调、应急处置等领导责任；考试工作机构各司其职，分工负责，确保考试安全、人员安全、疫情防控等各项任务落实到位。

（三）考区所在地司法行政机关承担直接责任

为全面及时掌握各地考试组织实施情况，司法部对地市州层级上的考务管理以考区为单位开展，由各省（区、市）根据《国家统一法律职业资格考试工作规则》设定考区并上报司法部。在考试实施过程中，考区所在地司法行政机关承担考试直接责任,需要把考点考场设置、疫情防控、考试安全、人员安全、考生服务、舆情监控等多项工作逐一落实到位。

二、考试协作机制

考试协作机制是指以司法行政机关为主体的、跨部门的工作协作机构,通过资源共享、协作配合等方式参与和推动考试组织实施的工作机制。国家统一法律职业资格考试是一项综合协调性强的工作,做好考试的组织实施工作,研究解决考试组织实施中的实际困难和问题,需要得到相关各方支持和配合,形成合力。

(一)建立考试协作机制的必要性

国家统一法律职业资格考试制度建立以来,考试方式发生较大变化,考试政策不断调整完善,较国家司法考试的单纯纸笔考试而言,做好考务组织实施工作,尤其是计算机化考试模式下的组织实施工作,在保障体系方面要求更为严格,对地方组织协调能力带来不小的考验。计算机化考试环境下考试的安排部署,涵盖了考场秩序维护、电力网络供应、考务资料配备、服务应试人员等诸多方面工作,不仅意味着要做好考试安全、考场安全、考生安全,更需要落实好保电保网工作,实现保障到位。因此,地方司法行政系统在加强日常考务管理的同时,需要通过建立联席会议、专题会议,发布联合文件,组建协调机构等多种方式全力构建部门协作机制。

(二)建立考试协作机制的基本要求

1. 在考试实施过程中,应当建立由地方党委政府牵头,协同教育、公安、财政、工信、电力、卫生、消防等各有关部门的工作机制,根据工作要求和考务管理需要,围绕防范和打击考试作弊、安全保密、技术保障、疫情防控等问题,充分发挥有关部门职能作用,形成部门之间的工作合力,实现对考试组织实施各重点环节的有序部署和安全保障。近年来,按照司法部工作部署要求,全国(港澳考区除外)31 个省(区、市)均在考试前期以成立联席会议或协调机构的方式,在有关部门的密切配合下,推动保电保网等工作,确保了计算机化考试的有序进行。

2. 建立由考区司法行政机关负责,与考点学校紧密配合的工作机制。双方在做到量化责任、分工协作、监督履职基础上，各自充分发挥好管理、保障、服务等作用。一是考区司法行政机关要结合自身实际情况，积极创造条件，探索推进考场标准化建设的方式方法。二是考区司法行政机关应当与考点学校建立长期稳定的合作关系，从根本上解决考试机位资源问题。三是考区司法行政机关应当与考点学校密切配合，全面打造和提升平安考区建设。

3. 考区司法行政机关应加强与技术服务公司联系与对接，建立健全技术服务公司和考点学校计算机管理人员的技术保障“双保险”工作机制。[1] 一是通过优化信息沟通对接程序、提升信息化建设水平，完善全要素全时空测试标准和考试现场技术服务能力。二是进一步补强技术短板，注重在技术测试环节中以测带训、以测带验，检验并监督技术问题改进效果，不断提升系统的兼容性、稳定性。三是充分挖掘和利用优质社会资源，充分发挥和调动技术人才服务保障的作用，妥善处理好重大异常情况，确保考试万无一失，努力为考区打造最优的考试条件、最强的保障能力和最佳的服务品质。

三、考试保障机制

基础保障建设是国家统一法律职业资格考试立足当前、着眼长远的一项重要工作，关系考试工作的持续健康发展。多年来，司法部和各级司法行政机关高度重视考试基础保障建设，积极推进题库建设、信息化建设、标准化建设和经费保障、物质保障，努力夯实工作基础。

（一）题库建设

考试题库建设是考试的基础工程。国家统一法律职业资格考试最根本的问题是考题，考题的设计、质量、数量是关键。为切实提高考试命题质量，尽快建成规范化、科学化的大型题库，早在 2007 年，司法部正式启动国家司法考试题库建设，委托 8 所法学院校的 40 个学科组开展征题工作，稳步推进考试题库建设。近年来，司法部着力落实国家统一法律职业资格考试的实践性要求，在命题上更加突出检验考生的法治实践水平。为提高命题工作质量，自 2018 年实施国家统一法律职业资格考试制度以来，司法部不断改进完善题库征题工

〔1〕 参见赵大程：《切实增强政治思想行动自觉 精心组织实施 2020 年国家统一法律职业资格考试》，载《中国司法》2020 年第 8 期。

作:一是扩大了征题范围,从原来的 8 所政法院校扩大到 15 所政法院校和法律实务部门、法学研究机构。二是征题形式从集中征题、线下定向征题调整为线上征题、线下征题同时进行。三是广泛收集国内部分优秀法学院校的本科生期末考试试题、研究生考试试题等,提高了征集试题数量质量。[1] 高质量的征题、命题工作,有效发挥了国家统一法律职业资格考试对法学教育的引领作用。总之,按照科学、规范、安全的总体设计,根据全面实行计算机化考试方式和以案例题为主的考试要求,建设储量较大、质量较高、覆盖面广的考试题库,推进国家统一法律职业资格考试的内容从国家司法考试以知识考查为主向以能力考查为主转变,有利于把具有一定事实认定和法律适用能力、符合法治实务部门需要的考生选拔出来,更好地实现考试目标。

(二)信息化建设

加快信息化建设步伐,推进考务工作的科学化和规范化,不断提高工作效率和质量,是切实增强法律职业资格考试选拔法治人才科学性、公信力的内在要求。早在 2003 年就在国家司法考试报名、评卷等考务工作环节引入计算机技术,推行网上考务管理的工作模式。2005 年开始,对主观卷全部实行网上评阅。2011 年,上海市率先试行国家司法考试报名全程网络化管理,取消现场确认工作环节;在总结试点经验的基础上,2013 年,司法部决定全面实行国家司法考试工作全程网络化管理。

借鉴国家司法考试引入计算机技术的一些好的做法,2018 年建立实施国家统一法律职业资格考试制度时,司法部开始推行计算机化考试模式。2019 年扩大主观题考试机考范围。2020 年司法部明确规定主观题考试全面机考、考生使用规定输入法作答、在计算机上查阅电子法律法规等。[2] 这些措施将考试工作人员从原来接收返送纸质试卷(答卷)、法规汇编等繁重考务工作中解脱出来,既是考试方式的重大改革、考试管理方式的创新,更是考试管理理念的重大转变。

---

[1] 参见《2018 年国家统一法律职业资格考试公告发布——赵大程就国家统一法律职业资格考试答记者问》,载司法部官网 2018 年 6 月 8 日,http://www.moj.gov.cn/pub/sfbgw/gwxw/xwyw/szywbnyw/202101/t20210122_148173.html。

[2] 参见赵大程:《切实增强政治思想行动自觉　精心组织实施 2020 年国家统一法律职业资格考试》,载《中国司法》2020 年第 8 期。

(三)标准化建设

标准化是实现考试科学管理的基础。多年来,司法部以历年国家司法考试、国家统一法律职业资格考试实践为实施基础,以规章制度为依据,制定出台一系列考试管理规程和操作规范,对报名管理、考务组织、考场规则、考试纪律、命题要求、评卷规则、违纪处理、考试监察、安全保密、分数核查、资格管理、数据管理等各个工作环节作出了具体规定,努力形成更加严密、更具可操作性的考试工作规范流程,把考试标准化建设提高到一个新的水平,确保各项工作规范有序。考试规范管理的重点包括:一是规范试卷管理。明确电子试卷的接收、使用及电子答题数据上传,严格纸质试卷(答卷)接收、保管、分发、回收、返送程序、流程和制度执行。二是规范考试工作人员管理。严格按照规定条件,审查、选配考试工作人员,加强对考试工作人员执行考试政策、法律法规、规章制度和严格操作规程的专门培训,加强公共突发事件应急培训和疫情防控等方面的应急预案演练,提高组织实施考试的能力和水平。强化考试工作人员疫情防控知识培训,安全保密关键环节工作人员的重点培训,确保培训上岗、合格上岗。三是规范考场管理。依据《国家统一法律职业资格考试工作规则》《国家统一法律职业资格考试监考规则》,建立健全监考工作责任制,考区所在地司法行政机关按规定条件指派、选聘、培训监考人员,落实监考人员每场考试前随机确定原则。明确监考人员的职责任务,确保监考人员执行考场规则及指令。四是规范考试信息数据管理。明确并严格执行信息数据的发布范围、时限和要求,明确并严格执行对外提供信息、数据的审批程序和权限,确保公开信息数据的准确、一致、权威。

(四)经费保障

保证经费投入、完善技术装备,是做好考试工作的重要保障。根据《关于印发〈司法行政机关财务管理办法〉的通知》,法律职业资格考试经费,主要是指各级司法行政机关为举办考试所需的支出。考试经费直接关涉考试的顺利实施、与报考人员合法权益密切相关,备受社会关注。落实经费保障,严格规范支出,应着力做好以下四方面工作:一是认真落实“收支两条线”政策。目前,在实施考试的经费保障上,实行“收支两条线”政策。根据财政部、原国家计委规定,司法部和各省、自治区、直辖市司法行政机关收取考试费、考试考务费,按照财务隶属关系分别缴入中央和地方财政专户，实行“收支两条线”管理，即收入全额缴入中央和地方财政专户，支出按照批准的预算以及财政部门核拨的资金安排使用。二是严格收费标准。按照司法部《关于国家统一法律职业资格考试考务费收费标准的通知》，上缴中央财政部分的考务费，目前系依据全国法律职业资格考试成本测算和物价水平，在计算机化考试客观情况下，综合评估确定的考务费价格。各地考试费收取标准，系本省（区、市）司法行政机关商请价格、财政部门核定考试费，综合考虑当地经济发展水平、考试成本等因素，兼顾最大限度减轻应试人员负担和有效保障考试工作，核定收费标准。三是规范费用支出。收取的考务费、考试费用于承担考试的组织管理、场地租赁、法律职业资格管理等工作，不得擅自增加收费项目、扩大收费范围，并应自觉接受财政、市场监督管理、审计部门的监督检查。四是建立经费动态增长机制。随着考试制度的逐步完善，适应法治建设深入推进和考生人数调整变化的实际情况，考试组织工作将更加科学、严密，相关费用支出还需要较大幅度的增加，有必要建立经费动态增长机制，加大对重要基础装备建设、先进技术手段配备的投入，提高考场监控、考务组织、应急处置的能力和水平，确保考试工作的正常需要。

（五）物质保障

国家统一法律职业资格考试组织实施工作的物质保障主要是以考点考场各项软硬件环境为依托，辅之以考务管理、应急处置、疫情防控等相关物质保障。一是考试实施的物质保障。综合近些年计算机化考试组织实践，在调研、评估、研判的基础上，就网络配置、考点考场设置、机房环境搭建、考试机和监考机系统模式，以及其他考务相关设施配置等明确基本保障要求。二是考试安全的物质保障。这部分涉及考试全过程的安全监督，包括远程视频巡查系统设置、考场考点本地监控设备、考点考场模式的考务安全管理系统配置等相关物质保障。三是考试服务的物质保障。为提升考试服务和管理水平，近年来，部分考区大力推行净考模式，即针对应试人员参考全环节提供需求物资，全面备齐考试相关用品，包括疫情防控常态化下必要的考试防疫物资准备，考试专用文具等，以切实减轻应试人员应考准备压力，营造良好的考试环境。

四、考试监督机制

以规范和约束公权力为重点，建立有效的监督制约机制，对于确保考试公平公正至关重要。多年来，司法部不断健全完善纪检监察机关、保密机关和社会监督相结合的考试工作监督机制，确保监督到位、有力有效。为进一步构建规范有序考试环境，切实维护应试人员合法权益，确保考试公平公正，根据《实施办法》和有关规定，国家统一法律职业资格考试组织实施工作应当接受内部工作监督，以及纪检监察监督、保密机关监督和社会监督。

（一）内部工作监督

内部工作监督机制是正本清源、正风肃纪的基本保障。行政机关内部监督，是上级行政机关对下级行政机关以及行政机关对公务人员施行的工作监督。内部监督主要是指层级监督。国家统一法律职业资格考试由司法部组织实施。司法部和地方司法行政机关主导考试工作，对考试组织负主体责任，上级司法行政机关对下级司法行政机关的考试业务指导和监督贯穿考试各环节。各级司法行政机关依法有权对考试工作人员加强教育、管理和监督，或依法依规给予违纪违法人员相应处分。

（二）纪检监察监督

纪检监察监督，是指纪检监察机关对考试职能机构及其工作人员，贯彻执行考试法律、法规、规章的情况进行的监督检查。组织实施考试部门是司法行政机关，具体实施考试主体是司法行政机关公务员和其他考试工作人员，依据《监察法》、《公职人员政务处分法》和《国家统一法律职业资格考试实施办法》《国家统一法律职业资格考试工作规则》规定，考试实施工作应当接受纪检监察机关监督，考试工作人员应当依法履职、秉公用权、廉洁从政和坚持职业操守。依据《国家统一法律职业资格考试违纪行为处理办法》第 3 章第 11 条至第 16 条规定，对考试工作人员失职渎职、违反保密安全或其他考试管理规定的，根据违法行为严重性程度，给予或建议相关单位给予相应处理。

（三）保密机关监督

国家考试涉密级别高、范围高、涉及面广，加强考试保密管理协调机构建设，对于考试平稳顺利实施，确保考试公平公正至关重要。根据《保守国家秘密法》《国家统一法律职业资格考试实施办法》规定，考试保密工作，由各级司法行政机关考试工作机构负责，接受国家保密工作部门的指导、监督和检查。为做好考试保密工作，进一步加强对考试保密管理工作，司法部与国家保密部门建立了考试保密工作领导机构和办事机构，指导地方考试保密安全工作，检查、监督各地考试保密管理工作，加强对参与考试工作的涉密人员进行遵守国家保密法律法规教育。同时，各级司法行政机关考试工作机构，坚持积极防范、突出重点，切实履行好有关保密规定明确的考试保密工作职责，监督、检查保密制度的执行情况，对参与考试考务工作的涉密人员进行严格管理，确保考试安全顺利实施。

（四）社会监督

社会监督包括新闻媒体、考生和社会各界的监督。国家统一法律职业资格考试作为一项国家考试，社会关注度高。为确保考试公平公正，积极争取社会各方面对考试的关心支持，司法行政机关主动接受社会监督。一是报名环节，通常由司法部向社会提前发布考试公告，告知考试的时间安排、报考条件、政策规定等；各省（区、市）司法厅（局）相应发布考试通知，具体细化实施方案；此外，全国司法行政机关相关部门，及时回应应试人员诉求，对举报和投诉的问题及时进行核查、作出处理。二是考试环节，通常是考试组织部门及监考、考务等人员直接与应试人员对接，涉及入场的身份核验、考试的秩序维护、异常情况应急处置等各项工作，操作的规范性、处置的合理性与否，即时接受考生和社会的监督。三是成绩发布环节，主观题考试成绩公布后，应试人员如对考试成绩有异议的，应及时告知考生自考试成绩公布之日起 15 日内，向报名地司法行政机关提出分数核查的书面申请。

第十一章　考试报名管理

报名管理是国家统一法律职业资格考试组织实施的基础性工作，司法行政机关对考试报名工作实施的一整套流程和方式安排。考试实施阶段的考区考点设置、机位安排、考务工作人员的选配等，都必须以报名阶段获取的各类信息数据为基准。报名管理工作的重要地位和作用，要求考试机构和考试组织者应充分利用现代科技手段，持续推进报名管理的科学化、规范化，不断提高考试组织管理工作水平。

第一节　报名方式

一、全程网络化报名方式的特点

沿用国家司法考试的报名方法，国家统一法律职业资格考试实行全程网络化报名方式。早在2011年，司法部在上海市首次进行了司法考试全程网络化报名试点，即取消报名工作的现场确认环节，代之以网上分类审核、考生自行上传电子照片、网上交纳考试费、网上打印准考证和成绩单等，实现了考试全程网络化一站式报名。2013年，司法考试全面实行全程网络化报名流程，即考生报名信息提交、电子照片上传、准考证打印、报考资质证明等全部在网上办理，要求考生在网上填写符合报名条件和提交信息真实的电子承诺书。依据《国家统一法律职业资格考试工作规则》，借鉴司法考试报名管理中的一些有益经验，国家统一法律职业资格考试使用全国统一建设的信息管理系统，实行全程网上报名。全程网络化报名管理系统，拥有考生从报名、上传电子照片、交费各阶段的详细数据以及多数据分析等详尽功能，为科学、高效的组织实施考试、管理考生信息搭建了一个大数据平台、提供了强大技术支撑。

二、全程网络化报名方式的合理性

全程网络化报名作为一种新型的报名方式，对于提高工作效率、合理优化考试资源配置、降低考试成本有着重要意义。其优势主要体现在：一是提升工作效能，节约了时间和成本。传统报名组织，现场报名时，考生按材料审核、核对报名信息表、交费、打印准考证等流程进行，所需时间较长。而全程网络化报名后，相关网上报名流程，操作十分便捷，所用时间明显缩短。同时，全程网络化报名省去了信息纸质打印，全部报名信息存入报名系统中，查找、调取、分析考生信息更加方便，有助于更好地向社会和广大考生提供公开、透明、规范、便捷、高效的服务。二是便利考生报名。全程网络化报名，考生通过网络平台，使用计算机或手机，既可以完成考试报名，不需要再到司法行政机关指定地点进行确认，节省了时间和精力，有利于广大考生安心备考。适应考试组织实施信息化智能化的工作需要和广大考生需求，全程网络化报名管理方式，在完善报名系统平台功能、提高系统查询功能兼容度、统一考试电子专用章使用及大数据应用对接等方面，还可以进一步完善优化，以进一步提升国家统一法律职业资格考试科学性、公正性、权威性。

第二节　报 名 组 织

报名组织是考试考务工作的重要内容，是组织实施国家统一法律职业资格考试的基础。着眼于为民服务，围绕考试公平公正的原则要求，考试机构在开展报名管理时应坚持规范、便捷的工作标准，确保报名人员信息和报名材料真实无误，报名组织过程和管理方式快捷高效。

一、报名组织机构职责

根据《国家统一法律职业资格考试实施办法》《国家统一法律职业资格考试工作规则》有关规定，司法部在年度考试公告中公布考试报名条件、考试科目、考试时间等相关事项。司法部、省（区、市）及地（市）考试工作机构分别承担公告发布、考试报名组织及考务管理等方面职责。

（一）司法部考试机构报名管理职责

主要负责公告通知发布、业务指导、培训等项工作。一是发布年度考试公告和通知。通过司法部官网、中国普法网和微信公众号向社会发布考试公告；向省级司法行政机关下发考试工作通知；开通国家统一法律职业资格考试咨询热线。二是组织培训。组织省级考试机构报名及考务管理系统的业务和操作培训；指导审查各地考区考点的设置；负责对全国各地考试机构的业务指导；向省级考试机构传达和提出年度工作要求。

（二）省（区、市）司法厅（局）考试机构报名管理职责

根据司法部公告和有关文件规定，省（区、市）考试机构负责本辖区具体报名事项。具体包括：一是发布报名信息。根据司法部公告、通知和有关文件，利用本省主要网站、报刊、电台等新闻媒体发布本省的考试公告。公告内容包括报名时间、报名地点、报名条件、报名材料和考试费用、考试科目、考试时间、考试纪律等事项。二是组织培训。针对考试机构人员调整以及考试制度政策的调整变化等情况，重点做国家统一法律职业资格考试制度规范培训。加强对考试工作人员在考务工作、机考技术、疫情防控和突发事件应急处理等方面的培训和演练，提高业务能力。协调技术服务公司加强对技术服务人员和监考人员培训，确保熟练掌握机考规则和操作要求。三是确定本地报名费标准。根据财政部和国家发展和改革委员会的通知要求，协调本省财政、物价部门，确定全省主、客观题考试费收费标准。四是指导、管理和监督各市考区的报名管理准备工作。

（三）地市司法局考试机构报名管理职责

按照司法部、省（区、市）考试公告和有关文件要求，地市司法局考试机构负责本地区具体报名事项。具体包括：一是发布本地公告。结合本地实际，发布国家统一法律职业资格考试消息，公布考试报名的总体要求和具体的报名时间、地点、方式、收费标准等。二是组织本地报名管理工作培训。加大对负责考务组织和软件操作的工作人员培训，确保熟悉报名流程、熟练掌握相关信息技术。加强对保密工作人员保密教育，防止失泄密事件发生。三是选配工作人员。选派能熟练操作计算机及软件、能够解决报名管理系统客户端上出现的一般问题的人员参加报名工作。其中，报名人员较多的报名点应配备计算机专业

人员提供技术保障。四是指导网上报名。指导报名人员认真阅读考试公告，指导报名人员如实填报信息并对填报信息真实性作出承诺，提醒报名人员及时交纳考试费，解答报名人员相关咨询。

二、报名工作流程*

（一）报名要求

1. 报名须知。年度国家统一法律职业资格考试客观题考试实行网上报名。年度国家统一法律职业资格考试公告发布后，报名人员根据公告内容，在规定期限内登录指定网站，在线填报、录入个人报名信息、上传电子照片，待照片审核通过交纳考试费完成全流程报名。报名人员经司法行政机关审核，符合报考条件的，准予核发准考证。报名人员可在公告规定的期限内登录司法部网站自行打印准考证。不具备网络通讯条件或无法自行操作等原因不能完成网上报名或自行打印准考证的，可在规定期限内到报名地司法行政机关办理。报名人员应当如实、准确填报个人信息，对报名信息作出真实有效承诺，并对填报材料实质内容的真实性负责。

2. 报名管理。网上报名期间，各地司法行政机关考试机构根据管理系统的授权，应及时指导报名人员阅读司法部公告和报名地公告并承诺遵守相关规定，如实填报个人信息，并对其填报信息实质内容的真实性作出承诺，及时交纳考试费。同时，实时掌握本辖区的网上报名进展情况，及时审查报名人员网上填报的信息。其间，对报名人员在网上报名过程中遇到的政策及技术问题进行解答；对报名人员填报不符合规定的信息事项的，予以一次性告知；对网上报名确有困难的人员，应当提供帮助。

（二）客观题考试报名

1. 报名流程。国家统一法律职业资格考试客观题考试实行网上报名。报名人员应认真阅读司法部公告和报名地公告，报名人员应当在规定期限内及时登录司法部网站（www.moj.gov.cn），按照网上报名要求、流程及步骤填报个人真实、准确、有效信息，并对填报信息真实性作出承诺，考试费交纳成功后，不

---

* 参考 2022 年司法部公告（第 4 号）相关内容。——编者注

得更改报名信息。不具备网络通讯条件或无法自行操作等原因不能完成网上报名人员,可在规定期限内到报名地司法行政机关办理。逾期不予补报。

2. 报名地选择。报名人员可在各省(区、市)、新疆生产建设兵团司法行政机关设置的考区选择报名。根据考试公告要求,部分考试报名人员需到指定地点报名。

一是为做好疫情防控工作,减少人员跨区域流动,应试人员可在工作、生活地所在的省(区、市)、新疆生产建设兵团司法行政机关设置的考区报名参加考试。交纳客观题考试的考试费后,不得更改报名地。

二是选择使用少数民族语言文字试卷的需在设置相应考点考场的考区报名。内蒙古自治区设蒙古文考点考场,西藏自治区、青海省设藏文考点考场,新疆维吾尔自治区设蒙古文、维吾尔文、哈萨克文考点考场,吉林省设朝鲜文考点考场。

三是香港、澳门和台湾居民选择在香港、澳门考区报名参加考试的,由香港、澳门考区考试承办机构核验相关信息,根据香港、澳门考区考试承办机构规定的时间办理交费和自行打印准考证事宜;选择在内地(大陆)报名参加考试的,应当按照报名地司法行政机关的公告办理有关报考事项。

3. 报名材料。报名人员报名时应当具有以下材料:

一是有效居民身份证。

二是毕业证书。本人毕业证书应当能够在中国高等教育学生信息网查询或认证。

三是学位证书。本人学位证书须能够在中国学位与研究生教育信息网查询或在教育部学位与研究生教育发展中心认证。

四是申请享受放宽政策人员,须具有放宽报名学历条件地方户籍。网上报名时,应上传户口簿首页及本人页电子照片。

五是电子证件照片。报名人员应当提供符合规定格式(宽 413 像素 × 高 626 像素)要求的本人近三个月内彩色(红、蓝、白底色均可)正面免冠电子证件照片。此照片将作为本人准考证、考试成绩通知单、法律职业资格申请表、法律职业资格证书唯一使用照片。

六是司法行政机关要求的其他材料。报名人员应当如实、准确填报个人信息,对报名信息作出真实有效承诺,并对填报材料实质内容的真实性负责。普通高等学校、军队院校2023年全日制应届本科毕业生和以同等学力报考的应届硕士毕业生网上报名时，应当签署《应届毕业生承诺书》。参加高等教育自学考试单科成绩已全部合格且本年度内能取得毕业证书的人员，网上报名时应当签署《单科成绩已全部合格承诺书》。

报名人员填报虚假信息或以其他方式骗取报名的，司法行政机关将按照《国家统一法律职业资格考试违纪行为处理办法》等规定进行处理。

（三）主观题考试报名

2021年客观题考试保留有效成绩人员、2022年客观题考试成绩合格人员，可以报名参加2022年主观题考试。应试人员应当在2022年9月24日至28日登录司法部官网确认参加主观题考试并按规定交纳考试费。

2021年客观题考试保留有效成绩人员，确认报名参加2022年主观题考试的（不含参加2022年客观题考试的），可以选择在工作、生活地所在省（区、市）、新疆生产建设兵团司法行政机关设置的考区参加主观题考试。

2022年客观题考试成绩合格人员，应当到客观题考试报名地所在的省（区、市）、新疆生产建设兵团司法行政机关设置的考区参加主观题考试。

第三节　报名信息审查

对报名参考条件的审查，贯穿法律职业资格认定的全过程，包括网上报名相关要求、报名期间对报名条件的形式审查、对资格申请授予的受理、审查核查和审核，以及对取得资格人员管理等。在报名阶段，依据《国家统一法律职业资格考试实施办法》报名人员报名考试，应当符合规定的报名条件。各地考试工作机构需要及时审查审核报名人员网上填报信息，包括报名人员上传的电子证件照片、取得学籍（考籍）时间、户口簿照片等电子材料是否符合规定的标准或形式要求，并对报名人员的学历学位信息特别是毕业证书等进行形式审核。对填报不符合规定的信息事项，应予以一次性告知。

一、报考人员学历学位认定

（一）报名专业学历学位相关规定

根据《国家统一法律职业资格考试实施办法》，报名人员报名时不具有学历学位证书的，原则上不予报名。按照《国家统一法律职业资格考试实施办法》第9条规定，报名人员应当具备全日制普通高等学校法学类本科学历并获得学士及以上学位，全日制普通高等学校非法学类本科及以上学历并获得法律硕士、法学硕士及以上学位，全日制普通高等学校非法学类本科及以上学历并获得相应学位且从事法律工作满3年。即报名人员应当获得全日制普通高等学校本科及以上学历（毕业证书）和相应学位（学位证书）。

《国家统一法律职业资格考试实施办法》第22条规定，《国家统一法律职业资格考试实施办法》实施前已取得学籍（考籍）或者已取得相应学历的高等学校法学类专业本科及以上学历毕业生，或者高等学校非法学类专业本科及以上学历毕业生并具有法律专业知识的，可以报名参加国家统一法律职业资格考试。按照上述规定，上述报名人员应当具有高等学校本科或以上学历的毕业证书，不需要提供相应学位证书。

依据《国家统一法律职业资格考试实施办法》第23条规定，国家统一法律职业资格考试的实施，可以在一定时期内，对艰苦边远和少数民族地区的应试人员，在报名学历条件、考试合格标准等方面适当放宽。司法部公告（第4号）明确，报名人员户籍在放宽条件地方的，可以将报名学历条件放宽为高等学校本科毕业。因此，放宽地区考试报名人员应当具有高等学校本科毕业，也不需要提供相应的学位证书。

（二）有效学历证书[1]

报考人员的学历应当属于国民教育序列或者国务院教育行政部门认可的学历，其学历证书能够在教育部全国高等学校学生信息咨询与就业指导中心网站查询或认证。根据相关规定，有效毕业证书分为5类：

1. 经国务院教育行政部门批准，具有举办学历教育资格的成人高等学校、普通高等学校（含培养研究生的科研单位）颁发的毕业证书；

2. 通过高等教育自学考试、高等教育学历文凭考试，由全国高等教育自学考试委员会授权各省、自治区、直辖市高等教育自学考试委员会颁发的毕业证书；

---

〔1〕 参见《2018年国家统一法律职业资格考试相关政策规定问答》，载司法部官网，http://www.moj.gov.cn/pub/sfbgw/gjsfkssjxw/201806/t20180614_210541.html。

3. 经国务院教育行政部门批准，纳入国家招生计划并参加全国统一考试录取，在党校、军队院校中就读的学生取得的毕业证书；

4. 经国务院教育行政部门批准，实施网络教育试点的普通高等学校颁发的远程（网络）教育毕业证书；

5. 符合教育部、原解放军总参谋部、原解放军总政治部关于《中国人民解放军院校学历证书管理暂行规定》所颁发的毕业证书。

（三）学历学位证书认证

持内地高校的学历报考的，应当能在教育部全国高等学校学生信息咨询与就业指导中心网站查询，查询不到学历信息的，考生报考时需要作出承诺，并在资格申请期限内提交由教育部全国高等学校学生信息咨询与就业指导中心出具的“中国高等教育学历认证报告”。

持我国香港特别行政区、澳门特别行政区、台湾地区或者国外高等学校学历学位证书报名的，其学历学位证书须经教育部留学服务中心认证，符合报考学历学位条件的，可以报名参加国家统一法律职业资格考试。国（境）外学历学位认证的具体要求，可以查阅教育部留学服务中心网站（www. cscse. edu. cn）。

二、申请享受放宽政策规定

根据考试公告和相关政策规定，符合放宽政策的报名人员，一是应在报名参加客观题考试时申请享受放宽政策；客观题考试成绩达到全国统一合格分数线的，也可在主观题考试报名时申请享受放宽政策。二是上一年客观题考试保留有效成绩人员，符合放宽政策的，报考当年国家统一法律职业资格考试时可以申请享受放宽政策。三是对于具有普通高等学校应届大学毕业生回原籍、现役军人复员转业、婚姻关系、工作调动等情形，户籍已迁入放宽报名学历条件地区且主观题考试成绩达到所在地放宽合格分数线的，可以在规定的时间内向户籍所在地市申请享受放宽政策，并作出申请材料信息真实有效的承诺。四是普通高等学校应届毕业生入学前户籍在放宽条件地方且承诺毕业回原籍的，可以在客观题考试报名时申请享受放宽政策。

第十二章　考试考场设置

国家统一法律职业资格考试报考人数多,考试组织规模大。2022 年全国共有 81.6 万人报考国家统一法律职业资格考试,再创历史新高。[1] 为更加科学合理地安排有关考试考务工作,各省、自治区、直辖市、香港和澳门特别行政区,以及新疆生产建设兵团设置若干考区进行考试管理,并按照一定的原则、条件、程序确定考点和考场,保证国家统一法律职业资格考试的顺利实施。

第一节　概　　述

一、考试考区、考点、考场概念

(一)考区

考区,是指由省、自治区、直辖市司法行政机关按照参加考试的人员所在区域划分的考试管理责任区。省、自治区、直辖市司法行政机关可以根据本辖区报名人数及分布等情况,在直辖市的区、设区的市和直辖市设置考区。在同一考区内,将由相应的考试机构和相应的人员,按照一定的要求组织实施考试。此外,在同一次考试中,不同考区组织实施的步骤和方式是一致的。

(二)考点

国家统一法律职业资格考试考区下设若干考点。国家统一法律职业资格考试考点,是举行国家统一法律职业资格考试的具体地点,具体指实施考试的

---

〔1〕 参见《精心组织　精细服务确保考试工作和疫情防控万无一失》,载司法部官网,http://www.moj.gov.cn/pub/sfbgw/jgsz/jgszbldjs/bldtyj/tyjzyhdhjh/202209/t20220917_463801.html。

场所所在的地点，是实施考试、组织管理的基层单位。举行考试时，考点与外界相对封闭，自成一体。考点通常是具备举行较大规模考试条件的高等院校。报考人数较多，报考较为集中的考区可设置2个以上的考点。

（三）考场

国家统一法律职业资格考试考点内设置若干考场。考场即考试管理机构实施考试和应试人员参加考试进行答题的具体场所。考场应当是能容纳若干考生的独立空间，通常为计算机机房。考点内应按规定设置一定数量的备用考场、隔离考场，以便在发生特殊情况时使用。

二、考试考区、考点、考场设置原则

（一）考区设置原则

根据有关规定和国家统一法律职业资格考试工作实践，国家统一法律职业资格考试考区设置应遵循以下原则：一是应当与应试人员数量及分布情况相适应。应试人员数量较多，分布较为集中的地方，应当单独设置一个考区；应试人员数量少，分布较分散的，不宜单独设置一个考区。二是应尽可能为应试人员提供便利。国家统一法律职业资格考试组织实施工作贯彻"从严治考、规范管理、热情服务"的总要求，在考区设置管理上要坚持"以人为本"，从减轻应试人员参考负担出发，充分考虑所在地区城市分布以及气候、地理、交通条件，一般综合考虑机位资源和方便应试人员参考的因素进行设置。三是应当相对集中。从有利于考试组织和统一管理，降低考试组织成本的角度看，考区设置不应过多、过散。必要时，可以撤销某些考区或者合并设置考区。设置、合并、变更考区的，应当报司法部确定。

（二）考点设置原则

确定考区以后，应根据具体情况确定设置考点的方案。从便利组织实施的目的出发，设置考点的主要原则是：一是便于管理的原则。应优先选择地理位置好、交通便利、环境优良、网络电力有保障的考点。二是集中少设的原则。应优先选择能容纳应试人员较多、设施完善的考点，尽可能减少考点设置，以实现集中统一管理。三是充分利用高考定点单位的原则。因为高考定点单位具备较好的考试软硬件条件，有较丰富的考试管理经验，有参与大型考试监考经验的工作人员。四是县以下不设考点原则。

（三）考场设置原则

为确保计算机化考试安全顺利进行，设置考场应当遵循以下原则：一是硬件设施设备完善。能够确保计算机、网络、电力、照明、消防、安全等设施设备符合计算机考试组织实施需要。二是信息技术管理设备具备考务安全管理系统、监控设施设备、防窥技术等考务管理运行条件。三是纸笔考试考场设置，应当方便应试人员答题，方便监考人员工作，有利于及时应对各类突发事件和紧急情况，有效维护考试秩序。四是每个考场编排的应试人数一般为 80 人。

第二节　考试考区、考点、考场设置条件与程序

一、考试考区、考点、考场设置条件

（一）考区设置条件

为便利考生参考，确保考试安全，考生安全，依据考区设置原则，国家统一法律职业资格考试须科学设置考试考区考点。根据《国家统一法律职业资格考试工作规则》规定，考区还应当具备下列条件：一是有专人负责。考区所在地司法行政机关具备组织实施考试的保障工作机制，应有专职工作人员负责。二是设施完备。交通便利，有标准化考点考场，机位资源充足，网络、通讯、监控等信息化设施设备完善。三是保障到位。具备完善的考试安全体系，符合国家保密管理规定，有处置突发事件的应急保障能力。四是考生达到一定规模。应试人员数量一般不低于 300 人。

综合考虑参加主观题考试报考人数、交通状况、疫情防控工作需要和组织实施能力等因素，主观题考试的考区考点应当集中设置。当年客观题考试成绩合格人员参加主观题考试，应当在客观题考试报名地所在的省（区、市）司法行政机关设置的考区。上一年客观题考试保留有效成绩人员，确认报名参加当年主观题考试，可以选择在上一年客观题考试报名地或者工作、生活地所在的省（区、市）司法行政机关设置的考区。因此，主观题考试和客观题考试会产生应试人员不在同一考区参考的情形，但应试人员两部分考试须在同一省（区、市）参考，不能跨省参加主观题考试。

（二）考点设置条件

根据《国家统一法律职业资格考试工作规则》规定，考点设置要求，一是考

点应当设立工作办公室，相应成立监考、技术、安保、医疗、后勤、应急处置等工作组，便于及时处理考试中出现的问题，符合试卷（答卷）收发、封装、保管等工作要求。二是常态化疫情防控形势下，考试工作机构应当认真落实常态化疫情防控工作要求，根据考生报考数量分布等因素，科学合理设置考区考点考场，优化考点考场编排，让应试人员就近参考，减少人员聚集和流动，同时，做好考试期间疫情防控、交通、住宿、饮食等方面的服务工作，有效保障广大应试人员和考试工作人员的身体健康以及考试安全。三是应试人员应积极配合考试机构，尽可能在工作、生活所在地就近或就地报名参加考试，自觉遵守考区疫情防控工作要求。四是考区所在地司法行政机关应当与考点所在单位、技术服务机构签订考试服务协议，会同协议方共同做好考试机、监考机的安装测试，网络和终端安全维护等工作，确保考生信息和考试数据安全。

（三）考场设置条件

根据《国家统一法律职业资格考试工作规则》规定，计算机化考试考场设置要求，一是具备良好的安全、安静、通风，采光和照明条件。二是结合考点所在单位机位资源条件，机考考场编排的应试人数一般为 80 人。三是纸笔答题考场应试人员一般为 30 人，不足 30 人的，编入尾考场。四是选择考场应当符合机考需要，小学教室、阶梯教室及其他有坡度的场所不得设为考场。五是考场内除统一规定的必备物品、文字说明外，不得有其他与考试内容有关的物品和字迹。六是考点应当根据报名人数设置考场、备用考场及备用机位。

二、考试考区、考点、考场设置程序

（一）考区设置程序

考区设置一般程序根据《国家统一法律职业资格考试工作规则》的有关规定，划分考区是省、自治区、直辖市司法行政机关国家统一法律职业资格考试工作的主要职责之一。省、自治区、直辖市司法行政机关根据本辖区应考人数及分布情况，负责考区设置，审定考点、考场。考区的设置、合并和变更，由省、自治区、直辖市司法行政机关报司法部核准。发生重大考试事故或者违纪现象严重的地区，应当撤销考区，且 2 年内不得设置考区。对于这些地区，应经一段时间的全面考核，确定符合设置考区的条件，适宜重新举行考试后方能再次单独设置考区。在此期间,报司法部批准,这些地区可并入其他考区。

(二)考点、考场设置程序

根据《国家统一法律职业资格考试工作规则》的有关规定,直辖市的区和设区的市根据考点设置的有关原则和当地实际情况设置考点,布置考场,并报上一级司法行政机关审定;省、自治区、直辖市司法行政机关负责对考点、考场的设置进行审查。一个考区下设考点的具体数量,视考点规模和考生人数等情况而定。

第十三章　考试实施

国家统一法律职业资格考试实施是指司法行政机关依照《国家统一法律职业资格考试实施办法》、《国家统一法律职业资格考试工作规则》和司法部公告等相关规定要求,举行年度国家统一法律职业资格考试,包括主观题考试、客观题考试。考试实施包括考前准备、考试实施、后期工作三个阶段的工作。它既是考试组织工作的核心环节,也是实现国家考试目标的重要保证。

第一节　考前准备

考试前期准备是指考试正式举行前各级司法行政机关为保障考试的顺利实施所作的各项准备工作。按照考试组织安全和疫情防控安全的目标,司法部和各地司法行政机关考前主要工作有:健全考试工作机制,制定考试工作方案和疫情防控、应急事件处理等方面工作预案;部署本辖区计算机化考试和纸笔考试实施工作,组织培训考试工作人员;组织开展考前全要素测试、全时空演练,及时处理考试中出现的问题;安排好考点、考场布置以及考场封场等。

一、考前组织

按照有关规定,年度考试实施前,司法部和省(区、市)及考区所在地司法行政机关成立年度考试组织领导机构及工作机构,依据《国家统一法律职业资格考试实施办法》和《国家统一法律职业资格考试工作规则》制定年度考试工作实施方案和突发事件应急处置预案。司法部会同教育部、国家卫健委、公安部、工信部、国家保密局、国家能源局等部门，就年度考试安全保密、应急处置、疫情防控、网络电力保障、防范和打击无线电作弊等项工作印发指导意见、作出相应部署安排。各地司法行政机关在当地党委、政府的领导下，联系教育、卫健、公安、工信、电力、保密、网信等职能部门，通过联合发文、召开联席会议等多种方式建立起工作协调协同机制和相关工作制度，从政策、人员、经费、技术等各方面为考试组织实施提供保障，尤其是疫情防控常态化形势下，各地司法行政机关密切关注疫情防控等级变化和本辖区具体防控要求，及时告知应试人员关注有关考试通知公告，遵守考区所在地有关新冠肺炎疫情防控工作规定，自觉配合做好疫情防控工作，确保考试组织和疫情防控安全。

考试期间，司法部派出巡考人员对各地考区进行巡视检查，省（区、市）司法行政机关派出督考人员到考区进行督考，考区所在地司法行政机关应当按规定条件指派、选聘、培训监考人员，以维护考试秩序，确保考试公平公正。考试期间，司法部、省（区、市）及各考区所在地司法行政机关设立值班室，建立值班及报告制度，负责处理考试期间的有关事务。

二、考前培训

按照《国家统一法律职业资格考试工作规则》要求，司法部和各地司法行政机关都有指导、管理、组织、监督考试业务培训等工作职责。近年来，司法部和各地司法行政机关重点围绕考试疫情防控、考务工作保障、考务工作管理系统操作、监考工作流程、考务工作管理等内容，注重加强对巡考人员、督考人员、监考人员和其他考务工作人员进行培训。考区所在地司法行政机关，重点做好包括考务工作人员、监考人员在内的考试工作人员的监督管理和选配培训工作。

三、考前测试演练

为了确保考试安全，各地认真落实司法部年度考试组织工作要求，全过程、全时空、全方位加强考务管理，认真做好考前“全要素测试、全时空演练”。全面梳理排查考试过程中机考设备设施保障、应急问题处置等各项考试准备工作，积极会同卫生健康、教育和考点学校抓实疫情防控工作，在电力、网信、公安、消防等部门支持下，全力把保电力、保网络、保安全等工作落到实处。考区所在地司法行政机关会同考点所在单位与技术服务机构共同做好考试机、监考机的安装测试,考务安全管理系统调试运行等工作。通过测试演练,进一步查漏补缺,完善细节,确保考试组织实施安全和疫情防控安全。

第二节　考试实施管理

考试实施管理是指每场考试自开始至结束阶段的考务管理工作。按照《国家统一法律职业资格考试工作规则》《国家统一法律职业资格考试监考规则》《国家统一法律职业资格考试应试规则》和年度考试公告等相关规定和要求,考试实施管理重点包括考务管理和试卷管理两个方面。

一、考务管理

(一)考点、考场准备

考区所在地司法行政机关应当在考试前做好下列主要工作:一是组建考点考试工作办公室。设立考务、监考、技术、电力、安保、监察、卫健、后勤、应急处置等临时小组。考点办公室是考试期间处理考试事务的场所。二是布置考点。考点布置应当遵循方便应试人员的原则,突出需要应试人员知晓的内容,如考场分布情况,考试纪律,考试时间、疫情防控要求等,可在考点设置明显标识、张贴考场分布示意图、考试有关规定和考试时间表等材料。三是布置考场。考场布置应当按照规定,并遵循方便应试人员答题和监考人员工作的原则,突出规范化、人性化的特点,在每个考场门外张贴该考场序号和准考证号起止号,应当使应试人员“一目了然”。四是检测计算机、防作弊设备和监控设施。五是调试运行考务安全管理系统等事项。

(二)监考岗位设置和人员管理

一是根据《国家统一法律职业资格考试工作规则》和《国家统一法律职业资格考试监考规则》规定,每个考点设总监考 1 人,一般由考区所在地司法行政机关主要负责人担任;设副总监考若干人。适当配备流动监考员,由司法行政机关工作人员担任。每个考场应当配备 2 名以上监考员,每场考试前随机确定。计算机化考试考场人数超过 80 人的,每增加 40 人应增加配备 1 名监考员。二是监考人员应当按照《国家统一法律职业资格考试监考规则》及有关规定履行职责。按照规定程序及时领取、分发考场资料和考务用品；做好考场内考试机、监考机、安全系统识别设置等相关硬件设施的安装、准备和使用工作；考试过程中的秩序维护、现场管理、特殊情况应急处置等。省、自治区、直辖市司法行政机关应当组织专门人员对考区进行督考。三是应试人员进场管理。应试人员进场应进行体温健康状况监测、身份信息核验，防范替考隐患；监考人员引导应试人员有序进入考场，并在指定座位就座；提示应试人员熟读有关须知和应试规则，宣读相关考试规则，维护应试人员正常参加考试的权利。

（三）应急处置

疫情防控常态化形势下，各地司法行政机关尤其是考区所在地司法行政机关，应密切关注本地疫情变化，按照司法部、教育部、国家卫健委《新冠肺炎疫情防控常态化下国家统一法律职业资格考试组织实施与防疫工作指导意见》的规定，严格执行当地疫情防控工作相关规定，落实常态化协作机制，做好考前人员健康复查、防疫物资准备、考试期间防护及应急处置等各项工作，切实保障考生和考务人员的生命安全和身体健康。按照《国家统一法律职业资格考试工作规则》，在计算机化考试中，由于网络故障、电力故障、设备故障等造成应试人员答题时间延误，需要补时的，报总监考签字确认。确需启用备用考试机的，由监考员按规定进行调换。

二、试题试卷管理

试题试卷属于国家秘密。对于任何考试而言，试题试卷安全都是第一位的。确保试题试卷安全保密是考试实施工作的关键，直接关系到年度考试工作的成败，关系到考试的权威性和公信力。依据考试保密相关规定和《国家统一法律职业资格考试工作规则》《国家统一法律职业资格考试监考规则》《国家统一法律职业资格考试应试规则》的规定，为维护国家秘密安全，保证考试的顺利实施，省（区、市）司法行政机关和考区所在地司法行政机关应当严格遵守相关保密规定，从机构、人员、措施、设备、监督等方面，加强对电子试卷的接收使用和纸质试卷（答卷）的接收保管等项工作的指导监管，确保试卷安全，确保考试安全。

（一）电子试题试卷管理

目前，国家统一法律职业资格考试客观题考试实行闭卷、计算机化考试方式，国家统一法律职业资格考试主观题考试实行计算机化考试。依据有关规定，计算机化考试电子试题由司法部考试工作机构发至各地司法行政机关设置的考点下载使用。试题、答题要求和答题界面均在计算机显示屏上显示。应试人员应当使用计算机鼠标及键盘在计算机答题界面上直接作答。应试人员应当按照《国家统一法律职业资格考试应试规则》规定的参加计算机化考试的行为规范要求，进行登录、答题、保存电子答题数据。

客观题考试共两卷，分为试卷一、试卷二；客观题考试实行分批次考试方式，由报名地考试工作机构按各考区机位数和报考人数确定应试人员考试批次，分为两天共两个批次，应试人员参加其中一个批次考试，考试批次和时间在准考证上注明。

主观题考试为一卷。主观题考试设置选作题的，应试人员可选择其一作答。主观题考试由司法行政机关为应试人员统一提供电子法律法规，应试人员在计算机上查阅。

考试开始前，各地司法行政机关着力加强指导，强化电子试题试卷管理。考区所在地司法行政机关考试工作机构，按要求做好监管电子试卷的接收、使用及电子答题数据上传等工作。考试结束后，监考机回收电子答题数据并上传至司法部考试工作机构保存，确保试题试卷和考试数据安全。

（二）纸质试卷（答卷）管理

考虑到应试人员因身体、年龄等使用计算机考试确有困难的情况，可在确认报名参加主观题考试时申请使用纸笔答题方式；选择使用少数民族语言文字试卷的，实行纸笔答题方式。省（区、市）司法行政机关可根据参加纸笔答题人员数量等情况集中设置纸笔考试考区考点考场，新疆生产建设兵团不设置纸笔考试考点考场。应试人员参加纸笔考试，应当按照《国家统一法律职业资格考试应试规则》规定要求作答，了解《国家统一法律职业资格考试应试规则》规定的异常处理、考生权利及责任划分等内容，依规定不得将司法行政机关配发的考试材料带出考场。

1. 考前试卷管理。《国家统一法律职业资格考试工作规则》规定，纸质试卷于考试举行前 5 日内送至省（区、市）司法行政机关；开考前两日内，省（区、市）司法行政机关将纸质试卷分发至考区；考试前 1 小时内，考区所在地司法行政机关将纸质试卷分送至考点。考区所在地考试工作机构按照工作规则规定的标准、程序，负责纸质试卷（答卷）的接收、保管、分发职责；并安排 2 名以上考试工作人员办理交接签收手续，确保无缝衔接、安全保密。

2. 考中试卷管理。试卷袋应当由 2 名以上监考员按规定时间在考场内当众启封。确需使用备用卷的，按照相关规定启用。缺考人员的纸质试卷（答卷）不得作为备用卷使用。答卷封装应当由 2 名以上监考员在规定时间和场所内完成并签字，指定专人对封装情况进行检查确认，报总监考同意后立即送至考区保密室。

3. 考后答卷管理。封装后的答卷袋，应当按照考点、考场顺序装箱，填写装箱清单，并于考试结束后 24 小时内由考区所在地司法行政机关送至省、自治区、直辖市司法行政机关；省、自治区、直辖市司法行政机关按照司法部要求，将答卷送至评卷地。备用卷应当与答卷一并送至评卷地。

4. 试卷（答卷）突发事件处理。考区或者考点发生试卷（答卷）严重失窃密、群体舞弊、试卷毁损严重等重大责任事故和不可抗力等突发事件，需要延长或推迟考试时间、暂停或者另行安排考试的，应当立即启动应急预案，由司法部作出决定。

第十四章　成绩公布与分数核查

考试成绩公布与分数核查是年度考试组织实施工作中的重要环节,亦是法律职业资格申请授予工作的前提,考生和社会各界广泛关注。司法行政机关需要及时主动、全面准确做好政策解读工作,回应广大应试人员的关切。

第一节　成 绩 公 布

一、概述

国家统一法律职业资格考试成绩公布,是指司法行政机关通过一定形式向应试人员发布年度国家统一法律职业资格考试合格分数线和考试成绩。国家统一法律职业资格考试每年举行一次,分为客观题考试和主观题考试两部分,考试成绩分为客观题考试成绩和主观题考试成绩。年度国家统一法律职业资格考试客观题考试和主观题考试合格分数线均由司法部经商最高人民法院、最高人民检察院等有关部门确定。

(一)客观题考试

国家统一法律职业资格考试客观题考试共两卷。分为试卷一、试卷二,每张试卷100道试题,分值为150分,两张试卷总分为300分。国家统一法律职业资格考试客观题考试实行全国统一计算机评卷。根据《国家统一法律职业资格考试实施办法》,国家统一法律职业资格考试实行全国统一确定合格分数线,考试成绩及合格分数线由司法部公布。依据上述规定,司法部经商最高人民法院、最高人民检察院等有关部门,确定年度国家统一法律职业资格考试客观题考试合格分数线,适时公告公布客观题考试成绩及合格分数线。

自2018年实施国家统一法律职业资格考试至2021年,共进行四次客观题考试,司法部公告的全国统一合格分数线和放宽合格分数线均没有变化。即全国统一合格分数线为180分。放宽合格分数线分为三档,西藏自治区放宽合格分数线为140分;青海、四川、云南、甘肃四省涉藏州县,新疆南疆四地州,四川凉山州、云南怒江州和甘肃临夏州以及国家乡村振兴重点帮扶县(2021年增加地区)放宽合格分数线为150分;其他放宽地方放宽合格分数线为160分。

依据《国家统一法律职业资格考试实施办法》的规定,客观题考试合格成绩在本年度和下一个考试年度内有效。

(二)主观题考试

国家统一法律职业资格考试主观题考试为一卷,分值为180分。依据《国家统一法律职业资格考试实施办法》有关规定,司法部经商最高人民法院、最高人民检察院等有关部门,确定年度国家统一法律职业资格考试主观题考试合格分数线,适时公告公布主观题考试成绩及合格分数线。

自2018年实施国家统一法律职业资格考试至2021年,共进行四次主观题考试,除2021年11省全国主观题考试成绩尚未公布外,2018年至2020年司法部公告的3次法考主观题考试全国统一合格分数线和放宽合格分数线均没有变化。即全国统一合格分数线为108分。放宽合格分数线分为三档,西藏自治区放宽合格分数线为85分;青海、四川、云南、甘肃四省涉藏州县,新疆南疆四地州,四川凉山州、云南怒江州和甘肃临夏州以及国家乡村振兴重点帮扶县放宽合格分数线为90分;其他放宽地方放宽合格分数线为95分。使用少数民族语言文学试卷参加考试的,单独确定合格分数标准。

(三)成绩公布

年度国家统一法律职业资格考试考试成绩及合格分数线适时以司法部公告的形式发布,同时,应试人员亦可按照公告公布的期限,登录司法部网站、司法部微信公众号和中国普法微信公众号等查询本人成绩,登录司法部网站自行下载打印成绩通知单。

二、科学确定考试合格标准

国家统一法律职业资格考试制度是建立高素质法律职业队伍的基础性制度。除了设定严格准入条件、构建科学的考试方式，适当提高考试难度，还应当科学确定考试合格标准，逐步实现依需求确定合格人数。国家统一法律职业资格考试具有选拔储备法律职业人才功能。选拔性考试旨在甄别考生能力、水平的高下，其目的在于区分优劣，通过考试选拔符合要求的考生，一般情况下是社会或职能部门有多少需求，就选择多少人员，考试合格线往往事先不予确定。国家统一法律职业资格考试是选拔合格法律职业人才的国家考试。其目的是从众多应试人员中选拔出优秀的法律职业人才，并为其进入法律职业提供正当依据，从而有效地解决法律职业就业中的供需矛盾。根据《国家统一法律职业资格考试实施办法》和年度考试公告，现行国家统一法律职业资格考试统一合格分数线每年由司法部商最高人民法院、最高人民检察院等有关部门确定。鉴于考试的选拔性特征，国家统一法律职业资格考试也应当突出职业考试的特点，可适时探索以一段时期内法律职业部门和社会的需求总量为基础，并参考当年实际参考人数，来确定考试合格的分数线，逐步实现依需要确定合格人数的考试目标。

第二节　分数核查

国家统一法律职业资格考试分数核查，是指司法部依据法定程序，按照考试组织实施及相关管理规范，对依程序提交书面成绩核查申请的应试人员的成绩进行复核。分数核查工作由司法部负责组织。分数核查是维护广大考生利益，体现法律职业资格考试公平、公正的一项保障性措施，是纠正评卷工作出现差错的救济手段。

一、分数核查范围

2008 年《国家司法考试保密工作规定》（司发通〔2008〕142 号）明确规定，考试结束后尚未公布的试题试卷、应试人员的考试成绩及其他相关数据属于工作秘密，未经司法部批准不予公开。依据上述规定和考试相关要求，为适应国家统一法律职业资格考试计算机化考试的需要，2019 年司法部公告（第 5 号）规定，年度国家统一法律职业资格考试将不再公布试题及参考答案，同时规定，国家统一法律职业资格考试组织实施相关规定出台前，适用国家司法考试相关规定。

根据司法部考试公告、《国家统一法律职业资格考试工作规则》有关规定，主观题考试成绩公布后，应试人员对分数有异议的，应当在15日内向报名地司法行政机关提出书面分数核查申请，由司法行政机关按照相关规定进行处理。分数核查只限于复核申请人试卷卷面各题已得分数的计算、合计和登录是否有误。应试人员逾期申请的，司法行政机关不予受理。考试成绩经核查并按规定通知本人的，不予再次核查。司法部及其考试机构不直接受理个人核查申请。此外，依规定，香港、澳门考区应试人员对考试成绩有异议的，可向考试承办机构提出分数核查的书面申请。

客观题实行计算机统一评卷，除应试人员参加考试无成绩外，不进行分数核查。客观题考试成绩公布后，如应试人员参加考试无成绩的，可以在考试成绩公布后3日内，向报名地司法行政机关提出书面分数核查申请，由司法行政机关按照相关规定进行处理。

二、申请与受理

应试人员对考试成绩有异议的，可在规定时间内，以书面形式向报名地司法行政机关申请分数核查。书面申请应写明申请人的姓名、准考证号、考试所在的考区、考点和考场等信息，并附本人准考证复印件。各地司法厅（局）应按照《国家统一法律职业资格考试工作规则》第42条、第43条的规定，公告明确应试人员分数核查申请的期限及条件，超过公告期限的不再受理。

三、结果告知

分数核查只进行1次，核查后的成绩为最终成绩。分数核查结束后，司法部将分数核查的结果分别书面通知各地司法厅（局），由各地司法厅（局）负责将核查后的成绩书面或公告通知申请人。

第十五章　考试违纪行为处理

严格规范国家统一法律职业资格考试违纪行为处理，是加强考试管理、严肃考试纪律，维护公平公正考试秩序的重要举措。为此，2018 年 9 月，司法部出台《国家统一法律职业资格考试违纪行为处理办法》，这是司法行政机关处理国家统一法律职业资格考试违纪行为的重要依据。本章重点对违纪行为的概念、分类，违纪行为处理适用范围，违纪行为处理程序作详细介绍。

第一节　概　　述

一、违纪行为概念与分类

国家统一法律职业资格考试违纪行为，是指国家统一法律职业资格考试报名人员、应试人员、考试工作人员以及其他相关人员违反考试管理规定和考试纪律，依照《国家统一法律职业资格考试违纪行为处理办法》应当受到处理的行为。违纪行为依主体不同，可分为报名人员、应试人员及其他相关人员违纪和考试工作人员违纪两类。

二、处理主体与处理原则

（一）处理主体

根据《国家统一法律职业资格考试违纪行为处理办法》的规定，违纪行为处理的主体为司法行政机关。不同的违纪行为分别由不同层级的司法行政机关作出处理：报名人员通过隐瞒个人信息、虚假承诺、伪造变造信息、贿赂胁迫等不正当手段取得报名资格的,依不同情况,分别由考区所在地、省(区、市)司法行政机关、司法部作出相应处理。应试人员一般的违纪行为,由考区所在地司法行政机关作出处理;情节严重的违纪行为,由考区所在地司法行政机关报省(区、市)司法行政机关作出处理。考试工作人员的违纪行为,由相关司法行政机关作出处理。

此外,报名人员、应试人员、考试工作人员或者其他相关人员违纪行为涉嫌构成违反治安管理行为的,移交公安机关处理;涉嫌构成犯罪的,移交监察机关、司法机关处理。

(二)处理原则

违纪行为处理的原则是事实清楚、证据确凿、程序规范、适用规定准确。事实清楚是指要有确切的违纪行为事实。证据确凿是指要有足以证明违纪事实的证据,如物证、书证、当事人陈述、证人证言等。程序规范是指司法行政机关要依照规定的程序作出处理,不得违反程序、随意处理。适用规定准确是指司法行政机关作出的处理决定符合规定,适用《国家统一法律职业资格考试违纪行为处理办法》条款准确、处理适当。

第二节　违纪行为及处理

一、报名人员违纪行为处理

(一)报名人员违纪行为

报名人员是指按规定时间和程序报考国家统一法律职业资格考试的人员,其违纪行为主要有两类,由司法行政机关分别作出不同处理:(1)不具备考试报名条件的人员隐瞒个人信息、虚假承诺等方式取得报名资格;(2)通过提供伪造、变造的学历学位证书及证明书、法律工作经历、身份及户籍信息等骗取报名或者通过贿赂、胁迫等其他不正当手段取得报名资格。

(二)报名人员违纪行为处理

对于报名人员的两类违纪行为,应按照《国家统一法律职业资格考试违纪行为处理办法》第5条作出处理:对于第一类违纪行为,由考区所在地司法行政机关作出报名无效的决定;对于第二类违纪行为,由考区所在地司法行政机关一并给予其2年内不得报名参加国家统一法律职业资格考试的处理。具有上述两类违纪行为，已经参加考试的，由省、自治区、直辖市司法行政机关给予其当年考试成绩无效的处理；已经取得法律职业资格的，由司法部作出撤销授予法律职业资格的决定，并注销其法律职业资格证书。

针对上述两类违纪行为，在进行违纪处理的同时，涉嫌构成违反治安管理行为的，移交公安机关处理；涉嫌构成犯罪的，移交司法机关处理。违纪人员为国家公职人员的，同时将违纪违法情况通报所在单位并移交处理。

二、应试人员违纪行为处理

应试人员是指参加考试的人员。其在考场上的违纪行为视情节的严重程度分为三类，由司法行政机关分别作出处理。

（一）第一类违纪行为及处理

主要包含 9 种情形：（1）携带考试规定以外的物品进入考场，经提醒后仍未放至指定位置的；（2）考试开始前答题或者考试结束后继续答题的；（3）考试开始 30 分钟后仍未按规定在试卷、答卷、电子试题答卷页面上标明位置填涂或者录入姓名、准考证号、身份证号，在答卷上作标记或者在非署名处署名的；（4）擅自关闭考试机、大幅度调整考试机显示屏摆放位置和角度、搬动主机箱、更换键盘和鼠标等设备的；（5）考试期间在考场内交头接耳、左顾右盼、喧哗或者交卷后在考场内、考场附近逗留、喧哗等影响考试秩序的；（6）未在规定座位参加考试或者考试期间擅自离开座位、出入考场的；（7）故意损毁试卷、答卷或者考场配发材料、考试机等考试相关设备的；（8）将试卷、答卷、草稿纸或者考场配发材料带出考场，将试题或者本人答题信息记录并带出考场的；（9）有需要给予相应处理的其他违纪行为的。

这类违纪行为中，有针对应试人员无意违反规定的，如携带考试规定以外的物品进入考场、擅自关闭或移动考试设备等，也有针对应试人员故意违反规定的，如交头接耳、左顾右盼、逗留喧哗、故意损毁等，对于这类违纪行为的处理比较轻。《国家统一法律职业资格考试违纪行为处理办法》第 6 条规定，应试人员有上述行为之一的，由监考人员给予口头警告，责令改正；经口头警告仍不改正或者情节严重的，由考点总监考决定给予其终止本场考试、责令离开考场的处理，并由考区所在地司法行政机关给予其取消本场考试成绩的处理。

（二）第二类违纪行为及处理

主要包含5种情形：(1)考试开始后被查出携带具有发送或者接收信息功能的设备，或者在计算机化考试中使用外接设备、安装作弊工具、作弊程序的；(2)抄袭、查看、偷听违规带进考场与考试内容有关的文字、视听资料的；(3)以讨论、打手势等方式传递答题信息，抢夺、窃取他人试卷、答卷、草稿纸或者与他人交换试卷、答卷、草稿纸的；(4)抄袭他人答案或者同意、协助他人抄袭答案的；(5)有需要给予相应处理的其他作弊行为的。

这类违纪行为虽然主观恶性程度不高，但造成的后果较为严重。《国家统一法律职业资格考试违纪行为处理办法》第7条规定，应试人员有上述行为之一的，由总监考决定给予其终止本场考试、责令离开考场的处理，并由考区所在地司法行政机关决定给予其当年考试成绩无效、2年内不得报名参加国家统一法律职业资格考试的处理。

（三）第三类违纪行为及处理

主要包含6种情形：(1)使用伪造、变造或者盗用他人的居民身份证、户口簿、准考证以及其他证明材料参加考试的；(2)非法侵入计算机化考试系统或者非法获取、删除、修改、增加考试信息系统数据，破坏计算机考试系统正常运行的；(3)实施组织作弊，或者为他人组织作弊提供作弊器材、程序或者其他帮助行为的；(4)为实施考试作弊行为，非法获取考试试题、答案或者向他人非法出售、提供考试试题、答案的；(5)实施代替他人考试作弊行为或者让他人代替自己参加考试的；(6)有其他特别严重作弊行为的。

这类违纪行为属于特别严重的违纪行为，根据《刑法修正案（九）》有关规定，组织作弊、提供作弊器材、非法获取或出售试题答案、替考等严重违纪行为已属于违法行为，是最严重的考试违纪行为。《国家统一法律职业资格考试违纪行为处理办法》第8条规定，应试人员有上述行为之一的，由省、自治区、直辖市司法行政机关决定给予其当年考试成绩无效、终身不得报名参加国家统一法律职业资格考试的处理；当场发现的，由考点总监考给予其终止本场考试、责令离开考场的处理，并经考区所在地司法行政机关报省、自治区、直辖市司法行政机关按照前述规定处理。

针对上述三类违纪行为，在进行违纪处理的同时，涉嫌构成违反治安管理行为的,移交公安机关处理;涉嫌构成犯罪的,移交司法机关处理。违纪人员为国家公职人员的,同时将违纪违法情况通报所在单位并移交处理。

三、考试工作人员违纪行为处理

考试工作人员,是指在参与考试组织实施工作的人员,主要包括参与命题、阅卷、保密、监考等工作的人员。其违纪行为视情节的严重程度分为三类,由司法行政机关分别作出处理。同时,对于出现严重违纪问题的考区、违反考试保密规定的相关司法行政机关等也要作出相应处理。

(一)第一类违纪行为及处理

主要包含10种情形:(1)因失职造成不符合条件人员取得法律职业资格的;(2)未准确记录、报告考试违纪行为并造成不良影响,或者未认真履行职责,造成考试秩序混乱,所负责考试出现大面积雷同答卷的;(3)擅自变动考试开始、结束时间或者违规补时,以及未按规定时间开启考试机、下载上传考试数据或者未在规定时间、场所启封、封装试卷的;(4)擅自调换监考考场、进入其他考场或者为应试人员调换考场、座位(机位)或者对试题内容作解释说明的;(5)在考场、阅卷场所或者保密监控室内使用通讯工具等电子用品扰乱考试工作秩序的;(6)擅自将考场配发材料带出考场或者将阅卷评分标准等材料带出阅卷场所的;(7)从事命题、阅卷、保密、监考等工作的人员违反回避规定,本人或者近亲属报名参加当年国家统一法律职业资格考试的;(8)评卷过程中擅自更改评分标准,或者不按评分标准进行评卷的;(9)擅自泄露命题、阅卷、合格标准确定等考试组织实施环节工作安排和相关信息或者未经批准向社会发布有关考试信息的;(10)其他违反考试管理规定,造成不良后果的。

这类违纪行为属于一般性的考试工作人员违纪,在一定程度上影响考试的公平性,造成不良后果。《国家统一法律职业资格考试违纪行为处理办法》第11条规定,考试工作人员有上述行为之一的,司法行政机关应当停止其继续从事本年度及下一年度国家统一法律职业资格考试工作,并视情节给予其相应处理或者建议所在单位给予相应处理。

(二)第二类违纪行为及处理

主要包含10种情形:(1)因严重失职造成应试人员未能如期参加考试的;

(2)造成报名人员信息数据、考试试题、试卷、答案、评分标准及考试数据丢失、损毁、泄露,或者使应试人员答卷在保密期限内发生重大事故的;(3)命题、审题发生错误,造成严重后果或者在评卷、统分中严重失职,造成明显的错评、漏评或者其他差错的;(4)利用考试工作便利打击报复应试人员或者索取他人财物、非法收受他人财物的;(5)考试期间擅自将试卷、答卷、草稿纸以及考场配发材料带出考场,或者通过非法侵入计算机系统或者安装作弊程序将试题信息传出考场的;(6)采用明示或者暗示的方式协助应试人员答题或者纵容、包庇报名人员、应试人员及其他相关人员考试违纪的;(7)截留、窃取、擅自开拆未开考试卷或者偷拆已密封答卷的;(8)偷换、篡改、伪造答卷、考场原始记录材料信息或者私自变更成绩,编造、虚报考试数据信息的;(9)非法出售、提供、泄露国家统一法律职业资格考试启用前试题试卷、标准答案、评分标准、考试工作人员信息等有关涉密考试工作信息的;(10)有其他严重违法违纪行为的。

这类违纪行为属于严重违纪行为,有的情形已属违法行为。《国家统一法律职业资格考试违纪行为处理办法》第 11 条规定,考试工作人员有上述行为之一的,司法行政机关应当停止其继续从事本年度及下一年度国家统一法律职业资格考试工作,并视情节给予其相应处理或者建议所在单位给予相应处理。

(三)第三类违纪行为及处理

主要针对从事考试命题管理等考试工作人员,在国家统一法律职业资格考试社会培训机构兼职的,《国家统一法律职业资格考试违纪行为处理办法》第 13 条规定,由司法行政机关停止其继续从事考试工作,并根据有关规定给予相应处理或者建议相关单位给予相应处理。

(四)第四类违纪行为及处理

主要针对发生严重违纪问题的考区和相关司法行政机关,主要有两种情形:(1)发生重大考试责任事故或者出现大规模作弊情况等严重违纪问题的考区,《国家统一法律职业资格考试违纪行为处理办法》第 14 条规定,由省、自治区、直辖市司法行政机关报司法部撤销该考区,且两年内不得恢复考区设置。对存在失职或者渎职的司法行政机关主管人员和直接责任人员,应当按照有关规定给予相应处理。(2)司法行政机关违反保密规定,造成考试试题、答案及评分标准丢失、泄密,或者使考生答卷在保密期限内发生重大事故的,《国家统一法律职业资格考试违纪行为处理办法》第 15 条规定，对存在失职或者渎职的司法行政机关主管人员和直接责任人员，应当按照有关规定分别给予相应处理。

针对上述四类违纪行为，在进行违纪处理的同时，考试工作人员具有上述情形，涉嫌构成违反治安管理行为的，移交公安机关处理；涉嫌构成犯罪的，移交监察机关、司法机关处理。

第三节　违纪行为处理程序

各级司法行政机关查处国家统一法律职业资格考试违纪行为，应遵循以下处理程序和方法：

一、违纪行为处理方法

针对不同阶段发现的违纪行为，对于违纪事实采取不同处理方法：

（一）考试期间发现的违纪行为

监考人员在考试期间发现应试人员以及其他相关人员有违纪行为的，在依照《国家统一法律职业资格考试违纪行为处理办法》实施现场处理措施的同时，可以对违纪人员作弊的工具、材料及试卷、答卷和相关视频录像等证据材料采取必要的登记保存措施，并在 7 个工作日内由考区所在地司法行政机关对保存的物品或材料作出处理。

违纪事实、情节及现场处理情况应当在违纪行为处理报告单上作出记录，由 2 名监考人员或者其他考试工作人员签字确认。考试结束后，经考点总监考审查确认后报送考区所在地司法行政机关，考区所在地司法行政机关应当在违纪行为处理报告单上签署意见。考试工作人员应当向违纪考生告知违纪记录的内容，对保存的考生物品应当填写保存清单，并由考生和考试工作人员签字确认。

（二）非考试期间发现的违纪行为

非考试期间发现相关违纪线索的，由考区所在地司法行政机关组成不少于 2 人的调查组进行调查取证，必要时由上级司法行政机关直接调查取证。调查人员应当对有关事实情况进行了解核实。调查结束后，调查组应当依据调查的事实和证据形成调查报告，报本级司法行政机关。需要由上级司法行政机关处理的，应当及时上报。

（三）评卷过程中发现的违纪行为

在评卷过程中发现下列情形时，由评卷专家组确认：应试人员在答卷上做标记的；应试人员答卷笔迹前后不一致的；应试人员两卷答案文字表述、答案信息点错误、答题轨迹高度一致（雷同）的。

评卷专家组确认上述情形时，可以根据需要通过鉴定机构进行鉴定或者进行实验。确认应试人员有前款规定情形并有其他相关证据证明其作弊行为成立的，根据作弊事实和情节，由考区所在地司法行政机关依照《国家统一法律职业资格考试违纪行为处理办法》相关规定处理。

二、作出处理决定

对于事实清楚、证据确凿的违纪行为，司法行政机关应当在决定调查后 60 日内作出处理决定。60 日内无法作出处理决定的，经本级司法行政机关负责人批准，可以延长 30 日。

司法行政机关对违纪行为作出处理的，应当出具国家统一法律职业资格考试违纪行为处理决定书，并载明下列事项：

（1）被处理人姓名、性别、身份证号及住址；

（2）违纪行为的事实和证据；

（3）处理的依据和种类；

（4）不服处理决定申请行政复议或者提起行政诉讼的途径和期限；

（5）作出处理决定的单位名称和日期。

三、权利告知

司法行政机关对违纪行为作出处理决定前，应当告知当事人作出处理决定的事实、理由及依据，并告知其享有陈述、申辩或者要求听证的权利。报名人员、应试人员及其他相关人员对司法行政机关作出的违纪处理决定不服的，可以根据有关法律规定申请行政复议或者提起行政诉讼。考试工作人员对违纪行为处理不服的，可以依法申请复核或者提出申诉。

四、送达通报

违纪行为处理决定应当自作出处理决定之日起 10 日内送达被处理人；直接送达有困难的，可以采取委托送达、邮寄送达；受送达人下落不明，或者用其他方式无法送达的，可以采取公告方式送达。违纪人员为国家公职人员的，同时将违纪违法情况通报所在单位并移交处理。

五、上报备案

考区所在地司法行政机关应当于每年度国家统一法律职业资格考试结束后，将本地考试违纪情况和处理结果逐级上报司法部备案。在考试进行过程中发生特别严重的考试违纪事件的，应当立即直报司法部。

司法部和省、自治区、直辖市司法行政机关应当建立报名人员、应试人员失信档案和信用记录披露、查询制度，记录考试违纪人员信息及处理结果，对处以取消本场考试成绩、2 年内或者终身禁止参加国家统一法律职业资格考试处理的，通过司法行政机关官方网站予以公示，并与其他部门实现信用信息交换共享。

第十六章　港澳台居民参加国家统一法律职业资格考试

港澳台居民参加法律职业资格考试，是落实“一国两制”方针，助力粤港澳大湾区建设，促进内地（大陆）与港澳台法律职业人才交流与合作的重要举措。本章主要介绍香港、澳门特别行政区和台湾地区居民参加国家统一法律职业资格考试（国家司法考试）概况，港澳台居民报考原则，报考管理及考试管理等内容。

第一节　概　　述

一、港澳台居民报名参加考试概况

为认真落实“一国两制”方针，积极助力粤港澳大湾区建设，司法部考试管理机构与香港特别行政区、澳门特别行政区政府职能部门紧密合作，积极为香港、澳门特别行政区居民报名参考提供便利条件，明确香港、澳门特别行政区永久居民中的中国公民和台湾居民参加国家统一法律职业资格考试适用《国家统一法律职业资格考试实施办法》，不再单独为港澳台考生制定考试实施办法。根据《国家统一法律职业资格考试实施办法》规定，在国家统一法律职业资格考试制度框架内，香港、澳门特别行政区继续设置考区，并由相关考试机构承接考试组织实施工作；香港、澳门特别行政区和台湾地区居民可以报名参加考试。据统计，自2004年香港、澳门居民参加国家司法考试至2018年首次国家统一法律职业资格考试，已有香港居民5164人次、澳门居民601人次报名参加考试，共有香港居民440人、澳门居民42人被授予法律职业资格。[1] 自2008年台湾居民可以参加国家司法考试至2018年首次国家统一法律职业资格考试,已有4329人次报名考试,共有415人被授予法律职业资格,[2]继续实施港澳台居民报名参考政策,有利于进一步促进内地(大陆)与港澳台法律职业人才的交流与合作。

二、港澳台居民报考原则

1.统一性原则。香港、澳门特别行政区和台湾地区居民参加国家统一法律职业资格考试的报名条件、报名时间、报名方式、考试科目、考试内容、考试时间、应试规则、合格标准以及合格后授予法律职业资格的办法,适用《国家统一法律职业资格考试实施办法》以及有关国家统一法律职业资格考试规章、规范性文件的统一规定。

2.便利性原则。在香港、澳门特别行政区和台湾地区居民参加国家统一法律职业资格考试的组织实施工作中,司法部负责指导香港、澳门考区考试机构开展考试组织实施工作,指导内地(大陆)相关考区做好香港、澳门、台湾居民参考有关工作。各级司法行政机关要在报名、考区设置、法律职业资格认定等项工作中,努力为应试人员提供便利条件和优质服务。

第二节 报名、考试管理及资格认定[3]

依据2022年司法部公告(第4号),香港、澳门特别行政区永久性居民中的中国公民和台湾居民,可以报名参加国家统一法律职业资格考试。司法部在香港、澳门特别行政区设立考区,举行考试。香港、澳门考区考试的具体工作,由香港、澳门特别行政区有关机构承办。

一、报名管理

(一)报名信息填报

香港、澳门和台湾居民报名时须如实填报以下信息,并作出承诺。

---

[1] 参见《司法部举办港澳居民法律职业资格证书颁发暨交流活动》,载司法部官网,http://www.moj.gov.cn/pub/sfbgw/jgsz/jgszzsdw/zsdwgjsfkszx/gjsfksgatzq/201905/t20190507_172271.html。

[2] 参见《司法部举行台湾居民法律职业资格证书颁发暨交流活动》,载司法部官网,http://www.moj.gov.cn/pub/sfbgw/jgsz/jgszzsdw/zsdwgjsfkszx/gjsfksgatzq/201904/t20190428_172272.html。

[3] 参见《2022年国家统一法律职业资格考试公告》,载司法部官网,http://www.moj.gov.cn/pub/sfbgw/zwxxgk/fdzdgknr/fdzdgknrtzwj/202206/t20220601_456313.html。

1. 身份信息。

(1)香港、澳门居民。应使用香港、澳门居民身份证和香港、澳门居民来往内地通行证(回乡证)或者港澳居民居住证报名。不能填报来往内地通行证(回乡证)或者港澳居民居住证相关信息的,应在网上报名时间截止前,向香港或澳门考试承办机构提交由特别行政区身份证明机关出具的未放弃中国国籍的相关证明。香港居民也可以提交根据香港法例第十一章《宣誓及声明条例》作出的证明其未申请放弃中国国籍的法定声明。

(2)台湾居民。应使用台湾居民身份证和来往大陆通行证(台胞证)或者台湾居民居住证报名。

2. 学历信息。香港、澳门和台湾居民持内地(大陆)高等学校学历学位证书报名的,可以直接填报相关信息;持香港、澳门、台湾或者国外高等学校学历学位证书报名的,其学历学位证书须经教育部留学服务中心认证,符合报考学历学位条件的,可以报名参加国家统一法律职业资格考试。国(境)外学历学位认证的具体要求,可以查阅教育部留学服务中心网站(www. cscse. edu. cn)。

(二)报名方式及审核

1. 报名方式。香港、澳门和台湾居民参加国家统一法律职业资格考试,实行网上报名。逾期不予补报。

2. 报名及审核。香港、澳门和台湾居民选择在香港、澳门考区报名参加考试的,由香港、澳门考区考试承办机构核验相关信息,根据香港、澳门考区考试承办机构规定的时间办理交费和自行打印准考证事宜;选择在内地(大陆)报名参加考试的,应当按照报名地司法行政机关的公告办理有关报考事项。

二、考试管理

香港、澳门考区与内地考区一致,统一实行计算机化考试,司法部负责对港澳考区考试组织实施工作进行检查指导。在内地(大陆)报名的,应当在报名地司法行政机关设置的考点参加考试。在香港、澳门考区报名的,应当在香港、澳门考区考试承办机构设置的考点参加考试。居住在台湾或者国(境)外的台湾居民网上报名时,可以选择在广东省深圳市考区或福建省厦门市考区参加考试。

港澳考区试题为简体汉字。在主观题考试答题时增设相应输入法,申请使用纸笔答题方式的,可以选择简体或者繁体汉字答题。

香港、澳门和台湾居民参加国家统一法律职业资格考试的其他事宜,按照《国家统一法律职业资格考试实施办法》及年度考试公告和通知有关规定执行。司法行政机关可告知应试人员登录司法部网站查询,并接受有关问题的咨询。

三、资格认定

香港、澳门特别行政区永久性居民中的中国公民和台湾居民参加国家统一法律职业资格考试取得合格成绩的,可以根据司法部《法律职业资格管理办法》的规定,向司法行政机关申请授予法律职业资格,取得法律职业资格证书。

在香港、澳门考区报名参加考试的成绩合格人员,向司法部委托的承办资格申请受理事务的内地驻港澳机构递交申请及有关材料,由司法部负责审核认定。在内地报名参加考试的香港、澳门和台湾成绩合格人员,向资格申请地司法行政机关递交申请及有关材料,由其按规定程序审查上报。司法部对申请人的申请材料审核后,对符合授予条件的申请人,授予法律职业资格,并颁发法律职业资格证书。

香港、澳门永久性居民中的中国公民和台湾居民取得内地(大陆)法律职业资格,在内地(大陆)申请律师执业,依照《律师法》和司法部有关规定办理。

第十七章　法律职业资格管理制度

法律职业资格管理是国家统一法律职业资格制度的重要内容。应试人员参加法律职业资格考试的直接目的就是通过考试取得法律职业资格。法律职业资格的取得,是通过考试的直接体现。授予法律职业资格、颁发法律职业资格证书,是司法部一项重要的行政许可职能。本章就加强法律职业资格管理,重点介绍规范资格管理的必要性,资格申请受理、审查核查、证书颁发等程序,以及资格档案管理等内容。

第一节　概　　述

法律职业资格授予是指司法行政机关以申请人提出授予法律职业资格申请为前提,经依法审查,向申请人授予法律职业资格,颁发法律职业资格证书的行为,是司法行政机关的一项重要行政许可职能。健全完善法律职业资格管理制度,进一步明确法律职业资格申请受理、审查核查、审核认定和证书颁发等内容,对于规范法律职业资格服务管理行为具有重要作用。

一、规范法律职业资格管理的必要性

(一)提高资格管理规范化水平

2015 年《法律职业资格制度意见》明确要求完善法律职业资格管理制度,制定法律职业资格考试工作规章和配套规范,建立法律职业资格档案管理和信息发布制度,提高法律职业资格管理规范化水平。2019 年修正的《行政许可

法》,进一步规范了行政许可的设定和实施程序。适应健全完善法律职业资格制度要求,将有关政策要求和《行政许可法》等规定,体现在法律职业资格管理制度之中,2020 年 12 月,在《法律职业资格证书管理办法》的基础上,司法部制定出台《法律职业资格管理办法》,从而更好地保护申请授予和取得法律职业资格人员的合法权益,保障司法行政机关有效实施资格管理,进一步健全规范法律职业资格管理制度。

(二)推进资格管理制度化的需要

党的十八大以来,司法部认真贯彻落实党中央、国务院关于推进转变政府职能,推行简政放权、放管结合、优化服务的决策部署,进一步明确、细化了法律职业资格审核认定,有效规范和改进了司法行政机关行政审批工作。同时,在多年的法律职业资格管理实践中,司法行政机关积累了一些有益经验做法,特别是 2018 年建立施行国家统一法律职业资格考试制度以来,司法部先后制定出台了《国家统一法律职业资格考试实施办法》《法律职业资格管理办法》2 部规章和多部配套规范性文件,组织实施了多次国家统一法律职业资格考试,形成了一系列关于法律职业资格审核管理的工作规则和管理制度。2020 年制定的《法律职业资格管理办法》将其中一些行之有效的做法,上升为制度性规范,从而进一步推进法律资格管理工作的规范化、标准化、制度化。

(三)2002 年颁布的《法律职业资格证书管理办法》难以适应资格管理需要

2002 年 7 月司法部颁布的《法律职业资格证书管理办法》(司法部令第 74 号)尽管在规范法律职业资格证书管理等方面发挥积极作用,但已不能完全适应资格管理工作需要,特别是有关证书备案及证书补办等制度急需改革完善。实行证书备案制度,虽有利于考试机构掌握本地区具有法律职业资格人员的基本情况,但备案制度无明确的上位法依据,实践中也难以有效实行。法律职业资格证书包括正本、副本(2019 年修改为包括主页、备案页),类型分为 A、B、C 三类,证书补办工作缺乏可操作性。可见,《法律职业资格证书管理办法》已难以适应国家统一法律职业资格制度的需要。

二、健全完善法律职业资格管理

依据《法律职业资格管理办法》，健全完善法律职业资格管理，主要包括规范法律职业资格申请受理、审查核查、审核认定、证书颁发、服务和管理等工作。一是明确司法行政机关工作职责。根据申请授予法律职业资格实行三级司法行政机关分级审核的方式，明确了三级司法行政机关的工作职责。一般由设区的市级司法行政机关负责受理申请并审查申请材料、省（区、市）司法厅（局）核查、司法部负责法律职业资格审核认定，授予法律职业资格，并由司法部组织和指导省、市两级司法行政机关向本地授予资格人员颁发法律职业资格证书。二是实行法律职业资格分别管理。根据《国家统一法律职业资格考试实施办法》和法律职业资格管理实践，对法律职业资格实行分别管理，将法律职业资格证书分为A类、B类、C类三类，明确了法律职业资格证书的适用范围和衔接措施。三是明确了法律职业资格证书的适用范围。在2002年实施国家司法考试制度时，司法部根据应试人员报名条件、合格分数线和适用范围不同，将法律职业资格证书分为A类、B类和C类。根据《行政许可法》的规定，《法律职业资格管理办法》将上述做法上升为制度性规定，明确了法律职业资格证书的适用范围。四是明确实施国家统一法律职业资格考试前取得的法律职业资格证书、律师资格凭证，与参加国家统一法律职业资格考试取得的法律职业资格证书具有同等法律效力等。

第二节　资格申请受理

依据《法律职业资格管理办法》和司法部公告有关规定，资格申请受理主要包括资格申请条件和申请受理程序两方面内容。

一、申请条件

《国家统一法律职业资格考试实施办法》第18条规定，参加国家统一法律职业资格考试成绩合格，且不具有本办法第10条第1款规定情形的人员，可以按照规定程序申请授予法律职业资格，由司法部颁发法律职业资格证书。上述规定明确了法律职业资格授予的申请条件。

1. 必须参加当年国家统一法律职业资格考试，取得合格成绩。合格成绩，包括达到年度国家统一法律职业资格考试主观题考试合格，以及报名时户籍在放宽报名学历条件地方,且申请享受放宽政策,达到放宽合格。

2. 符合法律职业资格申请条件,不具有《国家统一法律职业资格考试实施办法》第10条第1款规定的以下情形人员,方可向司法行政机关申请授予法律职业资格。

3. 根据考试报考条件和资格认定现场提交材料要求,应当具备资格申请规定的学历学位条件,并取得相应的学历学位证书或者学历、学位证明书。

(1)符合《国家统一法律职业资格考试实施办法》第9条第2款相关规定,申请人应当具备全日制普通高等学校法学类本科学历并获得学士及以上学位;全日制普通高等学校非法学类本科及以上学历,并获得法律硕士、法学硕士及以上学位;全日制普通高等学校非法学类本科及以上学历并获得相应学位且从事法律工作满3年。

(2)《国家统一法律职业资格考试实施办法》实施前已取得学籍(考籍)或者已取得相应的高等学校法学类专业本科及以上学历,或者高等学校非法学类专业本科及以上学历并具有法律专业知识。

(3)报名时户籍在放宽条件地方的申请人,应当具备高等学校本科及以上学历。

(4)普通高等学校、军队院校下一年全日制应届本科毕业(包括专升本,下同)和以同等学力报考的应届硕士毕业,报名参加当年国家统一法律职业资格考试取得合格成绩,且不具有《国家统一法律职业资格考试实施办法》第10条第1款规定情形。其中,《国家统一法律职业资格考试实施办法》实施后取得学籍(考籍)的普通高等学校下一年全日制应届本科毕业申请人应获得法学类专业本科学历及学士学位;《国家统一法律职业资格考试实施办法》实施后取得学籍(考籍)的军队院校下一年全日制应届本科毕业申请人应获得本科学历及学士学位。

(5)《国家统一法律职业资格考试实施办法》实施前已取得学籍(考籍),普通高等学校、军队院校应届本科毕业和以同等学力报考的应届硕士研究生及继续教育(包括网络教育、成人教育、开放大学等)的本科毕业以及参加高等教育自学考试单科成绩已全部合格且本年度内能取得毕业证书的申请人,应当相应获得本科及以上学历。

(6)持港澳台或国外高等学校本科及以上学历学位的申请人,其学历学位证书须经过教育部留学服务中心认证。《国家统一法律职业资格考试实施办法》实施后取得学籍(考籍)的港澳台或者国外高等学校法学(法律)类本科及以上学历学位的申请人,其学历学位证书须经过教育部留学服务中心认证。

二、申请受理程序

依据《法律职业资格管理办法》规定,年度国家统一法律职业资格考试申请授予法律职业资格等事宜,以司法部公告方式确定。应试人员申请授予法律职业资格,由司法行政机关统一受理。符合规定条件的应试人员应当按照司法部公告公布的受理日期,按照规定程序向司法行政机关提出法律职业资格授予申请。依据公告要求,申请人申请应包括网上申请和现场提交材料两个环节,即符合实施办法第18条规定情形、申请授予法律职业资格的申请人,应当在受理期限内通过司法部网站登录法律职业资格管理系统,如实填写申请授予法律职业资格信息,并到设区的市级或者直辖市司法行政机关(以下简称受理机关)指定的工作场所现场提交相关材料。

(一)网上填报申请信息

按照年度国家统一法律职业资格考试申请授予法律职业资格的相关规定,符合资格申请条件的应试人员应在公告规定的时间内,登录司法部网站,填写申请授予法律职业资格的相关信息,自动生成《国家统一法律职业资格考试法律职业资格申请表》。依据公告要求,符合资格申请条件的申请人应选择公告明确的受理机关申请授予法律职业资格。

1. 达到当年国家统一法律职业资格考试主观题考试合格分数线的申请人,应当选择到当年客观题考试报名地申请授予法律职业资格;其中,上一年法考客观题考试保留有效成绩的申请人应到主观题考试报名地申请授予法律职业资格。

2. 报名时户籍在放宽报名学历条件地方,且申请享受放宽条件政策,达到放宽合格分数线的申请人应在公告规定的时间内完成网上申请程序。申请人应当到户籍所在地市申请授予法律职业资格。对于具有当年应届大学毕业生回原籍、现役军人复员转业、婚姻关系、工作调动等情形,户籍已迁入放宽报名学历条件地区且主观题考试成绩达到所在地放宽合格分数线的,可以在规定的时间内向户籍所在地市申请享受放宽政策,并作出申请材料信息真实有效的承诺。

3. 香港、澳门特别行政区居民和台湾地区居民在内地(大陆)参加国家统一法律职业资格考试主观题考试成绩达到合格分数线的,到报名地申请授予法律职业资格。

4. 应试人员在香港、澳门考区参加国家统一法律职业资格考试主观题考试成绩达到合格分数线的,向司法部委托的内地驻港、澳机构申请授予法律职业资格。

5. 居住在台湾地区的居民参加国家统一法律职业资格考试主观题考试成绩达到合格分数线的,在收到年度《国家统一法律职业资格考试申请办理法律职业资格事宜通知书》后,可在台北市有关机构办理授予法律职业资格申请材料转递事宜。

6. 普通高等学校、军队院校下一年全日制应届本科毕业生(包括专升本)和以同等学力报考的应届硕士毕业生参加国家统一法律职业资格考试达到合格分数线的,待取得毕业证书后向报名地提出授予法律职业资格申请。具体时间和办法另行公告。

(二)现场提交申请材料

主要包括:

1. 居民身份证原件。港澳居民需同时提交港澳居民来往内地通行证或者港澳居民居住证原件,台湾居民需同时提交台湾居民来往大陆通行证或者台湾居民居住证原件。符合放宽报名学历条件、成绩达到放宽合格分数线并申请享受放宽政策的申请人,需提供本人户口簿原件。

2. 高等学校毕业证书、学位证书或者学历、学位证明书原件、取得学籍(考籍)时间相关证明材料。

持港澳台地区或国外高等学校学历学位证书的,须提交教育部留学服务中心出具的认证书。

3. 证件照片。与本人当年国家统一法律职业资格考试主观题考试网上确认报名照片同一底片2寸(46mm×32mm)免冠彩色证件照片4张。

4. 根据审核需要提交的中国高等教育学生信息网学历查询结果、中国高等教育学历认证报告、中国学位与研究生教育信息网学位查询结果、教育部学位与研究生教育发展中心学位认证报告等补正材料。

依规定,申请人申请授予法律职业资格,应当如实向行政机关提交有关材料和反映真实情况,并对其申请材料实质内容的真实性负责。

(三)申请材料处理

司法行政机关统一受理法律职业资格申请,以公告方式确定统一受理日期。依据法律规章规定,受理机关收到申请人的申请材料后,根据下列情况可分别作出处理:一是申请材料齐全、符合法定形式的,或者申请人按照受理机关要求提交全部补正申请材料的,受理资格申请并向申请人出具法律职业资格申请受理单。二是申请材料不齐全或者不符合法定形式的,当场告知或者在5个工作日内一次告知申请人需要补正的全部材料及内容;此种情形,受理机关还可以采用个别受理方式受理资格申请。三是不符合法律职业资格申请条件的,出具不予受理书面凭证并说明理由。

第三节　审查核查与证书颁发

《行政许可法》第24条规定,行政机关在其法定职权范围内,依照法律、法规、规章的规定,可以委托其他行政机关实施行政许可。委托机关应当将受委托行政机关和受委托实施行政许可的内容予以公告。依据《行政许可法》,《法律职业资格管理办法》规定了司法行政机关对资格授予申请的审核认定和审查核查职责及程序。司法部每年度关于法律职业资格申请有关事宜的公告,也明确了受委托司法行政机关实施法律职业资格申请审查核查与证书颁发等内容。

一、审查审核程序

(一)设区的市级司法行政机关审查

受理机关为设区的市级司法行政机关的,应当自统一受理之日起对资格授予申请人提交的申请材料进行审查,形成书面审查报告,与相关申请材料一并报送省级司法行政机关核查。对申请材料不真实或者不符合法律职业资格授予条件的,受理机关应当提交不授予法律职业资格的书面报告并说明理由,报省级司法行政机关核查。

（二）省（区、市）司法行政机关核查

省级司法行政机关应当对申请授予法律职业资格人员的申请材料进行核查，提交授予或者不授予法律职业资格的书面核查报告，报司法部审核认定。受理机关为直辖市司法行政机关的，由该直辖市司法行政机关对申请授予法律职业资格人员的申请材料进行审查、核查，提交授予或者不予授予法律职业资格的书面核查报告，报司法部审核认定。自受理申请至向司法部报送书面核查报告的期限为20个工作日。

依据法律规定，受理机关应当将申请授予法律职业资格的依据、条件、程序、期限以及需要提交的全部材料的目录和申请书示范文本等在办公场所和网站上公示。

（三）司法部审核认定

司法部应当自收到省级司法行政机关书面核查报告等材料之日起20个工作日内完成审核认定，根据下列情况分别作出处理：（1）符合《国家统一法律职业资格考试实施办法》规定的法律职业资格授予条件的，作出授予法律职业资格的决定，颁发法律职业资格证书；（2）不符合法律职业资格授予条件的，作出不授予法律职业资格的决定，并说明理由。在规定期限内不能完成审核认定的，经司法部负责人批准，可以延长10个工作日。延长期限的理由以司法部公告统一告知申请人。申请授予法律职业资格人员经审核符合授予条件的，依法由司法部授予法律职业资格，颁发法律职业资格证书。法律职业资格证书采用纸质证书和电子证书形式，法律职业资格纸质证书与电子证书具有同等法律效力。

二、证书颁发

法律职业资格证书是证书持有人通过国家统一法律职业资格考试，具有从事法律职业的资格凭证。司法部作出授予法律职业资格决定，根据下列情形，向申请人颁发相应的法律职业资格证书。

1. 符合《国家统一法律职业资格考试实施办法》第9条、第22条规定的条件，考试成绩达到全国统一合格分数线的，颁发A类法律职业资格证书；

2. 符合《国家统一法律职业资格考试实施办法》第23条规定的条件，申请享受放宽政策，考试成绩达到全国统一合格分数线的，颁发 B 类法律职业资格证书；

3. 符合《国家统一法律职业资格考试实施办法》第 9 条、第 22 条、第 23 条规定的条件，申请享受放宽政策，考试成绩达到放宽条件地区合格分数线的，颁发 C 类法律职业资格证书。

4. 取得 C 类法律职业资格证书人员，重新参加国家统一法律职业资格考试，达到全国统一合格分数线的，可以申请授予法律职业资格，颁发 A 类或者 B 类法律职业资格证书，并交回已取得的 C 类法律职业资格证书，原证书自作出授予新的法律职业资格决定之日起自动失效。

法律职业资格证书应当自司法部作出授予法律职业资格决定之日起 10 个工作日内向申请人颁发。

三、证书分类及效力

为维护国家统一法律职业资格考试的权威性，着眼选拔高素质专业化法律职业人才目标，同时适应放宽地区法治人才需求，依据考试政策、报名条件、合格成绩的不同要求，确定了三类法律职业资格证书的适用范围及效力。

（一）证书分类依法确定

2002 年国家司法考试制度建立时，根据《法官法》《检察官法》《律师法》《公证法》规定，初任法官、初任检察官任职和律师申请执业、担任公证员应当具有高等院校法律专业本科以上学历，或者高等院校非法律专业本科以上学历具有法律专业知识的人员，同时规定，对适用上述规定学历条件确有困难的地方，经最高人民法院、最高人民检察院、国务院司法行政部门审核确定，在一定期限内，可以将学历条件放宽为高等院校法律专科学历。据此，最高人民法院、最高人民检察院先后下发通知，决定在部分地方放宽担任法官、检察官的学历条件。2005 年，全国人大常委会法工委《对关于在国家司法考试组织实施工作中如何理解适用有关法律规定问题的意见》规定，"对于因为降低分数线而取得的律师资格，在申请律师执业注册时，应当与放宽学历条件一样，适用于国务院司法行政部门审核确定的特定地区"。

按照上述文件精神，司法部在组织实施国家司法考试时，相应确定了放宽报名学历条件和降分录取的有关政策。对于放宽任职学历条件的地区相应放宽了报名的学历条件,同时为满足上述地区对法律职业人员的需要,在录取时采用了降低分数录取的倾斜政策。因法律职业资格证书持有人的报名学历条件、合格分数线和适用范围不同,将法律职业资格证书分为A类、B类和C类。2018年,国家司法考试制度调整为国家统一法律职业资格考试制度。依据《关于修改〈法官法〉等八部法律的决定》以及《行政许可法》规定,司法部将上述做法上升为制度性规定,在《国家统一法律职业资格考试实施办法》《法律职业资格管理办法》等规章规范性文件中,明确实施国家统一法律职业资格考试,确定全国统一报名学历条件、全国统一合格分数线;同时规定,在一定时期内,对艰苦边远和少数民族地区的应试人员,在报名学历条件、考试合格标准等方面适当放宽。据此,司法部根据上述情形,授予申请人法律职业资格,并颁发相应的A类、B类或C类法律职业资格证书,并对其取得的法律职业资格证书实行分别管理。A类法律职业资格证书在全国范围内有效;B类和C类法律职业资格证书的适用范围,由国家统一法律职业资格考试协调委员会确定;取得B类法律职业资格证书人员,在获得《国家统一法律职业资格考试实施办法》第9条规定的专业学历条件后,其B类法律职业资格证书在全国范围内有效,也就是说,不需要再次报名参加国家统一法律职业资格考试并达到全国统一合格分数线,其证书即在全国范围内有效。

（二）证书的法律效力

《法律职业资格管理办法》明确了法律职业资格证书的效力。一是明确实行国家统一法律职业资格考试前取得的法律职业资格证书、律师资格凭证,与参加国家统一法律职业资格考试取得的法律职业资格证书具有同等法律效力。这一规定有效解决了律师考试和司法考试与统一法律职业资格考试分别取得的证书效力问题。二是明确法律职业资格证书采用纸质证书和电子证书两种形式,二者具有同等法律效力。三是明确法律职业资格证明书与法律职业资格证书具有同等法律效力。取得法律职业资格人员遗失、损毁纸质证书的,可以向设区的市级司法行政机关申请办理法律职业资格证明书。法律职业资格证明书办理流程是:申请人现场提交申请材料;地市司法局核对申请人信息,登录法律职业资格管理系统进行审查,打印《法律职业资格证明书办理申请表》,审查通过后自动上报至省(区、市)司法厅(局)核查;核查通过后上报至司法部审核，统一后集中印制证明书。

四、法律职业资格撤销和证书注销

《国家统一法律职业资格考试实施办法》规定，取得法律职业资格人员有违反宪法和法律、妨害司法公正、违背职业伦理道德等行为的，由司法行政机关根据司法部有关规定，视其情节、后果，对其给予相应处理。依据上述规定，为加强对取得法律职业资格人员违法失信行为的惩戒，《法律职业资格管理办法》明确建立法律职业资格撤销和证书注销制度，主要是指通过贿赂或者使用虚假身份证件、学历和学位证件以及其他证明文件等不正当手段取得法律职业资格的，由司法部撤销法律职业资格决定，并办理注销手续，必要时依法移送有关部门追究法律责任。此外，伪造、变造或者使用伪造、变造的法律职业资格证书、法律职业资格证明书的，依法追究法律责任。

第四节　法律职业资格档案管理

法律职业资格档案管理是完成法律职业资格认定行政许可程序后的后续工作，是对法律职业资格和法律职业资格证书的日常管理工作，采取属地管理的方式进行。《法律职业资格管理办法》对此进行了明确规定，法律职业资格证书样式由司法部统一制定，证书由设区的市级及以上司法行政机关负责颁发并实施管理，电子证书由司法部通过电子证书系统统一生成并实施管理。

一、取得法律职业资格人员档案管理

法律职业资格档案，是公民依法取得法律职业资格的原始凭证，是司法行政机关对具有法律职业资格人员进行管理的方式和手段。设区的市级及以上司法行政机关应建立健全法律职业资格档案管理制度，统一、规范、有序地进行档案管理工作。同时，准确、及时记载、更新相关信息，为法律职业部门、法律服务行业和社会公众提供服务。因档案管理机关责任或不可抗力因素造成法律职业资格档案丢失、损毁的，应由档案管理机关重新建档。取得法律职业资格人员档案，实行纸质档案和电子档案形式，档案主要记载下列内容：

1. 考试报名信息、资格申请材料；

2. 法律职业资格证书种类、取得时间和撤销、注销法律职业资格情况；

3. 调转档案情况；

4. 办理法律职业资格证明书情况；

5. 参加职前培训情况；

6. 其他应当载入档案的情况。

法律职业资格档案管理要求司法行政机关按照上述内容及时记载、更新取得法律职业资格人员档案信息，并在取得法律职业资格人员需要调转档案时办理变更手续。

二、法律职业资格档案调转

法律职业资格档案调转，是指取得法律职业资格人员资格档案管理地发生变化时，应向档案转出地司法行政机关申请将档案调转至资格转入地司法行政机关进行后续管理。经本人申请后，由司法行政机关通过法律职业资格管理系统完成档案调转和相关信息变更。

法律职业资格档案调转流程是：申请人提交调档申请，由调入地司法行政机关审查，通过系统上报至调入地司法厅（局）核查，核查通过后自动生成《法律职业资格档案调转函》。调出地司法行政机关审查确认调转信息，确认信息无误后，上报至调出地司法厅（局）进行转出核查，核查通过后自动生成《法律职业资格档案调出函》，申请人可自行下载打印，申请人资格档案和数据迁移变更，调转事项办结。

三、法律职业资格有关信息公开公示制度

司法部公布授予法律职业资格有关信息，同时通过网站、信息系统等方式向有关部门和社会公众提供取得法律职业资格人员信息查询。目前，主要有两种查询方式，即由司法部网站公示本年度授予法律职业资格人员名单和在国家政务服务平台设立法律职业资格信息查询通道，供有关部门和社会公众查询。

第五节　健全完善法律职业资格管理制度

《法律职业资格管理办法》是开展法律职业资格管理工作的基本依据。随着法律职业资格考试制度的建立实施，有必要进一步规范法律职业资格申请授予、服务管理行为，不断提高法律职业资格管理规范化、标准化、信息化水平，推

动法律职业资格制度更加成熟、更加定型。

一、推进规范化建设

根据《法律职业资格管理办法》确定的制度框架和总体规定，结合国务院"放管服"改革工作要求，司法行政机关有必要进一步研究制定法律职业资格管理工作规定细则、服务指南等规范性文件，具体细化和规范法律职业资格认定、法律职业资格证书档案管理等行政行为，并根据实际及时修订和完善，有效指导、规范法律职业资格管理工作，不断提升法律职业资格管理工作规范化水平。

二、推进标准化建设

坚持和完善《法律职业资格管理办法》规定的地市、省级、司法部三级司法行政机关共同参与实施法律职业资格管理工作模式，进一步明确各级司法行政机关的职责权限，统一法律职业资格申请受理、申请材料审查核查、资格审核认定、证书颁发等工作标准，规范法律职业资格证明书办理、档案调转、信息查询等服务管理流程和要求，不断提升法律职业资格管理工作标准化水平。

三、推进信息化建设

落实国务院"跨省通办""一网通办""全程网办"改革要求，法律职业资格管理已逐步实现法律职业资格认定工作"一网通办""异地办理"。下一步，结合法律职业资格管理实际，落实国务院有关改革要求，坚持"以人为本"原则，有必要继续推进法律职业资格管理系统建设，以法律职业资格系统为依托，全面落实证明事项告知承诺制，研究探索资格申请和审核"全程网办"新模式，扩大推进法律职业资格证书电子证照应用，不断提升法律职业资格管理工作制度化、规范化、信息化水平。

第十八章　建立实施法律职业人员统一职前培训制度

2022 年 3 月，中共中央组织部、最高人民法院、最高人民检察院、司法部印发《职前培训制度指导意见》，为实施法律职业人员统一职前培训提供了基本遵循。本章内容旨在对我国现有法律职业人员培训状况和存在问题进行分析，结合部分国家法律职业人员职前培训情况，阐述了建立法律职业人员统一职前培训的重要意义，对《职前培训指导意见》进行深入解读，并提出加快实施法律职业人员统一职前培训制度的意见和建议。

第一节　我国任职前培训工作发展回顾

目前，我国的法律职业人员培训，大体可分为职前培训和在职培训两种类型。前者是指对拟从事法律职业人员进行的、以法律职业相关知识、职业素质、职业能力和职业伦理为主要内容的教育实习训练；后者是指对在职法律职业人员定期或不定期进行的、以更新知识和理论、提高专业水平和职业素养为目的的教育培训。影响比较大的法律职业人员培训，主要是法官培训、检察官培训和律师培训。本节主要介绍职前培训的相关情况。

一、初任法官、初任检察官职前培训制度

（一）初任法官职前培训制度

1. 法官培训管理。初任法官培训又称为法官职前培训，是指对已经通过国家统一法律职业资格考试（司法考试）取得法律职业资格，并拟任法官的人员

的培训。全国法院的法官教育培训工作由最高人民法院统一管理，地方各级人民法院管理辖区的法官教育培训工作。法官教育培训主管部门为各级人民法院政治工作部门，由各级法官教育培训机构负责组织实施。目前，我国法官培训机构已形成以国家法官学院为龙头，以省级法官培训机构为核心，以地市级法官培训中心为补充的三层级培训体系。人民法院注重加强对法官教育培训的考核与监督，建立了法官教育培训考核与评估制度，明确初任法官人员，接受规定的职前培训，并经考核合格的，方可任职。各级人民法院组织人事部门按照管理权限建立法官培训档案，及时记载法官参加教育培训情况和考核结果。法官参加教育培训情况和考核结果作为法官考核的内容和任职的重要依据。

2. 法官培训内容。2010 年 2 月 21 日，最高人民法院发布《法官培训条例》。该条例规定，法官教育培训着眼于建设高素质法官队伍，必须坚持政治统领、按需施教、分类分级、从严管理的总体要求，以坚定理想信念为根本，以提升法官职业道德素养和司法能力为重点，着力深化教育培训改革创新，完善教育培训制度体系。法官培训重点为政治能力、职业道德素养、司法能力培训等内容，并注重综合素质等方面教育培训。其中，法官政治能力培训包括习近平新时代中国特色社会主义思想和习近平法治思想、党的基本理论教育和党性教育、党章党规党纪教育等。法官职业道德素养培训重点是开展中国特色社会主义法治理论、职业道德和司法良知、廉洁司法等学习教育。法官司法能力培训重点主要是开展法律政策运用、庭审驾驭、证据认定、诉讼调解、裁判思维、法律适用、裁判文书说理等审判执行业务培训，着重掌握审判实务技能，提高审判工作能力。适应新时代教育培训发展趋势，近年来，各级人民法院根据审判工作规律和法官职业特点，不断深化教育培训改革创新，增加了“网络培训”、“在职自学”和“岗位练兵”等新型培训方式，着力提高法官素质能力。

（二）初任检察官职前培训制度

1. 概述。新中国的检察教育培训工作可以追溯到建国初期，当时的中央政法干部学校、“新法学研究院”和地方性的“司法干训班”培训了一大批检察干部。1968 年检察机关被撤销后，检察教育培训工作随之中断。1978 年检察机关恢复重建以来，检察教育培训工作伴随检察事业经历了四十多年的发展，走过了从艰难起步、初步发展到全面推进、深入发展的历程。从培训模式上看，经历了以政法院校为主的社会办学培训，到以国家检察官学院等检察系统培训机构培训为主的转变;从培训重点来看,经历了以学历教育为中心,到以岗位培训为中心的转变;从培训内容上看,经历了从以知识培训为主,到知识培训和技能培训并重,再到以技能实训为主的转变;从培训形式上看,经历了以应急式、补课式培训为主,到以系统化、规范化培训的转变。[1] 2019年修订的《检察官法》,规定了初任检察官实行统一职前培训制度,开启了初任检察官职前培训新阶段。

2. 检察官职前培训管理。根据我国《检察官法》和2022年9月最高人民检察院颁布的《检察官教育培训工作条例》相关规定,我国初任检察官培训即检察官职前培训,是指对已经通过国家统一法律职业资格考试(国家司法考试)取得资格的初任检察官进行任职前的培训。依据该条例规定,初任检察官统一职前培训,分集中教学、岗位实习和综合训练阶段,重点加强理论武装、提升法律素养、强化职业道德、掌握实务技能。培训时间为1年,集中教学时间不少于1个月。最高人民检察院管理的国家检察官学院承担初任检察官的统一职前培训。

关于检察官教育培训管理体制,条例规定,我国检察官教育培训工作由最高人民检察院统一管理,省级检察院统筹负责,各级检察院按管理权限分级实施。下级检察院应当定期向上级检察院报告教育培训工作情况。明确了检察官教育培训工作党组主责、政治部门主管、业务部门主导、国家检察官学院和分院承办的职责分工。

关于教育培训分类及内容。条例明确,检察官政治轮训实行分级分层组织,突出政治建设,融入业务培训。初任检察官统一职前培训,时间为1年,集中教学时间不少于1个月。初任检察长、副检察长、检委会专职委员任职培训,应当在任职前或任职后1年内完成培训,时间不少于15天。晋升高级检察官培训应当在晋高1年内完成培训,时间累计不少于30天或230学时。检察官在职期间的岗位培训,每年累计不少于12天或90学时。

关于培训方式,条例要求,检察官教育培训以脱产培训、自学、检察委员会和检察官联席会议学习、岗位练兵等方式进行。推行线上线下融合、线上咨询

---

[1] 参见王卫东:《中国检察教育培训的制度演进与时代发展》,载《国家检察官学院学报》2019年第1期。

答疑、远程案例研讨和会诊等各类教育培训形式。推进跨地区、跨部门共同开展法律职业共同体人员或相关行政部门人员同堂培训。深化检察机关与高等院校、科研院所等交流合作。

关于培训考核,条例明确,检察官参训情况和考核结果作为年度考核、考察、任职、晋升的重要依据之一。检察官未按规定参加培训或未通过培训考核的,检察官年度考核不得评定为优秀等次。同时,健全检察官教育培训登记管理制度、教育培训主管部门跟班管理制度、检察官教育培训质量评估制度等,加强对检察官教育培训工作的监督检查。

二、初任行政执法类公务员职前培训制度

(一)基本情况

根据《公务员法》《干部教育培训工作条例》和 2019 年 10 月中共中央组织部修订的《公务员培训规定》有关规定,公务员有接受培训的权利和义务,公务员培训实行分类分级原则。公务员培训主要分为初任培训、任职培训、专门业务培训和在职培训等。初任培训是机关对新录用人员在试用期内进行的培训。因此,新录用的行政机关中初次从事行政处罚决定法制审核、行政复议、行政裁决、法律顾问的公务员培训即属于任前培训。

中央公务员主管部门负责全国公务员培训的综合管理工作。中央和国家机关各部门按照职责分工,负责相关的公务员培训工作,指导本行业本系统公务员培训。公务员主管部门和公务员所在机关根据公务员工作岗位和职业发展需要安排公务员参加相应的培训。初任培训由公务员主管部门统一组织,主要采取公务员主管部门统一举办初任培训班以及公务员所在机关结合实际开展入职培训的形式进行。公务员培训的对象是全体公务员。参加培训的时间一般每年累计不少于 12 天或者 90 学时。初任培训应当在试用期内完成,时间一般不少于 12 天。

(二)培训主要内容

1. 基本要求。围绕建设信念坚定、为民服务、勤政务实、敢于担当、清正廉洁的高素质专业化公务员队伍,依据《公务员培训规定》,公务员培训的主要任务是把学习贯彻习近平新时代中国特色社会主义思想作为首要任务,把提高治

理能力作为重大任务,着力加强思想淬炼、政治历练、实践锻炼、专业训练,高质量培训公务员、高水平服务党和国家事业发展。公务员培训的基本要求是应当体现不同类别、不同层级、不同岗位公务员能力素质需要,着力增强时代性、针对性、有效性,不断推进公务员培训工作科学化、制度化、规范化。

2. 主要内容。按照上述要求,公务员培训内容主要包括政治素质和工作能力、更新知识等方面培训。一是突出政治素质,把深入学习贯彻习近平新时代中国特色社会主义思想作为公务员培训的重中之重。持续加强党的理论和路线方针政策、理想信念教育,强化党史、新中国史、改革开放史、社会主义发展史学习,引导公务员增强“四个意识”,坚定“四个自信”,做到“两个维护”。二是培养公务员专业能力、专业精神,提高制度执行力和治理能力。按照党中央重大决策部署,根据岗位特点和工作要求,有针对性地开展履行岗位职责所必备的能力素质、知识体系培训和廉政警示、职业道德教育,引导公务员强化宗旨意识,发扬斗争精神,勇于担当作为,提高用习近平新时代中国特色社会主义思想指导分析和解决问题、适应新时代中国特色社会主义发展要求的能力。

3. 初任培训。初任培训是对新录用公务员进行的培训,重点提高其思想政治素质和依法依规办事等适应机关工作的能力。对初任行政执法类公务员培训,应当着重坚持以习近平法治思想为指导,了解和掌握以宪法为核心的中国特色社会主义法律体系,强化法治理论素养、法律法规和执法技能以及职业素养等方面培训。

4. 培训考核登记。公务员的培训实行登记管理。公务员所在机关建立和完善公务员培训档案,对公务员参加培训的种类、内容、时间和考试考核结果等情况进行登记。公务员培训考核一般由培训主办单位或者培训机构实施,并将考核情况及时反馈公务员所在机关。公务员培训情况、学习成绩作为公务员考核的内容和任职、晋升的依据之一。没有参加初任培训或者初任培训考核不合格的新录用公务员,不能任职定级。

三、律师、公证员、仲裁员职前培训制度

(一)律师实习制度

律师职前培训(实习律师培训),是指有组织地对已经通过国家统一法律

职业资格考试取得律师执业资格的实习律师进行的法律实务训练。律师职前培训的目的在于通过培训,使实习律师具备律师的政治素养、职业道德、掌握律师的执业技巧和实务操作能力,从而达到执业律师的基本要求。

1. 概述。申请律师执业人员实习管理工作是《律师法》赋予律师协会的一项重要法定职责,事关律师执业准入,事关德才兼备的高素质律师队伍建设,事关律师行业持续健康发展。

2020 年 11 月召开的中央全面依法治国工作会议,明确提出要把拥护中国共产党领导、拥护社会主义法治作为包括律师在内的法律服务人员从业的基本要求,这为做好包括实习管理在内的各项工作指明了方向,提供了根本遵循。为规范做好实习管理工作,中华全国律师协会结合《律师法》《律师执业管理办法》和全国律协章程等相继制定或修订的实际情况,对 2010 年实施的《申请律师执业人员实习管理规则》(以下简称《实习管理规则》)进行修订,并于 2021 年 5 月 1 日正式实施。《实习管理规则》的修订,有利于推动构建更加科学规范、运行有效的实习管理制度和工作机制,进一步加强和改进律师实习管理工作,切实把好进入律师队伍的第一道关口。

2. 培训主要内容。实习人员的实习期为 1 年,自《申请律师执业人员实习证》签发之日起计算。实习培训包括集中培训和实务训练两个阶段。实习人员在实习期间应当参加律师协会组织的集中培训和律师事务所安排的实务训练,遵守实习管理规定。

(1)集中培训。集中培训大纲由中华全国律师协会制定。集中培训教材,由中华全国律师协会组织编写或者指定。实习人员的集中培训,由省、自治区、直辖市律师协会或者设区的市级律师协会组织进行。每期集中培训的时间不得少于 1 个月。集中培训结束时,应当对参加集中培训的实习人员进行考核。实习人员经考核合格的,由组织培训的律师协会颁发《实习人员集中培训结业证书》。

根据《实习管理规则》规定,律师职前培训的主管部门是中华全国律师协会,培训机构主要是承担集中培训的律师协会组织和承担实务训练的律师事务所。集中培训可由省(区、市)及地(市)律师协会自行组织,也可以与当地司法行政机关的培训机构或者高等法学院校合作组织集中培训。律师协会自行组建培训机构或者与其他单位合作组建培训机构的,应当报中华全国律师协会备案。此外,中华全国律师协会可以组织示范性集中培训,实习人员参加培训取得的结业证书在全国范围内有效。

(2)实务训练。实习人员的实务训练,主要是由接收其实习的律师事务所负责组织实施。律师事务所应当按照中华全国律师协会制定的实务训练指南,组织实习人员参加律师事务所政治、业务学习和实践活动;指派符合条件的律师指导实习人员进行实务训练,并为实习人员进行实务训练提供必要的条件和保障。实习指导律师在实习结束时对实习人员的政治素质、道德品行、执业素养以及完成集中培训和实务训练的情况、遵守律师职业道德和实习纪律的情况出具考评意见。实习期满接受律师协会的考核。经律师协会考核合格的实习人员,考核合格意见有效期为1年。律师协会出具的考核合格意见,是实习人员符合申请律师执业条件的有效证明文件。

(二)公证员实习和任职前培训制度

1. 概述。公证是公证机构根据自然人、法人或者其他组织的申请,依照法定程序对民事法律行为、有法律意义的事实和文书的真实性、合法性予以证明的活动。公证最重要的特征是公信力。公证员职前培训的主要目的是使初任公证员了解公证事业的职能作用,明确肩负的使命,掌握开展工作所必备的知识技能,提高公证员整体素质和履行岗位职责的能力,进而更好地维护公证公信力。依据《公证法》和司法部有关规定,申请公证执业人员职前培训制度包括首次申请公证执业人员实习制度和申请考核取得公证执业人员任职前培训制度。《公证法》明确,取得担任公证员资格的两种方式:一种是符合公证员条件,通过国家统一法律职业资格考试(司法考试)任职;另一种是从事法学教学、研究工作,具有高级职称的人员,或具有本科以上学历,从事审判、检察、法制工作、法律服务满10年的公务员、律师,已经离开原工作岗位的,经考核合格,也可以担任公证员。公证法和有关文件还明确了实习和培训等要求。通过法律职业资格考试(司法考试)申请公证执业人员,须符合"在公证机构实习2年以上或者具有3年以上其他法律职业经历并在公证机构实习1年以上,经考核合格"条件。申请考核取得公证执业人员,应当按照规定,取得由省、自治区、直辖市司法行政机关统一安排,参加中国公证协会组织的任职培训取得合格证明后才能提出申请。

2. 首次申请公证执业人员实习制度。《公证法》明确首次申请公证执业人员的任职条件中，须具备在公证机构实习2年以上或者具有3年以上其他法律职业经历并在公证机构实习1年以上，经考核合格的准入条件。《公证员执业管理办法》规定了首次申请公证执业人员，应当提交“公证机构出具的申请人实习鉴定和所在地司法行政机关出具的实习考核合格意见”要求。上述规定，明确首次申请公证执业人员实习申请、实习管理机关、实习实施机构、实习期限、实习考核等事项。首次申请公证执业人员，一般由省（区、市）公证协会组织实习活动，申请人实习所在的公证机构提供申请人实习鉴定，并经省（区、市）公证协会考核合格，由同级司法行政机关出具实习考核合格意见。实习合格，方可申请担任公证员。首次申请公证执业人员的实习申请、实习内容、实习管理、实习考核等事项的有关具体规定，原则上由省（区、市）公证协会负责制定并组织实施。

3. 申请考核任职人员任前培训制度。根据《公证法》《公证员执业管理办法》有关规定，符合公证员条件，经考核合格，也可以担任公证员。申请取得公证执业的人员需要参加由中国公证协会统一组织的职前培训。申请任职的人员，由公证机构所在地司法行政机关将推荐书逐级报省（区、市）司法行政机关，并抄送地方公证协会。省、（区、市）司法行政机关根据中国公证协会的培训方案，按照规定的时间，统一安排，全员参加中国公证协会组织的任职培训。任职培训合格，由中国公证协会出具任职培训合格的证明。

（三）新聘任仲裁员培训制度

仲裁之所以能够成为多元化纠纷解决机制中的重要方式，主要因为面对日益复杂的民商事领域纠纷，专业化的仲裁员能够精准高效地抓住问题的核心进行裁断。根据《仲裁法》的规定，成为仲裁员，需要通过国家统一法律职业资格考试取得法律职业资格，从事仲裁员工作满8年再经过实习后取得仲裁员证书。成为中国籍仲裁员必须具备下列条件之一：一是从事仲裁工作满8年；二是从事律师工作满8年；三是曾任法官满8年；四是从事法律研究、教学工作并具有高级职称。当前，我国仲裁员的专业能力总体上还是难以完全满足仲裁需求，强化对仲裁员特别是新聘任仲裁员培训管理，进一步提高仲裁员的素质和专业化水平，十分必要。

1. 仲裁员培训管理。我国于1996年颁布了《仲裁法》，但其中并未对仲裁员的实习工作作出相关规定，到目前仲裁员培训尚未形成制度体系。2009年，中国国际经济贸易仲裁委员会、中国海事仲裁委员会联合颁布了修订后的《仲裁员培训规定》，这是我国为数不多的有关仲裁员培训的文件。该规定明确，仲裁员培训工作由仲裁委员会仲裁员资格审查考核委员会负责，各地仲裁委员会秘书局（处）、分会秘书处负责仲裁员培训的日常管理工作。仲裁员培训实行课时管理，仲裁员每年最低应完成8个课时的培训。仲裁员完成培训的情况，是仲裁委员会考查和评定仲裁员行为的一项重要内容。新聘任仲裁员必须参加仲裁委员会专门组织或认可的入门培训，并计入当年培训课时量；未参加指定的入门培训的，仲裁委员会主任有权在具体案件中不指定其担任仲裁员，当事人选定的除外；连续两年未完成最低培训量的，除具有正当理由外，仲裁委员会有权在仲裁员任期届满后不予续聘。

2. 仲裁员培训的主要内容和方式。仲裁员培训，是以仲裁实务、仲裁理论、仲裁员职业操守、《仲裁法》和其他相关法律、仲裁文化等为主要内容的讲座、交流会、研讨会等仲裁员学习、研讨和交流活动。目前，我国仲裁员培训可分为以下几种：一是由各地仲裁委员会主办的培训。这是目前我国仲裁员培训的主要方式，其中既有定期举办的，也有不定期的。仲裁委员会主办的培训往往具有方便和灵活的特点。首先，类似的培训由仲裁委员会面向本地仲裁员举办，往往能做到迅速召集、迅速开展，能够节省大量时间成本和人力、物力成本。其次，培训具有灵活性。仲裁委员会主办的培训，每年至少主办一次稳定的集中培训，同时又可以及时开展临时性、专门性的研讨会或培训会。二是仲裁委员会认可或者授权的有关机构组织的培训。这类培训主要依托各法学院校组织。全国目前有600多所高校设有法学院系，聚集了一些具备深厚理论功底和实践经验的专家学者，可供使用的资源非常充足。2016年6月20日在西南政法大学挂牌成立的中国仲裁学院是我国首个从事仲裁学历教育的学院。此外，中国政法大学等院校也开办了自己的仲裁学院。三是与域外机构合作进行的培训。随着中外交流的日渐紧密，国内仲裁委员会和国际仲裁机构之间的合作也越来越多。除了北京、上海、广州等地的仲裁委员会，其他仲裁委员会在国际交流与合作上也卓有成效。[1]

---

〔1〕 参见柳正权、向谦：《试论我国的仲裁员培训制度》，载《武汉仲裁》2019年第1期。

四、法律职业培训的成效与不足

（一）培训成效

1. 我国职前培训制度理论研究深入开展。早在实施国家司法考试制度初期，各界对构建职前培训制度就进行了较为深入的研究，对实行职前培训制度已经形成了基本的共识，认为这项制度的建立和实施已经迫在眉睫，建议根据我国的实际情况，借鉴国外的成功经验和通行做法，加快建立完善我国的法律职业培训制度。有的学者提出"统分结合"的培训模式。[1] 持该观点的学者认为，统一培训主要限于职前培训。对于已取得法律职业资格的人，要求其从业前接受统一的职业培训，以提升职业技能。统一职前培训由国家司法行政机关统一管理，可以将职前培训与考试制度、法律职业人员资格管理建设统筹安排，有利于统一调配、合理使用政府培训资源。分系列培训多用于在职岗位教育培训，其目的是提高特定人员的特定法律职业素养，行业性针对性强，由国家各相关法律职业用人部门和行业组织负责管理为宜。有的学者提出"先选后训""统筹分训"的模式。[2] 持该观点的学者立足于我国国情，从现行司法体制和司法官遴选制度要求出发，认为我国现实可行的职前培训模式应当是"先选后训"，即先由法院和检察院在通过国家统一法律职业资格考试（司法考试）的人员中遴选预备法官和预备检察官，然后对遴选上的人员再进行职前培训。职前培训具体方式为"统筹分训"模式，即统一协调，分别培训。此外，司法部和有关法治实务部门还多次派员出国进行专门的考察，对国外职前培训制度的理论与实践也有了初步了解和认识。尽管社会制度和司法制度存在差异，但其中的有益作法可为我所用。2018 年国家统一法律职业资格制度建立实施以后，司法部与最高人民法院、最高人民检察院等法治实务部门，会同部分法学界法律界专家学者，多次召开研讨会，共同探讨法官、检察官、律师等法律职业人员职前培训制度。一些专家学者提出，从法官学院、检察官学院、律师学院分别培训法官、检察官、律师，探索实行"三院合

---

〔1〕 参见李仁真：《中国的司法考试与法律职业制度的构建》，载本书编辑部编：《中国司法行政发展研究报告（2002）》，法律出版社 2003 年版。

〔2〕 《法律职业人员任职前培训制度研究》课题，是由国家检察官学院承担的司法部重点科研项目，项目负责人是国家检察官学院原院长石少侠教授，全文由国家检察官学院的项目组成员分工撰写，由朱建华、郑在义同志汇总合成，由石少侠同志提出总体构思并于 2007 年年初修改定稿。

一”,每一个法律职业人员在任职法官、检察官、律师之前,到“三院”轮流进行培训等建议。[1]

2. 法律实务部门积累了比较丰富的业务培训经验。国家法官学院、国家检察官学院等专门负责司法官的继续教育机构,都较早地开展了对职前培训制度的研究和实践。国家法官学院还在2006年率先启动了对系统内通过国家司法考试人员的职前培训。中华全国律师协会和各地律师协会在多年的律师职前培训实践中也积累了一些较为成熟的经验。另外,我国最高人民法院、最高人民检察院及司法部分别在法官、检察官和律师的在职培训方面也积累了较为丰富的经验。从近些年法官、检察官和律师的在职培训情况看,定期或不定期开展在职培训,有利于提高现有法律职业队伍的整体素质和专业化水平。上述机关和机构多年来的培训实践,为我国建立法律职业人员统一职前培训制度提供了基础的实务条件。

3. 职前培训法律规范体系不断完善。在任职前业务培训多年理论研究和实践发展基础上,我国2019年修改后的《法官法》《检察官法》,规定初任法官、初任检察官实行统一职前培训制度。据此,2020年修订的《法官教育培训工作条例》规定,我国法官教育培训实行统一管理、统一规划、归口负责、分级实施的制度,明确拟初任法官的人员,须接受法官职前培训,并考核合格后方可成为正式法官,培训的时间为1年。截至目前,我国法律职业人员职前培训,基本形成了以《法官法》《检察官法》《公务员法》《律师法》《公证法》《仲裁法》等为法律依据,以《职前培训指导意见》为基本遵循,以《法官教育培训工作条例》《检察官教育培训工作条例》《干部教育培训工作条例》《法官职业道德基本准则》《检察官职业道德基本准则》《公证员执业管理办法》《仲裁员培训规定》等为实施指引的职前培训法律规范体系。

4. 多层次培训实施体系初步形成。我国法律职业人员培训已形成了由中央和国家机关法律职业用人部门以及有关行业主管部门组织实施,以法官、检察官、律师、公证员、仲裁员为培训对象,由各级专门培训学院、行业协会、党校、

---

〔1〕 参见张文显:《新时代法治发展与法律职业共同体建设》,载中国理论法学信息网2018年8月24日,https://www.legal-theory.org/?mod=info&act=view&id=24316。

大学等培训机构组成的从中央到地方的多层次、多元化的培训实施机构体系，为任职前培训提供了切实可行的基础性条件。法官教育培训机构主要是国家法官学院及其分院、各高级人民法院设立的省级法官学院、法官进修学院、法官培训学院等以及高级人民法院批准设立的地（市）级法官培训机构；检察官教育培训机构主要是国家检察官学院及其分院、省级检察官学院、有条件的地市级人民检察院设立的培训机构；律师培训机构主要是由中央司法警官学院（加挂国家律师学院牌子）、司法行政学院承担，各省（区、市）司法行政机关和律师协会及其委托或指定的政法院校等培训机构负责对律师进行相关培训。此外，国家法官学院、国家检察官学院和国家律师学院、司法行政学院都具有较为丰富的培训经验和符合要求的培训师资，能够较好的保证职前培训的质量和水平，为尽快实施职前培训奠定了良好的基础条件。

（二）问题与不足

我国法律职业人员任职前培训制度发展至今，为提高法律职业人员能力和水平发挥了重要作用，但依然面临一些困境和问题，主要表现为以下几个方面：

1. 缺乏科学统一的培训机制。统一职前培训涉及多个法律职业用人或行业主管部门，推进统一职前培训落地落实难度较大。由于各种原因，我国的法律职业培训都是由各法律职业各系统各自进行培训设置与计划安排，缺少统一规划，布局结构也不合理。尤其是行政机关中初次从事行政处罚决定法制审核、行政复议、行政裁决、法律顾问的公务员，所属行业系统分布分散。总体来看，职业培训自成体系，不利于对法律职业人员培训实施统筹管理，也使原本有限的培训资源难以发挥最大的功能作用。

2. 培训机构规范性有待提升。法律职业培训机构虽然呈现多层次、多元化的趋势，但由于缺乏统筹谋划，管理运行机制不够健全完善，以及相关监管力度不足，法律职业培训机构设置、运行的规范性不强。有的培训机构培训的硬件、软件设施达不到要求，不具备培训资格与条件。有的培训机构对自身职能定位不清，偏离培训初衷，难以满足法治建设对法律职业培训质和量的需求。

3. 培训内容与方法比较单一。法律职业人员培训与法学学历教育有所区别，其重点在于提高拟任职法律职业人员的职业理念、实务技能和职业道德素质。但现今的培训对职业理念、职业道德素质教育关注度不够。培训制度规范不够完善,职前培训大纲、教材编写尚未统一。培训内容偏向于本部门本行业的业务,范围比较窄。集中培训教材匮乏,案例教学、研讨式教学等方法虽有运用,但信息技术和数字教学手段仍显不足。单一的培训方式不利于法律职业共同体意识的养成,也不利于相互理解和法律职业人员的合理流动。[1]

4. 师资建设无法满足培训需要。法律职业人员培训机构的能力很大程度上依赖于师资建设情况。目前,许多培训机构的师资难以有效满足培训工作的需求。法律职业人员培训教师大致是两类人员:一类是来自法院、检察院、律师协会等实践部门的法官、检察官和律师,他们通常具有较丰富的经验和较高的法律技能,但这样的培训教师数量有限,况且这些人员通常工作任务繁重,压力大,难以顾及培训工作。另一类是大学或研究机构的法学教师、学者,这些人员长期从事高校法学教学或学术研究,具有深厚的理论知识与较强学术能力,但法律实践经验相对不足,在培训中易产生法律理论与实践之间的脱节。[2]

第二节 国外职前培训情况

一、日本、法国和德国的职前培训制度

日本、法国和德国等实行国家司法考试制度的大陆法系国家,都建立了比较完善的法律职业职前培训制度,作为与司法考试密切衔接、相互配套的制度设计。

(一)日本司法研修制度

日本将司法专业人才队伍称为“法曹队伍”,包括法官、检察官和律师。要成为法官、检察官或律师,必须在取得相应的法律学术学位或者获得法科大学院授予的法务专业学位后,参加统一的司法考试,司法考试合格者首先由最高法院录取为“司法修习生”,具有准公务员身份,在最高法院设立的司

---

〔1〕 参见董开军主编:《司法行政学》,中国民主法制出版社 2007 年版,第 382 页。

〔2〕 参见龚战梅、李志远:《全面推进依法治国战略下的法律职业培训》,载《中国成人教育》2016 年第 22 期。

法修习所、地方简易法庭等指定机构进行为期 1 年的司法修习，无论职业方向是法官、检察官还是律师，都要进行统一科目的实习。实习结束后，研修生还需要参加有关审判、检察、辩护等实务技能方面的毕业考试，考试合格后，根据个人申报的法曹类别，授予助理法官、二级检察官、律师的法曹资格。获得检察官、法官资格的将被直接录用，获得律师资格的可直接到律师协会办理注册手续。

日本司法研修制度始于 1947 年，是为消除旧宪法下司法官（包括法官和检察官）和律师的二元培养体制而设计的制度，目的在于促进法曹培养的一体化。2001 年，日本司法制度改革审议会发布的《司法制度改革审议会意见书》提出"要建立不是单纯通过司法考试的'点'的选拔，而是法学教育、司法考试及司法研修密切联系并注重过程的法曹培养制度"，即形成了法科大学院、司法考试、统一司法研修、司法研修后的第二次考试、考试合格者赋予法曹资格的阶段性的日本法曹新的培养体系。在新的法曹培养体系中，司法研修仍然是法曹资格取得前的必经阶段，但是研修时间由原来的两年逐渐压缩至 1 年；而且，培养理念被重新设定，定位为培养司法研修生具有法曹共通的有关法律实务的知识和技能，养成较高的职业意识和伦理观。[1]

（二）法国和德国法官职前培训制度

在法国，法官这一职业得到了全社会的关注与认可，政府也很重视对法官的教育培训工作。它的教育培训工作分别是基础教育（法官职前培训）、继续教育和法律文化传播教育。这三部分构成了法国科学、完整的培训体系，既互相渗透又互相独立。基础教育是指担任法官前必须接受的一种专门的职前教育，培训不合格者不得上岗。法国的法官都诞生于国家法官学院。国家法官学院是负责法官岗前培训最主要的教育机构，每年招收一定数量的具有学历和法律专业知识条件的学员。这些通过招考被录取的学员以见习法官的身份在法官学院接受教育培训。法国的基础教育既重视司法各岗位职能及方法论的培训，也重视与司法工作相关的业务范围和技术培训。通过培训教育，学员掌握审判专业技能，从而提高办案能力与水准。法国国家法官学院的职前培训教育共两年半的时间，费用由政府提供，主要侧重实践部门的实习与考查，学员要到

〔1〕 参见郝振江：《日本司法研修制度的现状》，载《人民法院报》2017 年 7 月 14 日，第 8 版。

不同的法院和检察官署接受实习指导。培训期结束时,还要经过一次严格的考试,通过者方可就任,任职地域的选择则取决于培训期间的表现及培训毕业考试的成绩。[1]

德国重视法律职业人员的法学专业背景及司法实践经验,拟任法官、检察官以及律师,都要接受培训。一是第一次司法考试后的实习培训。法科毕业生通过第一次国家考试,即取得进入实习培训的资格。根据德国《法官法》的规定,实习培训在通过第一次国家考试的学生必须首先在普通民事审判庭、刑事审判庭或检察院、律师事务所等专门的法律实务部门接受培训,为期大约两年。每名学生一般均有机会先后在五个以上不同的法律部门实习,在每个部门至少实习 3 个月,为以后从事法律实务工作打好基础。实习结束后,受训人员还要参加第二次国家考试,只有第二次考试合格者才能取得法律职业的从业资格。二是第二次司法考试合格后的见习培训。取得从业资格后,参训人员即可选择从事法律职业。选择从事法官职业者须参加见习培训。德国没有设立对见习法官进行培训的专门机构,而是将见习法官分配到各地区法院或州地方法院进行教育培训。德国的见习法官的见习期通常为 3 年,见习期内见习法官可参加相关的课程学习和研讨班,培训侧重审判技能的培养。见习期结束后,即取得法官的终身任职资格。

二、英国、美国职前培训制度[2]

英国采用的是一种以法律实务为主的法律教育和法律职业养成模式。在英国历史上,法官和律师的成长一直从在法庭听讼开始。后来,设置专门的律师学院,承担法律人才的培养,通常只有出身于律师学院的人才能成为律师或法官。因此,接受律师学院的职业培训成为英国法律职业人才的主要培养模式。到 20 世纪下半期,指向法律职业的英国大学法学教育逐渐占据主流地位,在大学接受法学教育成为通例。获得大学法学学位之后,通过法律协会或律师公会开办的学院接受法律实务学习,并经历规定的学徒或实习期,才能成为事务律师或出庭律师。也就是说,律师学院的实务训练是法律职业人员取得职业

---

〔1〕 参见[德]K. 茨威格特、H. 克茨:《比较法总论》,潘汉典等译,法律出版社 2003 年版,第 192 页。

〔2〕 参见国家检察官学院课题组:《法律职业人员任职前培训制度研究》(2007 年 6 月 10 日)。

资格的必经途径。

美国没有大学法律教育之后的专门职业训练,其大学法律教育阶段同时也是职业培训阶段,法学院的教育目标就是职业教育。这是由美国的法律教育实际上是大学后的教育决定的。美国的法学院并不直接招收类似于大陆法系的高中毕业生,其生源是已经接受过大学本科教育的毕业生,因此大学法学院仅进行法律职业教育,即纯粹是为了训练与培养律师。法学院的任务是为学生提供分析和解决法律实务方面的问题而进行各种技术性训练,使他们“像律师那样进行思考”。这种法律教育与职业训练合而为一的方式与美国一元主义性质的法律教育目标和本科教育之后的法律教育特征相结合,整体上与大陆法系国家法律职业人员的培养方式有异曲同工之处。[1]

三、国外职前培训的特点与启示

比较上述国家职前培训模式,主要有以下几方面特点和启示:一是为建立法律职业共同体奠定基础。英国的由律师传授法律知识的教育模式,让接受教育的过程同时也成了取得法律职业资格的过程。在法律实践和法律训练中,所有的法律职业都必须接受同样的培训,有相同的经历。法国、日本是在大学法学教育基础上的专门的司法官学院实习培训模式。正是在法律教育中所获相同的法律专业理论知识、法律思维能力为建立起统一的考试选拔制度提供了条件,同时,法律教育中理论与实践的相对分离,[2]使通过培训获取职业经验成为必要,有利于推动形成由法学教育、统一资格考试和培训选任相结合的法律职业共同体。二是培训导师的司法官化。法国司法官学院没有从事司法官培训的专门教师,而是由最高法院的法官、检察官定期到司法官学院任教。日本的司法研修所法律学徒分部教官中,由全国范围内选任法官、检察官和律师分别负责各自领域的培训教学工作。三是业务实习是职前培训必不可少的环节。在英国,要成为事务律师必须在事务律师所当两年的学徒,而要成为出庭律师,也要在一个或几个出庭律师事务所中做1年的“实习助手”。同样,实习也是法国、德国、日本等国法律职业职前培训必不可少的内容,也是职前培训的重要

---

〔1〕 参见丁艳雅:《法律职业者培养方式之比较研究》,载《学术研究》2001年第2期。

〔2〕 参见[日]大木雅夫:《比较法》,范愉译,法律出版社1999年版,第281页。

阶段,并在全部培训期间占有较多的时间。法国不仅规定实习要在法院、检察院和律师事务所中进行,还要求分别到警察局、监狱、宪兵队、拘留所及政府其他相关的职能部门中实习。[1] 目的是通过实习丰富学员的社会阅历,增强学员的职业技能,强化学员的法律意识和职业精神。

第三节　建立实施法律职业人员统一职前培训制度

法律的生命在于实施,而法律实施离不开法律职业人员的高素质和专业能力。统一职前培训是统一法律职业资格制度的重要组成部分,是法律职业人才养成的重要环节。着眼于深化法治人才供给侧结构性改革,必须加快推进《职前培训指导意见》落实落地。通过健全完善职前培训管理机制、运行机制和保障机制,参训人员达到从事法律职业所需要的胜任标准,推动建设一支德才兼备的高素质社会主义法治工作队伍。

一、重要意义

(一)有利于提升法律职业人员整体素质和职业能力

建设社会主义法治国家,需要一大批高素质、专业化的法律职业人员。从法治人才培养规律来说,成为法律职业人员应具备的综合素养和法律实务技能是个持续的过程,需要通过科学系统的实习训练。建立任职前培训制度是提升法律职业人员综合素质的有效途径,这是学历教育不可替代的。实施系统的任职前培训之前,我国法律职业人员法律实务技能和法治实践训练相对不足。从法律实务部门反映来看,法学院校毕业生直接从事法律实务的,多数短时间内难以适应岗位需要。统一职前培训则能有效弥补法学教育与法治实践之间存在脱节的缺陷。[2] 接受系统化、专业化的职前培训,从政治素养、职业品行、实务技能等不同的角度对即将从业的法律职业人员进行培养训练,使参训人员法律理论知识、法律实际运用、操作能力、职业品行得到全面提升,进而更好地适应职位要求,从而提高法律职业队伍的整体从业水平。

---

〔1〕 参见国家检察官学院课题组:《法律职业人员任职前培训制度研究》(2007 年 6 月 10 日)。

〔2〕 参见李楚可、郭怡然、黄耀晗:《法律职业人员统一职前培训制度研究》,载《人才资源开发》2017 年第 6 期。

（二）有利于构建科学合理的法治人才养成制度机制

主要发达国家大多都把任职前培训、实习或研修制度作为法律职业人员从业前的必经程序。从制度设计宗旨来看，法律职业人员任职前培训制度是连接我国法学教育与法律职业之间的重要环节。法律职业人员的培养规律客观上要求必须经过学历教育、考试选拔、职前培训三个阶段，这三个阶段相辅相成，缺一不可。法学专业学习，是形成法律知识背景的基础；法律职业资格考试解决了准入资格问题；作为法治人才培养制度设计的系统工程，还必须解决通过法律职业资格考试人员是否具备胜任能力问题，而法律职业职前培训就是使参训人员达到从事法律职业所需要的初任标准，有效提高法治人才质量的必经阶段。通过建立职前培训制度，推动形成统一的法学教育培养、统一法律职业资格考试选拔、法律职业人员统一职前培训实践三个环节相配套、"一体化"法治人才养成制度机制，对于实现完善国家统一法律职业资格制度目标，保证法律职业人员胜任从业所应当具备从业所需要的基本素质和业务能力，深化依法治国实践具有重要意义。

（三）有利于推动法律职业共同体建设

建立完善法律职业资格制度的目的，主要是选拔培育造就一批高素质的社会主义法治人才，建设中国特色的高质量法律职业共同体，为全面依法治国提供人才保障。法律职业共同体的最主要特征是具有共同法治理念、职业知识、职业思维、职业技能和职业道德。借鉴国外的有益作法，建立实施法律职业人员任职前培训制度是推动和促进这种共同专业技能和职业素养的养成、形成职业共同体的重要举措。通过实施岗前必要的实习训练，进行共同的学习交流，促进理论知识和实务能力这两种素质的统一，形成共同的法律知识背景与规范的技能，进而达成法治理念、专业精神、法律职业伦理上的共识，这是成为法律人才养成机制成熟和完善的重要标志之一。[1] 可见，建立实施法律职业职前培训制度，有利于法律职业人员形成共同的法律信仰、职业操守、专业精神以及对法律职业的认同感，有利于构建高素质的中国特色法律职业共同体。

---

〔1〕 参见王健：《西方国家怎样培养法律人才——法律人才培养模式之比较》，载《法学教育研究》2010 年第 2 期。

二、《职前培训指导意见》解读

(一)出台的背景

随着新时代全面依法治国实践的发展以及法律职业队伍结构、素质水平呈现新变化新特点,法律职业培训工作面临许多新情况、新问题和新任务,需要及时对法律职业人员培训制度、管理体制、工作机制进行调整完善。法律职业任职前培训工作经过多年发展,积累了一些可推广经验,结合参训对象的变化和法律职业人员综合素质能力的新要求,也需要及时修订完善有关培训工作规范,构建法律职业人员统一法律职业职前培训体系。从我国的司法制度、法学教育制度和法律职业教育培训制度的性质出发,结合法律职业人员培养选拔任用特点和我国法律职业培训工作实际,建立法律职业统一职前培训制度,实行"统一标准、分系统实施"模式,是目前构建我国法律职业人员统一职前培训制度切实可行的抉择。

(二)主要内容

《职前培训指导意见》提出了建立实施法律职业人员统一职前培训制度的总体要求、管理机制、运行机制、保障机制、组织领导五个部分部署安排,构建了适应新时代建设革命化、正规化、专业化、职业化培训法律职业队伍所需要的统一职前培训新格局,体现了坚持正确政治方向、加强统筹协调、遵循培养规律、强化分类指导等特点。

1. 坚持正确方向。建立实施法律职业人员统一职前培训制度,要坚持以习近平新时代中国特色社会主义思想为指导,深入学习贯彻习近平法治思想,深化法治人才供给侧结构性改革,着眼于提高法治人才培养质量,努力建设一支忠于党、忠于国家、忠于人民、忠于法律的社会主义法治工作队伍。落实上述要求,构建中国特色统一职前培训制度,必须遵循法治人才培养规律,立足中国国情,通过对法律职业资格考试通过者实行统一的培训,努力提高参训人员培养质量,使其形成相同的政治素质、业务能力和职业道德水准,形成共同的职业立场、职业精神、职业态度、职业责任,[1]推动高素质法律职业共同体建设。

---

〔1〕 参见徐显明:《建设德才兼备的高素质法治工作队伍》,载《法制日报》2019年5月24日,第1版。

2. 加强统筹协调。统一培训是职前培训的首要原则。按照“统一标准、分系统实施”原则，切实履行好国家统一法律职业资格考试协调委员会统筹协调全国职前培训管理，指导、督促各部门实施职前培训工作，负责职前培训考核标准的确定等项工作职责，结合职前培训工作实际，司法部法律职业资格管理部门应当会同法律职业用人部门，制定完善统一职前培训工作规范和工作方案，做好统一考核合格标准制定、统一培训大纲和集中培训教材编写工作，中央和国家机关法律职业用人部门以及有关行业主管部门，负责本系统法律职业人员职前培训的组织管理、统筹协调等工作。为增强职业认同感，有必要推进跨地区、跨法律职业部门共同开展法官、检察官、律师等法律职业人员统一职前培训，[1]通过共同学习、相互交流，有助于统一执法司法理念和标准，统一对法治信仰、法治思维、职业伦理、职业责任的共同认识。

3. 遵循培养规律。不同国家职前培训制度的模式并无定式，须因国情而异。借鉴国外司法考试制度的有益作法，立足国情，结合我国法律职业培训现状，《职前培训指导意见》明确了我国法律职业人员统一职前培训模式。一方面，实行“谁选谁训”“先选后训”培训模式，即先由法院和检察院在通过国家统一法律职业资格考试（国家司法考试）的人员中遴选初任法官和初任检察官，然后对遴选上的人员再进行任职前培训。这种“先选后训”的培训模式能够有效解决初任法官、初任检察官的带薪培训等现实问题。另一方面，实行“统分结合”培训方式。培训内容和方式上，着眼于能力建设，加大法律职业立场、伦理、技能的培训力度，在集中统一培训基础上，再实行岗位实习和综合训练，使将来从事不同法律岗位工作的人接受与其岗位相适应的训练，切实提高法律职业人员的职业素养、专业水平和实战能力。

4. 坚持分类指导。综合考虑地区经济社会发展状况、法律职业岗位等方面的差异和用人部门需求实际，按需施教，提高培训的实效性和针对性。一是取得法律职业资格的人员，初任法官、检察官、仲裁员（法律类），申请律师、公证员执业，应当参加为期 1 年的职前培训，培训合格方可准予从事相关法律职业。行政机关中初次从事行政处罚决定法制审核、行政复议、行政裁决和法律顾问的公务员的职前培训工作，不作统一要求。司法行政机关可根据法律职业用人

---

〔1〕 参见《关于建立法律职业人员统一职前培训制度的指导意见》。

部门委托，开展职前培训工作。二是对于已经从事相关法律职业或者已经参加职前培训合格的人员，转换法律职业或者变更法律职业岗位的，以及根据《法官法》第 15 条、《检察官法》第 15 条公开选拔的法官、检察官，根据《律师法》第 8 条考核准予执业的律师和《公证法》第 19 条考核任命的公证员，由中央和国家机关法律职业用人部门以及有关行业主管部门根据需要确定参加职前培训。

三、加快推进统一职前培训制度落实落地

（一）构建职前培训管理体系

建立法律职业人员职前培训制度，应当统筹规划和设计安排。明确协调机构和日常管理机构，制定出台职前培训的统一标准和相关工作规范；明确职前培训的组织管理、统筹协调、具体组织实施等工作机构和相关工作，构建起多层次、分领域、系统性的法律职业人员统一职前培训管理体系。

1. 明确协调机构和管理机构。早在 2018 年 1 月，国家统一法律职业资格考试协调委员会（职前培训指导委员会）经中央政法委批准成立。按照协调委员会的职责定位和《职前培训指导意见》要求，司法部牵头组建职前培训指导委员会，其主要任务是负责统筹协调全国职前培训管理工作，指导、督促、检查各部门实施本系统职前培训工作。法律职业用人部门以及有关行业主管部门，担负本系统职前培训的组织管理、统筹协调等项工作。司法部法律职业资格管理部门作为办事机构，承担职前培训指导委员会日常工作职责，有效发挥沟通联络、协调督促作用。

2. 制定完善制度规范。统筹推进职前培训工作，需要进一步制定完善职前培训相关制度规范。承担职前培训日常管理的司法部法律职业资格主管部门，应会同最高人民法院、最高人民检察院用人部门等有关机构，适时研究制定职前培训的统一标准、工作流程、考核要求等相关规范工作，细化相关工作要求，培养法律职业人员共同的职业理念及法律思维，推动法律职业共同体建设。按照职前培训指导委员会的统筹安排，各相关部门可分别委托国家法官学院、国家检察官学院、国家律师学院等培训实施机构，按统一标准和规范分别制定培训课程、负责职前培训结果的考核。

3. 规范实施机构设置与管理。（1）培训机构的设置。根据《职前培训指导

意见》的规定，有关职前培训工作的具体组织实施，应当由相关用人部门管理的培训机构或者有关行业自律组织承担。培训机构设置应实行严格的准入清单制度。中央国家机关法律职业用人部门根据有关标准和程序确定法律职业人员职前培训机构名单，以更好地规范培训实施工作，确保培训质量。省（区、市）有关行业自律组织可根据需要，委托市（地、州、盟）行业自律组织承担职前培训实施工作。目前，初任法官职前培训由国家法官学院承担。申请律师执业人员实习的集中培训，由省（区、市）律师协会或设区的市级律师协会组织进行，实务训练则由接收其实习的律师事务所负责组织实施；中华全国律师协会可组织示范性集中培训。

（2）培训机构管理。法律职业人员培训实施机构承载着对法律职业人员进行培养、训练的基本任务。规范好培训实施机构的设置与管理，才能为培训人员提供更好的学习环境。培训机构应当把从严办学要求贯穿教学管理全过程和各方面。例如，成立新的培训机构，各类培训机构主管部门应对拟成立机构的制度设计、管理人员、硬件设施等培训资格与条件进行认真审查；对于已经成立的培训实施机构也应加强监督，重点落实对培训机构的评估考核制度，加强对师资、课程等方面的审核把关。

（二）创新职前培训方式

根据业务工作规律和法律职业特点，我国法律职业人员职前培训应当尽可能创设多元的培训方式及方法。

1. 推进集中教学培训多样化。适应新时代教育培训发展趋势，结合法律实务工作实际，强化集中教学培训。可采用线上线下相结合的培训方式，特别是疫情防控特殊时期，应当在做好集中脱产培训的同时，充分利用音频、视频、多媒体资料，采取远程视频教学（慕课）、现场模拟诉讼、网上学习平台自学等方式，以类似于学分、学时的方法累计计算在线学习时间，并入总体考核的内容，这种培训方式有利于提升培训效率效果。着眼于培养共同法治理念、专业精神和职业操守，有必要大力推进跨地区、跨法律职业部门共同开展法官、检察官、律师等法律职业人员统一职前培训，通过互动了解交流，相互监督制约，强化职业认同，更好地推动法律职业共同体建设。

2. 突出岗位实习和综合训练培训实战化。岗位实习阶段，突出实战实用，可采用实务导师指导、运用案例教学、现场模拟和实战演练等方法进行，增强实战本领。

（1）导师指导。结合司法机关特点和审判检察业务要求，初任法官、检察官岗位实习阶段实务导师从严选任。导师人选，除了具备胜任教学、科研工作的实务技能和专业水准，还应当有过硬的思想政治素质、良好的职业道德修养、扎实的专业知识基础。可遴选、法律实践经验丰富、理论水平较高的审判检察业务专家等担任兼职导师。申请律师执业人员应当在律师事务所实习，由律师事务所确定实习指导律师。修订后的《申请律师执业人员实习管理规则》进一步严格了实习指导律师的条件，特别是对政治素质、职业道德素质、较高的业务素质和丰富的实务经验等都提出了明确要求。为确保律师事务所能够切实履责，应当完善律师事务所实习管理各项工作职责，严格律师事务所接收实习人员的条件，强化指导管理责任。

（2）模拟实战教学。适应法律职业实践性特征，坚持实用实效导向，一是可充分利用最高人民法院、最高人民检察院的指导性案例、公报案例等案例资源，建立完善法官、检察官教学案例库，加强案例教学，使培训精准对接司法业务工作需要。二是优化案例教学方法，选取国内外热点案例，或者由学员自主选择案例进行讨论、模拟。三是吸收近些年法官、检察官培训实践中的成功做法，增加“岗位练兵”的培训方式，将丰富生动的法律实践转化为提高参训人员素质能力的教学资源，进一步增强适应新时代法治建设发展要求的专业技能和综合素质。

3. 构建协同协作培训机制。针对法律职业各相关部门职前培训优质资源不充足不平衡问题，可由司法部法律职业资格管理局牵头，构建职前培训信息化交流平台，依托法律职业用人部门和有关行业主管部门建立完善职前培训精品课程库，实现优质课程资源共享。同时，各地培训机构应当加强交流协作，可采取合作办学、师资共享、异地办班、远程授课等方式，推动优质培训资源共享共用。此外，还应当进一步强化司法机关与高等学校、科研院所、律师协会、公证协会、仲裁协会的交流合作，积极探索与高等学校及相关单位联合培训的途径和方式。

（三）完善职前培训内容

培训内容和培训课程的具体设置直接关系培训质量的高低。围绕提高参训人员的素质和能力，使参训人员达到胜任标准，职前培训应突出“职业性”和

"专业化"特点,以政治能力、职业道德素养、业务能力培训为重点内容,并注重综合素质等方面培训。

1. 强化集中教学阶段培训。(1)政治能力培训。提升政治素养和政治能力,把习近平新时代中国特色社会主义思想作为必修课,坚持以习近平法治思想为指导,重点开展党的路线、方针、政策教育,党章党规党纪教育。教育引导参训人员坚定正确政治方向,拥护中国共产党领导,拥护社会主义法治,尊崇中华人民共和国宪法,做中国特色社会主义法治道路的坚定信仰者、忠实实践者。

(2)职业伦理素养培训。教育引导参训人员始终坚定信仰,坚持以维护社会公平正义为己任,增强对法律职业共同体的荣誉感和使命感。通过强化法律职业伦理训练,严明职业纪律,参训人员应掌握和熟悉相关法律职业制度和职业定位及其职责使命,培养树立崇尚法治、恪守良知、理性公允的职业品格,肯于钻研业务的专业精神。

(3)业务能力培训。一是着力提高专业化水平,可聘请各大知名高校的专业学者、教授对参训人员进行专业基础方面的培训,加强法律基础理论和专业知识的培训,强化专业思维养成。二是着力培养专业方法的掌握和专业技术的运用。加强案例和实践教学,可以请法律实务部门或行业组织的资深从业人员,重点开展法律政策运用、法律实务知识掌握、专业能力提升等司法执法业务和法律服务业务培训,增强参训人员的实践操作能力。三是加强涉外法治实务专业能力培养。随着涉外法治建设加快推进,当务之急是需要培养更多涉外法治人才,有关部门可根据涉外法务工作实际,有针对性地强化国际法律实务方面的教学内容。总之,通过专业化的业务能力培训,推动参训人员从了解熟悉法学理论知识到熟练掌握法律实务技能的尽快转变,培养造就适应新时代要求的复合型人才和专门型人才。[1]

(4)综合素质培训。培养革命化、正规化、专业化、职业化的法律职业队伍,既要加强政治能力、职业道德素养、专业能力等方面的培训,还应当着力开展意识形态、防控风险、群众路线、舆论引导、人文科技等方面培训,切实提高法律职业人员的综合素质。同时,适应民族地区法治建设需要,法律职业用人部门和有关行业主管部门根据需要,可增加少数民族语言法律知识的教学课程,

---

〔1〕 参见《关于建立法律职业人员统一职前培训制度的指导意见》。

提升民族自治地方法律职业队伍的整体素质和综合能力。

2. 推进岗位实习和综合训练阶段"教学练战"一体化培训。安排参训人员进入从业领域进行实习,在本领域内资深从业人员的指导下开展实习学习,通过参与审判、检察、律师、公证、仲裁、行政复议、行政裁决、行政处罚决定法制审核案件办理等项业务实践活动,以及参与案件材料审查、法律文书草拟等辅助事务,提高参训人员的实战能力,将纸面上的法律与专业知识转化成专业技能,真正落到实务工作中。

3. 注重培训考核评价。依照相关规定,考核由平时考核和最后的综合考核相结合,由培训机构实施。考核合格的,由法律职业用人部门或者有关行业自律组织颁发培训合格证书。通过对参训人员一年来职前培训各阶段学习、实习和训练情况进行考核,特别是通过实务技能和职业操守考核,能够厘清和分辨法律从业人员职业道德与业务素养的高低,有利于各级法律职业用人部门和行业主管部门对参训人员是否符合初任从业标准作出判断,进而选拔出合格法律职业人才。

(四)加强职前培训保障

统一职前培训是个新生事物,职前培训工作涉及多个法律行业主管部门,相关制度亦刚刚出台。落实《职前培训指导意见》,应推动涉及培训工作的相关保障及时到位,加快建立统一职前培训师资库、推进职前培训大纲、培训教材编写、健全培训管理制度等项工作,强化培训经费保障、培训基地建设,确保统一职前培训制度落地落实。

1. 加强培训师资队伍建设。教师是培训机构的基础性资源,只有具备强大的师资队伍才能有效保障培训的高质量,因此需要加强培训师资的队伍建设,提升培训教师队伍的整体素质。一是加强专职和兼职教师队伍建设。招纳法律理论水平较高、实践经验丰富的专职教师开展职前培训工作,可以克服一些法院、检察院、高校等兼职教师的精力、时间不足的问题。还可以吸收能力较强的法律职业人员、高校教师、科研学者,担任培训教师,进行有针对性的教学。此外,结合多年来培训实践,有必要建立完善理论教学和实务教学师资库。二是扩展培训师资队伍的来源。要结合培训主题、培训对象、培训需求等,选配具体授课教师。保证师资队伍里既有擅长理论教学的教师,又不乏擅长实践教学的教师。理论教学教师可由知名高校理论知识丰富的教授,法学各学科的专家学者,理论水平高的法官、检察官、执业律师等担任。实践教学教师可由司法机关、执业律师中实践经验丰富、业务水平突出的法律职业者担任。三是加强对师资队伍自身的管理和培训。法律职业用人部门和有关行业主管部门应当对法律职业人员职前培训的师资资格作出规定,明确资格条件,包括从事职前培训教师应具备的政治素质和业务能力,严把教师队伍入口关,从源头确保培训师资队伍的整体素质。四是适应培训教学工作的需要,在严把入口关的同时,也要加强对师资队伍日常的管理和培训。基于法学知识、技能的日益更新,需要对教师进行有计划的培训,组织教师进修、实践训练等,以适应教学要求。同时,健全完善培训考核评估制度,对教师教学质量进行综合考核,促进教学部门和教师改进和完善教学。

2. 推进培训大纲教材编写工作。大纲是组织实施职前培训工作的总章程。要确保职前培训取得实效,应当集中力量编写好职前培训大纲,明确集中教学阶段、岗位实习和综合训练阶段的具体科目、课程设置和具体要求等。根据有关规定,政治理论、职业道德、职业纪律、法律基础知识要求等共同科目,可由司法部会同最高人民法院、最高人民检察院和有关部门,共同研究制定统一职前培训共同科目的大纲,编写培训教材,以推动形成共同的职业理念、法律思维、职业道德精神。适应各法律职业部门建设专业化人才队伍要求,最高人民法院、最高人民检察院等法律职业用人部门、中华全国律师协会等行业主管部门,可结合本系统实际情况,突出专业特点,编写本系统专业科目培训教材。

3. 健全完善培训管理制度。法律职业队伍是社会主义法治工作队伍的重要组成部分,对法律职业人员职前培训活动,应当从严管理,把"严"的要求贯穿职前培训全过程。一是严格和压实培训机构指导管理责任,加强对师资、课程等方面的审核把关。严格授课教师和实务导师条件,明确政治素质、职业道德素质要求。二是严格参训人员考核。参训人员必须严格完成规定的培训任务,遵守培训规章制度和廉洁自律各项规定。有关行业自律组织对实习人员的实习情况进行全面考核,包括政治素质、道德品行、执业素养以及完成实习项目情况、遵守律师行业规范和实习纪律情况等。三是健全完善职前培训管理制度和工作流程。着眼于提高培训质量和效率。充分利用信息化手段,推进职前培训教学、实习、考核全过程信息化管理,加快构建职前培训工作管理和网络学习平台。此外,司法部和省(区、市)司法行政机关法律职业资格管理部门应当建立职前培训档案、信息资料库，统一汇集管理职前培训档案等信息资料。

4. 落实培训经费保障。充分的培训保障，有利于提高参训人员的积极性，进而影响到服务意识、服务能力尤其是专业素养的提升，优化培训效果。根据有关规定，法官，检察官，行政机关中初次从事行政处罚决定法制审核、行政复议、行政裁决、法律顾问的公务员的培训经费，由国家统一拨款。为确保经济贫困地区能获得同等的培训，还应当推动教学师资经费等优质培训资源向基层延伸倾斜，特别是支持和帮扶革命老区、民族地区、边疆地区职前培训工作正常开展，促进贫困偏远地区法治建设。为确保申请律师、公证执业人员实习任务落实，有关行业主管部门应当确保实习人员的培训经费到位，建立完善相关制度，明确实习人员的劳动报酬或者生活补助标准以及劳动报酬或者生活补助的最低标准，以更好地满足实习工作需要。

第十九章　深化法律职业资格制度改革发展

国家统一法律职业资格制度是选拔培养高素质社会主义法律职业人才的基础性制度。适应新时代全面依法治国需要，遵循考试发展规律，深化法律职业资格制度研究十分必要。本章重点介绍如何进一步完善考试方式、考试内容，研究探讨与考试制度相配套的考试放宽政策、法律职业胜任标准、法律职业人员统一培训制度等问题，促进国家统一法律职业资格考试与法学教育、法律职业用人制度的有效衔接，进一步促进法律职业共同体建设。

第一节　进一步健全完善统一法律职业资格考试制度

自2018年国家统一法律职业资格考试制度建立实施以来，国家统一法律职业资格考试一直都在调整和完善之中。如何建立更加科学的考试模式，并通过具体有效的改革措施，进一步完善考试方式，强化考试组织管理，加大职业品行考查力度，使国家统一法律职业资格考试能够最大限度地实现科学选拔功能，为全面依法治国、建设法治中国提供高质量法治人才保障，是法律职业资格考试面临的重要命题。

一、进一步完善考试方式

（一）加大考试的专业性考查力度

国家统一法律职业资格考试主要功能在于选拔能够从事法律实务的应用型法律人才，而国家统一法律职业资格考试主观题考试主要是考查考生综合运用法律知识解决实践中的法律问题。以往的国家司法考试中,命题者考虑到卷四的案例分析题题量较大和考生掌握法律知识水平,一般都把案例中所涉及的问题找出来,把要求考生作答的问题罗列得很明确、具体,客观上降低了考试的难度。[1] 针对这种情形,2018 年的国家统一法律职业资格考试做了一定的改变,强调命题要突出对考生分析问题和解决问题能力的考查。[2] 考查方式上,主观题考试命题中首次设置二选一的选作题,选作题的考查内容更为集中,主要限于核心部门法;考生可以带法律工具书,不用死记硬背法律法规;案例分析题要求回答的问题相对更为概括、开放,参考答案具有一定的开放性。这种调整,有利于更好将符合法律职业部门和社会需要的应用型法律人才选拔出来。随着国家对特殊法律职业人才的迫切需求,国家统一法律职业资格考试还应当进一步完善,在强调考试内容的基础性、综合性、应用性的同时,还要强化了专业性考查,如刑事辩护、知识产权等部门法领域专才,科技创新、生物安全等重要领域,金融证券、商事调解等新兴领域及对外贸易、国际投资等涉外领域方面的稀缺法治人才等,通过改进考试方式方法,满足国家和社会对稀缺法治人才的迫切需求。

(二)改进客观题考试方式

2018 年,国家统一法律职业资格考试改革以后,实行了主、客观题考试分阶段进行。2019 年在考试方式上进一步完善,主观题考试以计算机化考试为主,客观题考试分批次进行,每一批次考试在题库中选取一套试卷,考试时长、试题类型、题量、分值和试题难易度相同。客观题考试分批次进行,一定程度缓解了考试对机位资源特别是优质机位资源的需求。从考试时间来看,一般每年的 8 月、9 月、10 月是各类考试集中举行的旺季,从过去的国家司法考试到现在的国家统一法律职业资格考试,以及各大类职业资格考试,都相对集中选择在这三个月举行,且机考居多,造成机位资源非常紧张。考虑到上述情况,为确保机位资源,可研究调整分批次考试模式,探索将现有的客观题考试集中由在下

---

〔1〕 参见潘剑锋:《论以法律职业精英化为目标的法律职业资格考试》,载《现代法学》2019 年第 5 期。

〔2〕 参见《2018 年国家统一法律职业资格考试公告发布——赵大程就国家统一法律职业资格考试答记者问》,载司法部官网 2018 年 6 月 8 日,http://www.moj.gov.cn/pub/sfbgw/gwxw/xwyw/szywbnyw/202101/t20210122_148173.html。

半年两天进行，改为客观题考试保留一年两考，分上下半年各举行一次，限定考生年度报考一次的做法。比如，可在每年5月和9月分别举行一次客观题考试，10月举行主观题考试。这样可有效缓解集中考试机位压力大的问题，提高组织考试保障能力和水平，有效提供优质考试资源。

（三）增强考试测试方式的科学性

国家统一法律职业资格考试明确18个考试科目，涉及法学理论、实务技能、专业知识以及政治素养、职业伦理等多个方面，涉及法律法规200多部，考查范围非常广。但国家统一法律职业资格考试采用的是2+1的卷式结构，2张客观题试卷一共200道选择题，要对应试人员的法学理论、法律职业道德、法律专业知识进行全面有效考查存在较大困难。主观题试卷也存在同样的问题和挑战。考察国外的司法考试制度，以德国、日本为典型代表，除了进行案例型简答题之外，还涉及多个部门法的论文写作，考试场次达到五六场之多。日本司法考试中的论文考试两天、面试3天，[1]对应试人员的实务能力考查较为全面深入。如何通过两张客观题试卷、一张主观题试卷，来提高考试质量，以更好地测试应试人员运用法律思维和法律专业知识，分析法律事实，解决法律实务能力；同时，对于一个参考人员动辄几十万的人口大国来说，必须要考虑考试成本和考试效率问题。因此，平衡好考试质量、成本、效率等问题，确保考试测试的科学性、公正性，是个值得认真研究探讨的重大课题，有待于考试模式的进一步改进和完善。

（四）提高考试选拔功能的有效性

国家统一法律职业资格考试主要是通过依法、公平、公正的考试方法，检测、判断考生是否具备胜任法律行业的准入资格，目的是为法律职业部门选拔储备合格法律职业人才。法律职业资格考试制度的性质和目标决定了考试应当着眼法治实践，将法治实践所要求的内在素质和基本技能作为考试考查的重点。但国家统一法律职业资格考试的考试内容按照法学核心课程安排考试范围，主要还是侧重基础性法律专业知识和理论知识，以及抽象法律事实的分析和法律思维的运用能力的考查。尽管国家统一法律职业资格考试实行分阶段

---

〔1〕 参见《日本司法考试简介》，载天津允公律师事务所微博2016年1月28日，https://weibo.com/p/1001603936351807494233。

通过方式,在考试内容上更加贴近法治实践过程。但总体上看,国家统一法律职业资格考试的基本内容与法律实务部门的实际需要还存在一定的张力,需要进一步改进考试方式方法,提高考试选拔功能的有效性。法治实践过程特别是法律适用和事实认定等方面的法治实践过程,离不开证明、论证、推理和法律续造等复杂的思维和创造过程。[1] 有必要探索试行利用多媒体技术,将法治实践中的典型性案例,根据命题技术规范要求进行改造加工后展现,要求应试者作答,还可以将案例分析题与文书写作结合考查,以充分反映和体现法治实务工作对知识和技能综合应用要求,从而将"具有一定事实认定和法律适用能力、符合法治实务部门需要的考生选拔出来"[2]。

二、加强职业品行考查力度

(一)提高职业品行考查的有效性

法律职业人员的政治素养和职业道德,不仅体现在认识理念方面,更主要的是体现在法治实践中。目前的国家统一法律职业资格考试与这个目标尚未完全契合。一是我国法律职业伦理考核主要是以国家统一法律职业资格考试中的"司法制度与法律职业道德"这一考试科目形式呈现的。国家统一法律职业资格考试总分达到通过标准,就意味着具备了相应的法律职业伦理水平。对于法律职业伦理的考核没有单独标准。二是对职业道德考查主要是知识性的考查。我国国家统一法律职业资格考试中法律职业道德部分,主要考核各类法律职业相关职业道德、职业纪律、职业(执业)责任等方面的基本要求,[3] 考试之外涉及法律职业人员的政治判断、道德品行鉴定则难以设定较为科学合理的评价标准。从国外情况来看,美国法律职业伦理考试单独进行,属于律师资格

---

〔1〕 参见梁开银:《法律思维:法学教育与司法考试的契合点——论法学教育与司法考试的互动与改良》,载《法学评论》2011 年第 4 期。

〔2〕 参见《2018 年国家统一法律职业资格考试公告发布——赵大程就国家统一法律职业资格考试答记者问》,载司法部官网 2018 年 6 月 8 日,http://www.moj.gov.cn/pub/sfbgw/gwxw/xwyw/szywbnyw/202101/t20210122_148173.html。

〔3〕 中华人民共和国司法部制定:《2021 年国家统一法律职业资格考试大纲》,法律出版社 2021 年版,第 36~39 页。

考试的前置性考试,[1]考试采用单一客观题形式,每年在3月、8月和11月考3次,每次考试时间为120分钟,题量为60道(其中10道为试测题),均为案例题,重点考查考生在具体情境中运行律师职业规则的能力,突出实际应用考核。在美国申请从事律师职业,必须持有申请日之前3年内通过的法律职业伦理成绩证明。因此,借鉴国外有益作法,加大职业品行考查力度,适应法律职业的实践性特征,进而提高职业品行考查的有效性十分必要。

(二)改进职业品行考查方式

落实国家统一法律职业资格考试选拔法治人才应当坚持"立德树人、德法兼修"要求,必须科学合理地设置法律职业伦理考试内容和考查方式,强化法律职业伦理规则的可适用性。一是要建立完善法律职业伦理案例库和试题库。以客观题为主体的试卷应当保证足够的覆盖面。借鉴美国法律职业伦理考试的经验,在现有定向征题基础上,邀请法律实务部门专家参加征题,进一步完善法律职业伦理试题库和案例库。二是在命题时重点考查考生运用职业规则的能力,推动职业伦理考查从理论实务综合考核向实际应用专门考核转变。可将法律职业伦理科目纳入多个考试科目内,全面检验考生对于法律职业伦理的实际运用程度。三是改进法律职业伦理考试形式和计分方式。研究探索试行法律职业伦理部分客观题单独计分,划定合格线,并适当提高法律职业伦理部分的分值,实现对申请法律职业人员的职业伦理底线的考核。可考虑将法律职业伦理部分的分值提高到30分,即占客观题总分值的10%;按照60%的及格率来单独划定合格线。考生只有分别通过客观题试卷总分和法律职业伦理部分考分的合格标准,才能进入主观题试卷考试。四是采用案例分析题形式并与法学教育做好衔接。一方面,在主观题试卷综合性案例分析题中,将法律职业伦理科目纳入多个考试科目内,全面检验考生对于法律职业伦理的实际运用程度。另一方面,影响和引导法学院校强化法律职业伦理教育,改进对法律职业伦理教育的授课方式,突出对法律职业伦理实际应用的培养教育,为造就具备共同的职业信仰和职业伦理的法律人奠定基础。

---

[1] 参见袁钢:《中美法律职业资格考试的比较分析——以法律职业伦理考核为视角》,载《中国考试》2019年第8期。

三、进一步提升考试组织管理质效

由司法行政机关组织实施国家统一法律职业资格考试,不仅是司法部和地方司法行政机关依法履职的体现,更是确保法治队伍建设革命化、正规化、专业化、职业化的需要。当前,每年同期举行的证券从业资格、计算机等级考试等大型国家级考试,大多实行计算机化考试,参考人数有的多达百万,且能够承接各类考试的学校数量有限,这对国家统一法律职业资格考试而言同样是不小的挑战。落实中央关于选拔高素质专业化法治人才要求,为维护考试公平性、权威性,更好地履行组织实施国家统一法律职业资格考试的重要职责,必须进一步强化司法行政机关考试组织管理水平,着力提升考试组织实施质效。

(一)完善考试组织管理工作机制

1. 建立健全考试期间直接指挥工作机制。国家统一法律职业资格考试是选拔合格法律职业人才的国家考试。考虑到考试的政策性强、影响面广、时效性高等特点,为确保司法部能够及时了解掌握全国情况,统筹协调相关省份或技术服务力量,在考试前和考试期间等特定时期,可临时成立考试应急处置机构,即司法部直接指挥工作小组,建立与各司法厅(局)、各考区考点考场的直接联系对接机制,形成考试工作指令实时传达到位、考点考场全面监督管理、重大异常情况及时应对处置、重大舆情重要问题直接上报的工作方式,及时协助解决重大复杂问题或突发事件。这一机制在近些年的考试中已经被付诸实践,效果良好,尤其有利于计算机化考试中突发异常情况的及时反馈和应急处置。

2. 推进考试工作规范化、标准化建设。基于考试的特殊性,可在现有的规范和规则基础上,结合实际,各地考试工作机构也可依托部颁文件形成稳定、持续、可参照的工作方法,尤其注意明确考试配套资源选定、考点考场使用标准,系统分析计算机化考试风险点与应对办法,最大限度地形成有利于统一考试组织实施的标准化工作模式。此外,通过特定理论培训、计算机实操演练、考点考场仿真环境等加强对在岗人员的业务素养培训。考点学校要注重对机考参与教师的责任意识、配合意识、硬件维护、网络布置情况等方面培训;技术公司要着重对学校监考操作员和机房管理员进行考试系统使用、操作规程、时间点、可能发生的问题及处理程序的培训;司法行政部门着重对参与考务工作人员进行监考规则、工作程序、工作纪律、服务考生等方面培训,通过培训提高考务管理技能，实现规范化和标准化目标。

（二）切实提升机考组织管理水平

1. 机考面临的管理困境。计算机化考试不仅是考试信息化改革的目标，也极大地解决了试卷存放安全保密问题。从当前发展来看，国家统一法律职业资格考试全部实现计算机化考试已经实现。受人们所掌握的计算机信息技术限制等因素影响，机考同样也面临很多技术的瓶颈和管理的困境。一是组织成本较高。受全国机位数量限制，特别是直辖市、省会城市及机位紧张考区，考生报名人数较多时，需要分成几个、甚至几十个考点进行，考点设置较为分散，增加了人力、物力，组织成本较高。二是对技术团队水平要求高。监考机操作员仍需要聘请社会技术人员，全国近 300 个考区、600 个考点、近万个考场，需要的技术团队和技术人员覆盖面广、人员来源情况多样，统筹管理把控难度大。三是硬件设备配备质量好。每年每次考试考生多达几十万人，而全国每个考点学校所配计算机购置年限不一，要确保不出现故障隐患，需要考点硬件设备配备质量来保证。

2. 规范机考组织管理。进一步规范计算机化考试的组织管理，以最大限度地降低不可控因素，防范和化解风险。重点做好以下几方面工作：一是健全工作规范。有必要继续完善考务工作手册，在梳理总结机考容易出现的异常情况和借鉴地方实务经验基础上，增加并细化机考风险清单。二是完善工作机制。依据《政府采购法》等相关法律规范有必要选定优质的机考技术服务公司，继续探索构建考区司法行政机关负责、考点学校和技术服务公司紧密配合的合作机制，以规范性文件或实施意见形式对合作模式、技术服务标准、考点考场环境等涉及计算机考试组织管理的问题予以固化和明确。三是抓住关键环节。“保电、保网、保设备”，三者缺一不可。电力供应是“血液”、网络传输是“神经”、计算机设备是“心脏”，机考的准备工作都要围绕这三方面进行，这是保证机考成功的关键。四是保障落实到位。学校、技术公司、司法行政部门是机考中的三个主要保障部门，要落实三个部门的分工职责，切实保证在考试时相互衔接、相互配合、相互支持，形成一盘棋局面，才能保证机考的成功。五是提高信息化水平。目前，在实施计算机化考试方面，国家统一法律职业资格考试信息化技术已经居于各类国家级考试的前列，在国家统一法律职业资格考试的视频巡考、网上报名、网上评卷等方面发挥了重要作用。下一步，寓管理于服务之中,针对数字信息技术飞速发展的时代背景,有必要建立完善和优化网上报名与线上资格审核,实现报名期间基本信息数据自动认证、资格审核智能核验,以更好地提高行政服务质量、服务水平。

(三)处理好规范管理与热情服务的关系

坚持以人民为中心的思想,坚持全心全意为人民服务,这是法治工作队伍基本的工作态度和服务型政府的根本宗旨。维护考生权利、方便考生参考是考试工作机构的重要职责和考试组织实施工作的基本要求。多年来,国家统一法律职业资格考试除了针对特殊困难群体的特殊政策外,也同其他大型国家级考试一样,积极加强考前宣传引导、交通疏导,做好考场内的“净考”服务等,受到考生和社会的广泛好评。国家统一法律职业资格考试不同于其他资格类考试,具有很强的政治性、严肃性、权威性、专业性,是法律职业准入的一道“关口”,更是全面依法治国的重要基础和人才保障。因此,考试中的人性化要求应与考试本身的性质、目标相统一。既为公民权利提供强有力的保护,提供人性化服务,同时也要确保考试组织实施的科学性、规范性,实现考试公平公正优质高效。一是应当高效服务。从考生的实际需要出发,既不能给考生增添额外的负担,又不能不考虑考试成本。二是应当公平服务。应当关注计算机技术使用能力不足的群体,为他们提供必要的技术支持和必要的线下服务,维护考试的公平公正。三是应当合理服务。从源头上把好政策关,客观看待考生诉求,把握好政策尺度,进一步细化和规范相关政策,在法律规范政策制度的框架内严格依法予以办理。考试工作机构提供服务也是行使行政管理权力,必须要有法度,应以“不扰民”“不烦民”为边界[1],否则将会降低考试的社会效益和考试效率。

第二节　加强考试相关问题研究

建设法治国家,推进全面依法治国进程,着力提高法律职业人才供给质量,有必要进一步完善考试放宽政策、研究制定考试胜任能力标准,推动考试目标实现从“有没有”向“好不好”转变。

---

〔1〕 参见潘小娟:《政府的自我革命:中国行政审批制度改革的逻辑起点与发展深化》,载《行政管理改革》2021年第3期。

一、加强考试放宽政策前瞻性研究

（一）考试通过人数总量基本适应法律职业需求

据不完全统计，2002 年至 2017 年，16 次国家司法考试共有 510 万余人参加考试，有近 100 万人通过考试。自 2018 年首次国家统一法律职业资格考试，截至 2022 年上半年，有 260 多万人参考，50 多万通过考试。总计 770 多万人参考，150 多万人通过考试。通过人数占参考人数的近 20%。从就业情况来看，近些年来，我国律师人数大幅增加，年均增加 3 万至 5 万人。截至 2022 年 6 月，全国共有律师 60.5 万人。[1] 根据我国法治实践需要和法学教育发展状况，总体来看，年度通过人数总量已基本能够适应法治建设需要，但人才供给质量需要进一步提升。

（二）及时研究提出考试放宽政策调整意见

为建设高素质、专业化法律职业队伍，《国家统一法律职业资格考试实施办法》提高了报名参加国家统一法律职业资格考试人员学历和专业条件，同时将放宽地区报考学历条件提高到高等学校本科毕业以上学历。一方面，随着全面依法治国加快推进，法治社会对于高素质专业化法律人才的迫切需求，相应地，社会各方面包括中西部地区对于法律人才的需求标准也更为严格。另一方面，随着报考人数的不断增加，客观上取得 A 类法律职业资格证书人数总量逐年增加，不断满足全社会对法律人才的需求。因此，立足于提高法律职业人才的供给质量，确保国家统一法律职业资格考试制度的国家性、统一性、权威性，对于实施完成 5 年考试放宽政策（2021 ~ 2025 年）后，是否调整放宽政策，考试主管部门可会同相关法律职业用人和行业主管部门，及时研究提出相关意见，包括考试放宽政策、准入条件、放宽范围、合格标准等，以及取得 B 类、C 类法律职业资格证书人员从业的相关政策规定，推动法律职业人才及后备力量从“有没有”向“好不好”转变。

二、加强法律职业胜任能力标准研究

国家法律的正确实施、公民合法权益的保护、社会公平正义的实现，很大程

---

〔1〕 参见杜雨敖：《司法部：党的十八大以来，全国共有 102.9 万人取得法律职业资格》，载百家号“新民晚报”2022 年 7 月 28 日，https://baijiahao.baidu.com/s?id=1739590060971649532&wfr=spider&for=pc。

度上取决于法律职业群体的职业素质和能力水平。不了解掌握拟从事相应法律职业,比如,初任法官、初任检察官、律师、公证员应当具备什么素质,具有什么样的能力和水平,就无法解决考什么、如何考、合格标准怎样定这些基本问题。为此,各国司法制度无不对法律职业人才设立了严格的遴选程序,其中首要的是提出与该职业对应的能力标准及从业的水平和要求。可见,法律职业胜任能力标准建设是国家统一法律职业资格考试实施过程当中必经的程序,也是一项前置性的工作,应当引起广泛的重视。

(一)现行法律职业胜任能力的基本要求

我国《法官法》《检察官法》等都分别明确了担任法官、检察官相应的素质和能力要求。国家统一法律职业资格考试以法治实务部门对法律职业人才的需要为导向,考试大纲将我国法律职业胜任能力要求概括为两个层次:一是理解中国特色社会主义法治理论和相关法律知识、法律原理和法律规定;二是在中国特色社会主义法治理论指导下,能够运用法律基本知识、原理和规定,通过一定的法律思维和法律技能,分析和处理法治理论问题、社会法律现象和法律实务,做到政治立场正确、事实认定清楚、法律适用准确。[1] 国家统一法律职业资格考试建立实施的客观卷、主观卷两阶段分别通过的考试模式,就是依照考试大纲指引,对应试人员是否具备考试大纲明确的以综合素养和专业素质为基础的认知能力、理解能力与法律适用能力等要素的检测与评价,体现了对未来法律职业人员的胜任标准要求。此外,为提升法律职业人员职业能力,《职前培训指导意见》明确了实施统一职前培训制度,提出了实习训练的方式和主要内容及考核合格等胜任要求,以更好地满足法律职业部门需要。近些年来,为更好发挥法学教育在国家民主法治建设中的重要作用,教育部也先后制定出台一些改革举措,明确从知识教育向能力教育转变的导向,修改完善了《法学类教学质量国家标准(2021 年版)》,进一步明确法学教育的培养目标、培养规格和课程体系、教学规范等内容,以适应培养合格法治人才的需要。总之,围绕更好地培养选拔优秀法律职业人才,从法学教育教学培养、法律职业资格考试科学选拔与统一职前培训实习训练,形成了"一体化"的拟从事法律职业人员

---

〔1〕 参见中华人民共和国司法部制定:《2022 年国家统一法律职业资格考试大纲》,法律出版社 2022 年版,第 1 页。

能力和素质的不同要求和质量标准，为下一步研究制定统一的法律职业胜任标准奠定了基础。

（二）研究制定法律职业胜任能力标准

适应全面依法治国需要，为更好地实现培养选拔优秀法律职业人才目标，有必要在考试大纲对拟从事法律职业人员的能力素质要求基础上，结合法学教育教学质量国家标准，以及统一职前培训和在职培训学习训练的相关规定，细化拟从事法律职业所应具备的专业知识、职业技能、职业道德、实务经历等方面的具体要求，研究制定拟从事相应法律职业的培养选拔的衡量标准。

1.法律职业人员应具备的基本素质和能力。一般认为，从事法律职业应当具备的素质和能力要求，包括法治观念、正确价值观，专业知识、职业技能，实务经历、法律方法、职业操守、职业品格等多个维度。以法律职业道德为例，从职业道德的内涵，包括职业价值观、职业伦理、职业态度等内容。职业道德的养成，是通过法学教育课程学习和职前培训实习训练，以及在职培训乃至终身学习教育实现的。由此，从法律职业人员应当具备的职业道德标准衡量，还应当包括职业价值观、职业伦理、职业态度等方面的知识，以及社会责任、职业信誉以及遵守法律法规等要求。未来的法律职业人员应当具备的最低法律职业道德要求，还应当包括良好的道德品格、健全的职业人格、强烈的法律职业认同感，具有服务于建设社会主义法治国家的责任感和使命感等。从职业道德的外延来看，不同的法律职业具有不同的职业道德属性。《国家统一法律职业资格考试大纲》分别明确法官、检察官、律师、公证员、法律顾问、仲裁员，以及行政机关中从事行政处罚决定法制审核、行政复议、行政裁决的公务员职业道德的主要内容和职业（执业）责任。综合两方面内容，有必要在现行的法官、检察官和律师等不同法律职业职业道德规范的基础上，研究制定了一个能反映法律职业共同特征、符合法律职业共同要求的法律职业道德行为规范和行为准则，即法律职业道德胜任标准，通过外化于行的共同价值追求，促进不同法律职业间的融会贯通，推进统一的法律职业共同体建设，从而共同筑牢全面依法治国的法治伦理根基和职业认同。[1]

2.法官、检察官和律师应具备的胜任能力标准。依据相关规定，九类法律

---

〔1〕参见叶竹盛：《以考试改革体现法治伦理》，载《人民日报》2015年12月23日，第5版。

职业人员应当取得法律职业资格。在职业能力要求上，这九类法律职业人员，作为法律职业共同体，应当具有共同的本质属性和统一的胜任标准。但客观上，分别属于行政执法机关、司法机关以及法律服务行业等不同部门或行业指导管理。因工作性质、职业要求不同，相应地对其中某一类法律职业人员能力素质要求也存在差别。以法官、检察官与律师为例，法官、检察官与律师是法律职业共同体的重要角色，是维护国家法治、司法公正的中坚力量，都肩负着实现社会公平、正义的使命，需要经过专门的法律知识和法律技能训练。法官、检察官、律师职业胜任标准，既要符合我国法学教育培养目标的规定要求，特别是应当反映法院、检察院、律师行业用人要求和发展趋势，符合德才兼备要求，更需要以扎实的知识功底、专业的理论基础、熟练的职业技能、良好的道德品行、一定的法律应用能力、综合素质及相应的社会阅历作为支撑。简而言之，法官、检察官与律师职业胜任标准可以统一概括为能够运用法律基本知识、法律原理和法律规范，通过一定的法律技能和法律方法，独立地分析和处理简单法律事务（争议）。

（三）依据胜任能力标准确定考试目标

国家统一法律职业资格考试的目标是通过考试检测考生是否具备法律职业所要求的职业能力和综合素质，进而选拔出合格法律职业人才。结合法律职业知识、能力、素质和实务经历等不同方面胜任标准要求，可以形成多方面、多层次、可操作的具体目标。一是对知识与技能的考查。考查目标包括：掌握法学类专业的思维方法和研究方法，具备良好的人文素养和科学素养；具备对中国特色社会主义法治理论内容和法律基本知识、法律原理、法律规定的深入了解和准确理解，以及对法律基本技能的熟练掌握和灵活运用等，并"藉此解释、论证观点，分析现象，辨明正误"[1]。二是对创新和实践能力的考查。考查目标包括：应当具备独立自主地获取和更新本专业相关法律知识的学习能力；在中国特色社会主义法治理论指导下，具备综合运用相关法律原理、法律观点和法律规范发现、分析、判断、评价法治理论问题、社会法律现象和实务问题的专业能力；具备利用创造性思维方法开展实习、实践和实战训练的能力等，做到事

---

〔1〕 中华人民共和国司法部制定：《2022年国家统一法律职业资格考试大纲》，法律出版社2022年版，第1页。

实认定清楚、法律适用准确。三是对职业素质的考查。考查目标包括:牢固树立正确的世界观、人生观、价值观;具有从事法律职业所应当具备的政治素养、综合素质和职业伦理;具有积极努力的学习态度、健康向上的人生态度,服务于建设社会主义法治国家的责任感和使命感;了解和掌握以宪法为核心的中国特色社会主义法律体系,具有良好的道德品格、健全的职业人格、强烈的法律职业认同感。

围绕上述考试目标来综合设计法律职业胜任标准,有利于促进考试大纲制定的科学性、针对性和可操作性,更好地推动法学教育法治人才培养从知识教育向能力教育的转变,进而不断提升法治人才供给质量,保证选拔优秀人才目的的实现。

总之,研究制定拟从事法律职业人员培养选拔胜任能力标准,直接地影响法学教育、指导法律职业资格考试,统筹统一职前培训工作,有助于构建法学教育培养、法律职业资格考试选拔与统一职前培训实务训练、在职在岗教育培训,这一科学的法治人才养成机制,确保新时代法律职业人员的素质、能力与道德水准,努力打造一支忠于党、忠于国家、忠于人民、忠于法律的社会主义法治工作队伍。

第三节　探索构建我国法律职业人员统一培训制度

一、统一职前培训与在职培训

我国现行法律职业培训,大体上可分为职前培训和在职培训两大类。职前培训是以法律职业人员综合素质和职业能力为主要内容的教育和训练,目前已形成统一的职前培训实施指导意见。在职培训是指对在职法律职业人员定期进行的,以更新知识、提高职业能力和职业素养为目的的教育培训。[1] 目前,在职培训由各法治实务部门独立操作,分别实施。在职培训按部门行业分设,存在缺少统一规划、资源浪费、重复建设等问题,且与统一职业培训衔接不畅,因此,既不利于构建高质量法律职业共同体,又难以满足国家对高素质、专业化法律职业队伍的迫切需求。我们认为,根据权力运行相互监督制约的法治原则,着眼于巩固深化党和国家机构改革成果,"按照一类事项原则上由一个部

---

〔1〕 参见董开军:《司法行政学》,中国民主法制出版社 2007 年版,第 380 页。

门统筹、一件事情原则上由一个部门负责的要求，最大限度解决职责交叉问题”[1]，有必要在司法行政机关履行法律职业人员统一职前培训职责的基础上，打破部门壁垒，打通目前法律职业人员职前培训与在职培训分别管理体制，实行统一培训制度。

二、构建法律职业人员统一培训管理体制机制

按照《职前培训指导意见》要求，构建法律职业人员统一培训管理体制机制，可在国家统一职前培训指导委员会基础上，成立国家统一法律职业人员培训指导委员会。参照职前培训指导委员会的职责定位，由司法部牵头组建的培训指导委员会的主要任务是，负责统筹协调全国培训管理工作，指导、督促、检查各部门实施本系统培训工作。法律职业用人部门以及有关行业主管部门，担负本系统培训的组织管理、统筹协调等项工作。

司法部法律职业资格管理部门作为办事机构，承担培训指导委员会日常工作职责，有效发挥沟通联络、协调督促作用。按照统一培训管理模式，其主要任务：一是统一培训管理。法律职业培训工作是司法行政事务的重要组成部分，属于行政事务。无论是职前培训还是在职培训，由国家司法行政机关制定统一培训规划、实施方案及相关政策，拟定统一培训标准、培训大纲和培训规范，并指导管理监督专业的培训机构负责实施。二是推动专业的培训机构负责实施。国际上，法律职业培训机构有一些比较成熟的作法。例如，日本成立司法研修所，作为专门的法律职业培训基地，承担着法律职业职前培训和在职培训等任务；美国的律师培训是由高等法律院校来完成的，也较好地发挥了律师考试对法学教育的引领作用，实现了法学教育与律师职前培训的融合。培训机构的专门化、专业化是未来我国法律职业统一培训的发展方向。结合我国实际，可由法学院校、专业的培训机构等法律职业培训机构负责统一培训的具体实施。

建立法律职业人员职前培训与在职培训统一的培训模式，推动法学教育培养、考试选拔、职前培训及在职培训的紧密衔接，构建起科学完备的法律职业人才养成机制，有利于推进法律职业队伍革命化、正规化、专业化、职业化建设。

---

[1] 中央机构编制委员会办公室：《学习贯彻习近平总书记重要讲话精神　巩固深化党和国家机构改革成果》，载《求是》2019 年第 14 期。

第二十章　加快构建推动法律职业资格考试与法学教育、法律职业用人制度有效衔接的制度机制

国家统一法律职业资格考试是培养选拔法律职业人才的中间环节,是连接法学教育和法律职业之间的重要纽带。国家统一法律职业资格考试制度既要适应和保障法律职业需要,也要充分考虑和反映法学教育的发展趋势,加强与法学教育和法律职业用人制度的良性互动、紧密衔接,实现选拔培养高质量社会主义法治人才目标,为全面依法治国奠定坚实基础。

第一节　促进国家统一法律职业资格考试与法学教育协调发展

国家统一法律职业资格考试与法学教育都是推进新时代高素质专业化法治人才建设的基础工程,两者在法治人才培养选拔中发挥着重要的保障作用。建立国家统一法律职业资格考试,不仅是我国法治领域改革的一项重大举措,也是引导我国法学教育改革发展的突破口,由此推动法学教育的培养目标、培养规格、培养模式等方面的重大变革,进而实现培养高素质法治人才目标。国家统一法律职业资格考试要考查应试人员的学识、能力和素质,而学识、素质和独特的法律思维方式主要是依靠法学教育产生的。可见,国家统一法律职业资格考试与法学教育是密不可分的。因此,法律职业资格考试制度与法学教育制度衔接紧密,法律职业资格考试制度应当紧跟法学教育的现状及发展趋势,并有相应的制度、措施保证与之形成良性互动的关系。

一、国家统一法律职业资格考试充分反映法学教育发展规律

首先,国家统一法律职业资格考试对报考人员专业学历条件及法律工作经历的严格限定,意味着选拔优秀法治人才更加注重法学教育专业背景。没有法学教育广泛的人才培养,考试就成为无源之水。其次,近些年来,国家统一法律职业资格考试不断调整完善考试大纲及考试内容,将高等教育法学类核心课程"马工程"教材纳入国家统一法律职业资格考试范围。目前,国家统一法律职业资格考试兼顾法学专业16门核心课程,以马克思主义理论研究和建设工程法学类专业核心课程为遵循,确定了18个考查科目,涵盖习近平法治思想和理论法学、应用法学、职业道德等内容,与法学教育核心课程设置相互衔接。最后,从考试组织实施环节看,法考考试命题、征题、评卷工作,都是法考考试主管部门与法学院校、专家教授密切合作、共同努力下完成的。特别是实施计算机考试模式后,国家统一法律职业资格考试考试期间的组织实施,更离不开法学教育主管部门、法学院校和相关技术人员的支持和配合。

二、国家统一法律职业资格考试客观引导法学教育发展

国家统一法律职业资格考试以选拔合格法律职业人才为目标,通过科学合理、公平公正的考试方式,着力将法学教育培养的更多优秀法科毕业生更好选拔出来,这在客观上影响法学教育的改革发展。一是从应考对象和构成来看,国家统一法律职业资格考试的考生绝大部分来自具有法学专业学历背景的普通高校毕业生。参加考试即意味着接受考试对其法律知识、专业能力和综合素质的检测;而且应考对象范围的进一步扩大,意味着相应报考人数、考试通过人数都将会显著增加,国家统一法律职业资格考试对于法学教育成果的检验更加客观。二是实行主观题和客观题分别通过的考试模式,且通过客观题考试才能参加主观题考试。这一改革要求考生要打牢基础知识、专业知识,必须更加注重日常学习的积累,注重平时法律知识学习的质量,推动法学院校重视素质教育和专业教育。三是国家统一法律职业资格考试主观题考试以案例分析、法律方法,检验考生在法律适用和事实认定等方面的法治实践水平,并在考试中由司法行政机关为应试人员统一配发法律法规等考试方式改革,都有利于考查考生的法学素养、法律思维水平和职业能力训练水平,进而影响法学院校培养规格、课程设置、授课方式、师资安排等更具实务性、操作性,在一定程度上弥补了

法律职业与法学教育脱节等问题。

三、适应法律职业需要着力提升法治人才培养能力

法学教育在国家民主法治建设中发挥着重要的基础性作用。[1] 法学教育能否提供符合法治实践需要的合格法治人才供给，是评判法学教育发展质量的一项重要指标。因此，有必要进一步完善法学教育法治人才培养模式，围绕法治人才应当具备的专业知识、实务技能和综合素质要求，加快提升高层次法治人才供给，着力培养符合法治实践需求的应用型复合型创新型法治人才。

（一）强化综合素质和专业能力培养

一是着力提升综合素质。将习近平法治思想纳入高校法治理论教学体系，纳入法学专业核心必修课，坚持立德树人、德法兼修，着力培养学生牢固树立社会主义法治理念、公平公正的法律价值观，具有对社会各种问题的洞察力、法律职业者的责任感和伦理观，"使其真正崇尚法治，产生对法律权威性的认同感和归依感，从而捍卫公平正义，推进法治进程"[2]。成为中国特色社会主义法治国家的建设者，社会公平正义的维护者，公民正当、合法权益的保障者。二是强化专业能力培养。"法学教育着力点应该放在对于学生的伦理教育、社会主义法律制度教育、法律程序和法学方法教育"[3]，在向学生传授专业法律知识的同时，培养学生掌握法学类专业的思维方法和研究方法，准确理解法律思维的特点，并掌握法律方法训练的基本途径，提升学生运用法律规定法律原理法律原则，发现、分析和解决法律问题的能力。

（二）注重法律实务技能培养

法学教育具有很强的应用性和实践性。因此，要突出实践特色。一是注重开展实践教学。在法科生培养方案中，应当加重实践教学环节的比例，让学生在实践中学习并掌握法律实务技能。在实验、实训和专业实习环节，通过利用模拟法庭、法律诊所，独立设置实验、实训课程，建立完善法学院校学生到法院、检察院、律师事务所、公证处实习制度，与法治实务部门共建实习

---

〔1〕 参见《法学类教学质量国家标准(2021 年版)》。

〔2〕 黄进等:《中国法学教育向何处去》，载《中国法律评论》2014 年第 3 期。

〔3〕 徐盈雁:《现行司法考试弊端有目共睹　司考改革势在必行》，载《检察日报》2006 年 8 月 11 日。

实践教学基地等多种形式，强化创新创业教育。二是强化案例教学。在理论教学课程中增加实践教学的比重，特别是在专业核心课程中强化案例教学，将讲授式教学与案例分析教学相结合，突出学生的法律实践和职业技能课程，包括案例分析、法律文书写作、职业伦理等。三是注重协同育人。构建以高校为核心、以法治实践部门为共同责任主体的“法治人才培养共同体”，将法治实务部门的优质实践教学资源引进高校，聘请资深法官、检察官、律师等作为实务指导教师，指导学生进行实践活动，切实增强学生开展创新创业实践的能力。同时，法治实务部门亦应给法学专业教师提供锻炼学习机会，提升法学专业教师实践素养。

（三）构建职业化、多层次职业人才培养制度体制

法学教育是素质教育和专业教育基础上的职业教育。从法律职业的形成过程来看，正是法学教育培养了法律职业者所必须具备的专业知识和基本素养。因此，重新定位的法学教育，应密切关注法律职业资格考试改革发展，构建职业化、多层次职业人才培养制度体制，以更好地适应法治建设发展需要。一方面，要进一步明确法治人才培养管理体制、培养方向、培养规格和课程设置等法学教育培养基本要求。遵循法治人才形成规律，着力构成“一体化”法治人才养成机制，推动形成法学教育培养考试选拔与职前培训统一的管理体制；适应新时代法治建设需求，推动培养目标从过去的培养法学人才、法律人才，向培养复合型创新型应用型法治人才及后备力量转变；培养规格从过去重素质、重理论，向素质、知识、能力及伦理培养相结合转变；课程设置从过去重理论轻实务，向业务理论课程与实践课程案例教学相结合转变，更加突出法学教育的应用性和实践性特征。另一方面，建立多层次职业教育体制。改进法学本科学历教育模式，开设跨学科、跨专业交叉课程，加强法学与相关学科融合发展，加快培养涉外急需紧缺法治人才，打造复合型法治人才。完善法律专业学位研究生教育培养模式，以培养实用型法治人才为目标，探索开展“法学+”联合学士学位项目，调整法律硕士培养的招收生源、课程设置和教学方式等，推进法律硕士教育制度改革。

应当说明的是，我们认为国家统一法律职业资格考试与法学教育作为培养选拔我国社会主义法治人才的基础工程，两者联系紧密。但国家统一法律职业资格制度和法学教育制度，两者各有其不同的职责使命。法学教育培养方向是

多元的，法律职业人才是法学教育培养的重要目标之一；国家统一法律职业资格考试则是法律职业的入口，通过考试取得法律职业资格是从事法律职业的前提条件。应该说，国家统一法律职业资格考试与法学教育并非完全对应的关系，实践中不存在“谁指挥谁”的问题，两者应当良性互动、协调发展。

第二节　推动国家统一法律职业资格考试与法律职业用人制度顺畅衔接

我国的国家统一法律职业资格考试制度是与法学教育相衔接的，适应法律职业需要并与法律职业部门选人用人制度相配套的，选拔合格法律职业人员的制度。实现国家统一法律职业资格考试目标，除了完善制度建设，改进考试方式方法，强化与法学教育的紧密联系，还应进一步完善国家统一法律职业资格考试与法律职业用人制度的衔接，加大从律师中选拔法官、检察官力度，建立取得法律职业资格人员进入法律职业岗位的便捷机制，以有效发挥国家统一法律职业资格考试选拔优秀法律职业人才的重要作用。

一、畅通取得法律职业资格人员进入法律职业渠道

国家统一法律职业资格考试是连接法律人才培养和法律职业的重要纽带。通过国家统一法律职业资格考试的法律人才必须有顺畅进入法律职业的渠道，才能真正实现国家统一法律职业资格考试输送法律职业人才的功能。目前取得法律职业资格者，从事律师职业没有什么障碍，但难以依程序顺畅担任初任法官和初任检察官。这主要是因为现行法律职业资格考试制度与法官、检察官的选任制度之间尚未实现有效衔接。根据《公务员法》《法官法》《检察官法》，成为初任法官、初任检察官，一般要经过考试、考核两种方法。一是参加国家或地方的公务员考试和接收法院、检察院的招聘考试；二是通过考核选拔，主要是从法院、检察院系统中已通过公务员考试、符合法官、检察官遴选条件的法官助理、检察官助理中遴选。从司法机关内部考核选拔，这是目前法官检察官入额的主渠道。且“法官检察官入额考核标准不够明确，考核标准过于抽象”。[1]

---

〔1〕 金宬、韩茳芏、张晓倩：《中国法官员额制改革的受挫原因和突破》，载《智富时代》2017年第11期。

可见，面向社会从取得法律职业资格人员中公开遴选的窗口并未完全打开。

依据《公务员法》第45条第3款规定，“确定初任法官、初任检察官的任职人选，可以面向社会，从通过国家统一法律职业资格考试取得法律职业资格的人员中公开选拔。”《法官法》第15条、《检察官法》第15条明确，初任法官、初任检察官采用考试、考核的办法，按照德才兼备的标准，从具备法官检察官条件的人员中择优提出人选。切实贯彻落实上述规定，有必要切实采取措施，改进初任法官、初任检察官的选任方式，进一步加大国家统一法律职业资格考试与法律职业人员任用制度衔接力度，面向社会，推动符合法官任职和资格条件、有志于从事司法业务工作的优秀人才脱颖而出，进而提升法官检察官队伍整体素质和专业化水平。一是进一步健全完善法官检察官遴选委员会。研究探索完善省级法官检察官遴选委员会及日常工作机制，可设立独立于司法机关的法官检察官遴选委员会及办公室，负责初任法官、初任检察官选任等项工作。二是细化当前法官检察官入额考核程序。注重对法官检察官专业能力、职业素养、品行操守的考核。选任时适当扩大遴选对象范围，更加注重专业化、社会化要求。三是按照《公务员法》有关规定，建议有关部门会同最高人民法院、最高人民检察院抓紧研究制定《面向社会公开选拔初任法官初任检察官任职人选实施办法》，明确具体实施推进路径，进一步畅通司法机关面向社会从取得法律职业资格人员选才用人的渠道，促进国家统一法律职业资格考试与法律职业人才使用、交流有机结合，有效衔接。

二、加大从律师中选拔法官、检察官力度

在法律职业共同体中，法官、检察官与律师秉持法律职业的纯洁与尊严，以承担维护社会公平正义为共同使命。为实现这一目标，除了构建“一体化”的培养、选拔、职前训练养成机制外，应当进一步推动法官、检察官和律师良性互动，形成共同的法治理念、法治思维、职业伦理和职业精神，建设高质量法律职业共同体。优秀律师法律实践经验丰富，熟悉各类法律事务、了解群众法律需求，从优秀律师中选拔法官、检察官，有助于提高法官、检察官队伍的法律素养和实务能力，有利于法官检察官队伍职业化建设。

目前，落实中共中央办公厅《从律师和法学专家中公开选拔立法工作者法官检察官办法》的要求，按照《法官法》《检察官法》相关规定，根据司法工作需

要,有关部门和一些地方制定实施了从律师中公开选拔法官、检察官的政策措施,面向社会从律师中公开选拔为数不多的法官、检察官,畅通不同法律职业之间的流动渠道。但从实施情况看,一方面,虽然公开选拔的员额岗位等级高,但对符合条件的资深律师与法学专家吸引力有限,有的地方甚至无法达到招考人数比例以至于无法开考,一定程度上影响了实施效果。另一方面,由于司法官职业保障制度尚不健全,法官、检察官压力大、责任重,甚至出现了法院和检察院通过考试人员和法官、检察官辞职向社会逆向流动的现象。结合我国法治建设实际,为进一步促进司法队伍结构优化,提高法律职业群体相互间的尊重程度和职业认同,有必要进一步深化法官、检察官招录制度改革,进一步健全完善相关制度机制,降低招考岗位等级,加大从律师中招录法官、检察官的力度,推进从律师中公开选拔法官、检察官工作常态化、制度化。〔1〕 同时,健全完善司法职业保障制度,着力解决入额法官、检察官的后顾之忧,实现职业角色顺畅转换,促进法律职业共同体建设。

三、推动东中西部地区人才交流轮岗常态化

着眼于解决中西部地区法律职业人才补员不足等问题,2018 年国家统一法律职业资格考试建立实施后,继续实施国家统一法律职业资格考试放宽政策(2021 ~ 2025 年)。考虑到中西部地区法律大专学历报名和通过人数均较少的客观实际,将放宽地区报考的学历条件提高到普通高等学校本科毕业。既有效解决了放宽地区法律人才不足的问题,又符合加强法律职业队伍正规化、专业化、职业化建设的要求。一方面,从放宽政策实施效果来看,尽管中西部和基层地区法官、检察官短缺问题有所缓解,但放宽政策的补员效果越来越不明显。另一方面,我国经济社会发展不平衡不充分问题依然存在,由于待遇差、条件艰苦,即便在中西部地区降低考试通过的门槛,实际上也很难保证法律人才不流失。有必要推动东部地区法官、检察官到中西部地区特别是基层单位挂职、交流任职,选调优秀法科毕业生到中西部地区工作锻炼,建立健全律师等法律服

---

〔1〕 参见《中央司法体制改革领导小组办公室负责人就〈关于从律师和法学专家中公开选拔立法工作者、法官、检察官办法〉答记者问》,载中国政府网 2016 年 6 月 26 日,http://www.gov.cn/zhengce/2016-06/26/content_5085702.htm。

务人才跨区域流动机制，推进民族地区双语法治人才培养，配套建立健全到中西部地区任职挂职交流的激励、保障机制。基于保证少数民族地区、国家贫困地区有符合条件的法律职业者的需要，可以考虑在国家层面建立国家法律职业公职人员在不同地区不定期从业或定期从业的轮岗制度。[1] 通过多措并举，有效解决基层和中西部地区法律职业人才短缺问题。

四、建立取得法律职业资格人员进入法律职业岗位便捷机制

为提高法治人才供给质量，有必要建立取得法律职业资格人员进入法律职业岗位的便捷机制，健全法律职业资格制度与行政执法人员持证上岗和资格管理制度的衔接机制。可由中央全面依法治国委员会办公室牵头，会同立法机关、司法机关、司法行政机关共同研究，探索制定相关程序规则，并推广扩大一些地方和部门对取得法律职业资格人员的行政执法人员，简化或免于相应等级执法资格考试的做法和适用范围。同时，鼓励从事法律法规起草工作的立法工作者、其他行政执法等人员，特别是司法行政机关中从事行政立法、行政执法监督人员参加国家统一法律职业资格考试。

[1] 潘剑锋：《论以法律职业精英化为目标的法律职业资格考试》，载《现代法学》2019年第5期。

附　　录

全国人民代表大会常务委员会关于修改《中华人民共和国法官法》等八部法律的决定

（2017年9月1日第十二届全国人民代表大会常务委员会第二十九次会议通过）

第十二届全国人民代表大会常务委员会第二十九次会议决定：

一、对《中华人民共和国法官法》作出修改

（一）将第十二条第一款修改为："初任法官采用考试、考核的办法，按照德才兼备的标准，从通过国家统一法律职业资格考试取得法律职业资格并且具备法官条件的人员中择优提出人选。"

（二）将第五十一条修改为："国家对初任法官实行统一法律职业资格考试制度，由国务院司法行政部门商最高人民法院等有关部门组织实施。"

二、对《中华人民共和国检察官法》作出修改

（一）将第十三条第一款修改为："初任检察官采用考试、考核的办法，按照德才兼备的标准，从通过国家统一法律职业资格考试取得法律职业资格并且具备检察官条件的人员中择优提出人选。"

（二）将第五十四条修改为："国家对初任检察官实行统一法律职业资格考试制度，由国务院司法行政部门商最高人民检察院等有关部门组织实施。"

三、对《中华人民共和国公务员法》作出修改

（一）在第二十三条中增加一款，作为第二款："国家对行政机关中初次从事行政处罚决定审核、行政复议、行政裁决、法律顾问的公务员实行统一法律职业资格考试制度，由国务院司法行政部门商有关部门组织实施。"

（二）将第四十五条第三款修改为："确定初任法官、初任检察官的任职人选，可以面向社会，从通过国家统一法律职业资格考试取得法律职业资格的人员中公开选拔。"

四、对《中华人民共和国律师法》作出修改

（一）将第五条第一款第二项修改为："（二）通过国家统一法律职业资格考试取得法律职业资格"；将第二款修改为："实行国家统一法律职业资格考试前取得的国家统一司法考试合格证书、律师资格凭证，与国家统一法律职业资格证书具有同等效力"。

（二）将第六条第一款第一项修改为："（一）国家统一法律职业资格证书"。

（三）将第七条第三项修改为："（三）被开除公职或者被吊销律师、公证员执业证书的"。

（四）在第五十三条中增加一款，作为第二款："被吊销律师执业证书的，不得担任辩护人、诉讼代理人，但系刑事诉讼、民事诉讼、行政诉讼当事人的监护人、近亲属的除外。"

五、对《中华人民共和国公证法》作出修改

（一）将第十八条第四项修改为："（四）通过国家统一法律职业资格考试取得法律职业资格"。

（二）将第二十条第四项修改为："（四）被吊销公证员、律师执业证书的"。

（三）在第四十二条中增加一款，作为第三款："被吊销公证员执业证书的，不得担任辩护人、诉讼代理人，但系刑事诉讼、民事诉讼、行政诉讼当事人的监护人、近亲属的除外。"

六、对《中华人民共和国仲裁法》作出修改

将第十三条第二款第一项修改为："（一）通过国家统一法律职业资格考试取得法律职业资格，从事仲裁工作满八年的"；将第三项修改为："（三）曾任法官满八年的"。

七、对《中华人民共和国行政复议法》作出修改

在第三条中增加一款,作为第二款:"行政机关中初次从事行政复议的人员,应当通过国家统一法律职业资格考试取得法律职业资格。"

八、对《中华人民共和国行政处罚法》作出修改

在第三十八条中增加一款,作为第三款:"在行政机关负责人作出决定之前,应当由从事行政处罚决定审核的人员进行审核。行政机关中初次从事行政处罚决定审核的人员,应当通过国家统一法律职业资格考试取得法律职业资格。"

本决定自2018年1月1日起施行。

《中华人民共和国法官法》《中华人民共和国检察官法》《中华人民共和国公务员法》《中华人民共和国律师法》《中华人民共和国公证法》《中华人民共和国仲裁法》《中华人民共和国行政复议法》《中华人民共和国行政处罚法》根据本决定作相应修改,重新公布。

国家统一法律职业资格考试实施办法

(2018年4月28日) 司法部令第140号公布

第一章 总 则

第一条 为了规范国家统一法律职业资格考试工作,根据《中华人民共和国法官法》《中华人民共和国检察官法》《中华人民共和国公务员法》《中华人民共和国律师法》《中华人民共和国公证法》《中华人民共和国仲裁法》《中华人民共和国行政复议法》《中华人民共和国行政处罚法》和国家有关规定,制定本办法。

第二条 国家统一法律职业资格考试是国家统一组织的选拔合格法律职业人才的国家考试。

初任法官、初任检察官,申请律师执业、公证员执业和初次担任法律类仲裁员,以及行政机关中初次从事行政处罚决定审核、行政复议、行政裁决、法律顾问的公务员,应当通过国家统一法律职业资格考试,取得法律职业资格。

法律、行政法规另有规定的除外。

第三条 国家统一法律职业资格考试应当依法、公平、公正。

第四条 司法部会同最高人民法院、最高人民检察院等有关部门、单位组成国家统一法律职业资格考试协调委员会，就国家统一法律职业资格考试的重大事项进行协商。

第五条 国家统一法律职业资格考试的实施工作应当接受监察机关、保密机关和社会监督。

第二章 考试组织

第六条 国家统一法律职业资格考试由司法部负责实施。

第七条 省、自治区、直辖市司法行政机关应当明确专门机构，按照有关规定承办国家统一法律职业资格考试的考务等工作。

设区的市级或者直辖市的区（县）司法行政机关，应当在上级司法行政机关的监督指导下，承担本辖区内的国家统一法律职业资格考试的考务等工作。

第八条 负责考试组织实施的司法行政机关及其考试工作人员应当严格遵守国家保密法律法规的规定，加强国家统一法律职业资格考试保密管理。

第三章 报名条件

第九条 符合以下条件的人员，可以报名参加国家统一法律职业资格考试：

（一）具有中华人民共和国国籍；

（二）拥护中华人民共和国宪法，享有选举权和被选举权；

（三）具有良好的政治、业务素质和道德品行；

（四）具有完全民事行为能力；

（五）具备全日制普通高等学校法学类本科学历并获得学士及以上学位；全日制普通高等学校非法学类本科及以上学历，并获得法律硕士、法学硕士及以上学位；全日制普通高等学校非法学类本科及以上学历并获得相应学位且从事法律工作满三年。

第十条 有下列情形之一的人员，不得报名参加国家统一法律职业资格考试：

（一）因故意犯罪受过刑事处罚的；

（二）曾被开除公职或者曾被吊销律师执业证书、公证员执业证书的；

（三）被吊销法律职业资格证书的；

（四）被给予二年内不得报名参加国家统一法律职业资格考试（国家司法考试）处理期限未满或者被给予终身不得报名参加国家统一法律职业资格考试（国家司法考试）处理的；

（五）因严重失信行为被国家有关单位确定为失信联合惩戒对象并纳入国家信用信息共享平台的；

（六）因其他情形被给予终身禁止从事法律职业处理的。

有前款规定情形之一的人员，已经办理报名手续的，报名无效；已经参加考试的，考试成绩无效。

第四章 考试内容和方式

第十一条 国家统一法律职业资格考试的具体考试时间和相关安排在举行考试三个月前向社会公布。

第十二条 国家统一法律职业资格考试实行全国统一命题。

国家统一法律职业资格考试的内容和命题范围以司法部当年公布的《国家统一法律职业资格考试大纲》为准。

第十三条 国家统一法律职业资格考试每年举行一次，分为客观题考试和主观题考试两部分，综合考查应试人员从事法律职业应当具有的政治素养、业务能力和职业伦理。

应试人员客观题考试成绩合格的方可参加主观题考试，客观题考试合格成绩在本年度和下一个考试年度内有效。

第十四条 国家统一法律职业资格考试实行纸笔考试或者计算机化考试。

第十五条 国家统一法律职业资格考试实行全国统一评卷，统一确定合格分数线，考试成绩及合格分数线由司法部公布。

第五章 违纪处理

第十六条 应试人员有违反考试纪律行为的，由司法行政机关按照有关规定，视其情节、后果，分别给予口头警告、责令离开考场并取消本场考试成绩、确认当年考试成绩无效、二年内不得报名参加国家统一法律职业资格考试的处理；构成故意犯罪的，给予终身不得报名参加国家统一法律职业资格考试的处理。

应试人员及其他相关人员有违反治安管理行为的，由公安机关进行处理；构成犯罪的，由司法机关依法追究刑事责任。

第十七条 考试工作人员有违反工作纪律行为的，应当按照有关规定，视其情节、后果给予相应的处分；构成犯罪的，由司法机关依法追究刑事责任。

第六章 资格授予和管理

第十八条 参加国家统一法律职业资格考试成绩合格，且不具有本办法第十条第一款规定情形的人员，可以按照规定程序申请授予法律职业资格，由司法部颁发法律职业资格证书。

第十九条 以欺骗、贿赂等不正当手段取得法律职业资格证书的，由司法部撤销原授予法律职业资格的决定，注销其法律职业资格证书。

第二十条 取得法律职业资格人员有违反宪法和法律、妨害司法公正、违背职业伦理道德等行为的，由司法行政机关根据司法部有关规定，视其情节、后果，对其给予相应处理。

第二十一条 司法行政机关应当将取得法律职业资格人员的有关信息，以及依据本办法第十九条、第二十条作出相应处理人员的有关信息，录入国家法律职业资格管理系统，在司法部官方网站上公布。

第七章 附 则

第二十二条 本办法实施前已取得学籍（考籍）或者已取得相应学历的高等学校法学类专业本科及以上学历毕业生，或者高等学校非法学类专业本科及以上学历毕业生并具有法律专业知识的，可以报名参加国家统一法律职业资格考试。

第二十三条 国家统一法律职业资格考试的实施，可以在一定时期内，对艰苦边远和少数民族地区的应试人员，在报名学历条件、考试合格标准等方面适当放宽，对其取得的法律职业资格实行分别管理，具体办法由国家统一法律职业资格考试协调委员会确定。

在民族自治地方组织国家统一法律职业资格考试，应试人员可以使用民族语言文字进行考试。

第二十四条 香港特别行政区、澳门特别行政区永久性居民中的中国公民和台湾地区居民参加国家统一法律职业资格考试,适用本办法规定。

第二十五条 现役军人参加国家统一法律职业资格考试的具体规则,由司法部会同中央军委政法委员会另行规定。

第二十六条 国家统一法律职业资格考试的其他政策规定,经国家统一法律职业资格考试协调委员会确定后,在年度国家统一法律职业资格考试公告中公布。

第二十七条 本办法由司法部负责解释。

第二十八条 本办法自公布之日起施行。

法律职业资格管理办法

(2020年12月1日) 司法部令第146号公布

第一章 总 则

第一条 为规范法律职业资格申请受理、审查核查、审核认定、证书颁发、服务和管理等工作,根据《中华人民共和国行政许可法》等规定,制定本办法。

第二条 司法行政机关实施法律职业资格管理,应当以习近平法治思想为指导,坚持法律职业队伍革命化、正规化、专业化、职业化方向,建设一支高素质的社会主义法律职业队伍。

第三条 司法行政机关实施法律职业资格管理,应当遵循程序规范、高效便民、公开透明、公平公正的原则。

第四条 司法部负责法律职业资格审核认定、法律职业资格证书制作颁发等工作。

省、自治区、直辖市司法行政机关负责本地法律职业资格申请材料的核查、证书的组织发放等工作。

设区的市级司法行政机关负责本地法律职业资格申请材料的受理、审查和证书发放等工作。

第五条 司法行政机关应当加强法律职业资格管理信息化建设,提高在线服务水平。

第二章 申请受理和审查、核查

第六条 司法行政机关统一受理法律职业资格申请,以公告方式确定统一受理日期。

第七条 符合《国家统一法律职业资格考试实施办法》第十八条规定情形的人员,申请授予法律职业资格的(以下简称申请人),应当在受理期限内通过司法部网站登录法律职业资格管理系统,如实填写申请授予法律职业资格信息,并到设区的市级或者直辖市司法行政机关(以下简称受理机关)指定的工作场所现场提交下列材料:

(一)居民身份证;

(二)毕业证书、学位证书或者学历、学位证明书原件;

(三)司法部公告要求的其他材料。

申请享受放宽政策并达到放宽条件地区合格分数线的申请人,应当向本人户籍所在地设区的市级司法行政机关申请授予法律职业资格,并现场提交户口簿原件。

申请人应当对其所提交材料的真实性负责。证件原件由受理机关核验并复印或者扫描后退回,复印件或者扫描件留存归档。

第八条 受理机关收到申请人的申请材料后,应当根据下列情况分别作出处理:

(一)申请材料齐全、符合法定形式的,或者申请人按照受理机关要求提交全部补正申请材料的,应当受理并向申请人出具法律职业资格申请受理单;

(二)申请材料不齐全或者不符合法定形式的,应当当场或者在五个工作日内一次告知申请人需要补正的全部材料及内容;

(三)不符合法律职业资格申请条件的,应当出具不予受理通知书并说明理由。

具有前款第二项规定等情形的,受理机关可以采用个别受理方式受理法律职业资格申请。

第九条 受理机关应当自统一受理之日起对申请人提交的申请材料进行审查,并将书面审查报告与相关申请材料一并报送省级司法行政机关核查。对申请材料不真实或者不符合法律职业资格授予条件的,应当提交不授予法律职业资格的书面报告并说明理由,报省级司法行政机关核查。

省级司法行政机关应当对申请授予法律职业资格人员的申请材料进行核查,提交授予或者不授予法律职业资格的书面核查报告,报司法部审核认定。

受理机关为直辖市司法行政机关的,由该直辖市司法行政机关对申请授予法律职业资格人员的申请材料进行审查、核查,提交授予或者不授予法律职业资格的书面核查报告,报司法部审核认定。

自受理申请至向司法部报送书面核查报告的期限为二十个工作日。

第十条 受理机关应当将申请授予法律职业资格的依据、条件、程序、期限以及需要提交的全部材料的目录和申请书示范文本等在办公场所和网站上公示。

第三章 审核认定和证书颁发

第十一条 司法部应当自收到省级司法行政机关书面核查报告等材料之日起二十个工作日内完成审核认定,根据下列情况分别作出处理:

(一)符合《国家统一法律职业资格考试实施办法》第十八条规定的法律职业资格授予条件的,作出授予法律职业资格的决定,颁发法律职业资格证书;

(二)不符合法律职业资格授予条件的,作出不授予法律职业资格的决定,并说明理由。

按照前款规定期限不能完成审核认定的,经司法部负责人批准,可以延长十个工作日。延长期限的理由以司法部公告统一告知申请人。

第十二条 司法部根据下列情形,授予申请人法律职业资格,并颁发相应的法律职业资格证书:

(一)符合《国家统一法律职业资格考试实施办法》第九条、第二十二条规定的条件,考试成绩达到全国统一合格分数线的,颁发 A 类法律职业资格证书;

(二)符合《国家统一法律职业资格考试实施办法》第二十三条规定的条件,申请享受放宽政策,考试成绩达到全国统一合格分数线的,颁发 B 类法律职业资格证书;

(三)符合《国家统一法律职业资格考试实施办法》第九条、第二十二条、第二十三条规定的条件，申请享受放宽政策，考试成绩达到放宽条件地区合格分数线的，颁发C类法律职业资格证书。

第十三条 司法部应当自作出授予法律职业资格决定之日起十个工作日内颁发法律职业资格证书。

省、自治区、直辖市司法行政机关具体负责法律职业资格证书的组织发放，并将相关情况载入档案。

第十四条 取得C类法律职业资格证书人员，重新参加国家统一法律职业资格考试，达到全国统一合格分数线的，可以申请授予A类或者B类法律职业资格证书，并向司法行政机关交回已取得的C类法律职业资格证书，原证书自作出授予新的法律职业资格决定之日起自动失效。

第十五条 A类法律职业资格证书在全国范围内有效。B类和C类法律职业资格证书的适用范围，由国家统一法律职业资格考试协调委员会确定。

取得B类法律职业资格证书人员，在获得《国家统一法律职业资格考试实施办法》第九条规定的专业学历条件后，其B类法律职业资格证书在全国范围内有效。

第十六条 法律职业资格证书采用纸质证书和电子证书形式，由设区的市级及以上司法行政机关实施管理。

法律职业资格证书的样式，由司法部统一制定。

法律职业资格纸质证书与电子证书具有同等法律效力。

第十七条 取得法律职业资格人员应当妥善保管和使用法律职业资格证书，不得涂改、倒卖、出租、出借和转让。

第十八条 取得法律职业资格人员遗失、损毁纸质证书的，可以向设区的市级司法行政机关申请办理法律职业资格证明书。

法律职业资格证明书与法律职业资格证书具有同等法律效力。

第四章 服务和管理

第十九条 司法行政机关应当建立取得法律职业资格人员档案，实行纸质档案和电子档案形式，由设区的市级及以上司法行政机关管理，并及时记载、更新相关信息。

档案主要记载下列内容：

（一）考试报名信息、本办法第七条规定的相关申请材料；

（二）法律职业资格证书种类、取得时间和撤销、注销法律职业资格情况；

（三）调转档案情况；

（四）办理法律职业资格证明书情况；

（五）参加职前培训情况；

（六）其他应当载入档案的情况。

第二十条 司法部公布授予法律职业资格有关信息，供有关部门和社会公众查询。

第二十一条 取得法律职业资格人员需要调转档案的，由本人通过法律职业资格管理系统向调入地司法行政机关提出申请，办理变更手续。

第二十二条 通过贿赂或者使用虚假身份证件、学历和学位证件以及其他证明文件等不正当手段取得法律职业资格的，由司法部依法予以撤销，并办理注销手续。

具有前款规定情形的，依法移送有关部门追究法律责任。

第二十三条 伪造、变造或者使用伪造、变造的法律职业资格证书、法律职业资格证明书的，依法追究法律责任。

第二十四条 司法行政机关作出不予受理申请、不予授予法律职业资格或者撤销法律职业资格等处理决定的，应当告知相对人享有依法申请行政复议或者提起行政诉讼的权利。

第五章 附 则

第二十五条 参加国家统一法律职业资格考试成绩合格的港澳台居民，申请授予法律职业资格及其管理，适用本办法。

第二十六条 实行国家统一法律职业资格考试前取得的法律职业资格证书、律师资格凭证，与参加国家统一法律职业资格考试取得的法律职业资格证书具有同等法律效力。

对参加国家司法考试取得的法律职业资格的管理，适用本办法。

第二十七条 本办法由司法部负责解释。

第二十八条 本办法自2021年1月1日起施行。2002年7月8日公布的《法律职业资格证书管理办法》（司法部令第74号）同时废止。

国家统一法律职业资格考试违纪行为处理办法

（2018年9月13日） 司法部令第141号公布

第一章 总 则

第一条 为了加强国家统一法律职业资格考试管理，严肃考试纪律，维护公平公正的考试秩序，制定本办法。

第二条 国家统一法律职业资格考试报名人员、应试人员、考试工作人员以及其他相关人员，违反考试管理规定和考试纪律的认定与处理，适用本办法。

第三条 司法部负责对国家统一法律职业资格考试违纪行为处理的指导监督。

省、自治区、直辖市和考区所在地司法行政机关负责对考试违纪行为的具体处理。

监考人员根据本办法规定对有关违纪行为进行现场处理，并接受司法行政机关的指导监督。

第四条 国家统一法律职业资格考试违纪行为的认定和处理，应当做到事实清楚、证据确凿、程序规范、适用规定准确。

第二章 报名人员、应试人员及其他相关人员违纪行为处理

第五条 不具备考试报名条件的人员通过隐瞒个人信息、虚假承诺等方式取得报名资格的，由考区所在地司法行政机关作出报名无效的决定；对通过提供伪造、变造的学历学位证书及证明书、法律工作经历、身份及户籍信息等骗取报名或者通过贿赂、胁迫等其他不正当手段取得报名资格的，由考区所在地司法行政机关一并给予其二年内不得报名参加国家统一法律职业资格考试的处理。

具有上述情形，已经参加考试的，由省、自治区、直辖市司法行政机关给予其当年考试成绩无效的处理；已经取得法律职业资格的，由司法部作出撤销授予法律职业资格的决定，并注销其法律职业资格证书。

第六条 应试人员有下列行为之一的，由监考人员给予口头警告，责令改

正;经口头警告仍不改正或者情节严重的,由考点总监考决定给予其终止本场考试、责令离开考场的处理,并由考区所在地司法行政机关给予其取消本场考试成绩的处理:

(一)携带考试规定以外的物品进入考场,经提醒后仍未放至指定位置的;

(二)考试开始前答题或者考试结束后继续答题的;

(三)考试开始三十分钟后仍未按规定在试卷、答卷、电子试题答卷页面上标明位置填涂或者录入姓名、准考证号、身份证号,在答卷上作标记或者在非署名处署名的;

(四)擅自关闭考试机、大幅度调整考试机显示屏摆放位置和角度、搬动主机箱、更换键盘和鼠标等设备的;

(五)考试期间在考场内交头接耳、左顾右盼、喧哗或者交卷后在考场内、考场附近逗留、喧哗等影响考试秩序的;

(六)未在规定座位参加考试或者考试期间擅自离开座位、出入考场的;

(七)故意损毁试卷、答卷或者考场配发材料、考试机等考试相关设备的;

(八)将试卷、答卷、草稿纸或者考场配发材料带出考场,将试题或者本人答题信息记录并带出考场的;

(九)有需要给予相应处理的其他违纪行为的。

第七条 应试人员有下列行为之一的,由总监考决定给予其终止本场考试、责令离开考场的处理,并由考区所在地司法行政机关决定给予其当年考试成绩无效、二年内不得报名参加国家统一法律职业资格考试的处理:

(一)考试开始后被查出携带具有发送或者接收信息功能的设备,或者在计算机化考试中使用外接设备、安装作弊工具、作弊程序的;

(二)抄袭、查看、偷听违规带进考场与考试内容有关的文字、视听资料的;

(三)以讨论、打手势等方式传递答题信息,抢夺、窃取他人试卷、答卷、草稿纸或者与他人交换试卷、答卷、草稿纸的;

(四)抄袭他人答案或者同意、协助他人抄袭答案的;

(五)有需要给予相应处理的其他作弊行为的。

第八条 应试人员有下列行为之一的,由省、自治区、直辖市司法行政机关决定给予其当年考试成绩无效、终身不得报名参加国家统一法律职业资格考试的处理;当场发现的,由考点总监考给予其终止本场考试、责令离开考场的处

理,并经考区所在地司法行政机关报省、自治区、直辖市司法行政机关按照前述规定处理:

(一)使用伪造、变造或者盗用他人的居民身份证、户口簿、准考证以及其他证明材料参加考试的;

(二)非法侵入计算机化考试系统或者非法获取、删除、修改、增加考试信息系统数据,破坏计算机考试系统正常运行的;

(三)实施组织作弊,或者为他人组织作弊提供作弊器材、程序或者其他帮助行为的;

(四)为实施考试作弊行为,非法获取考试试题、答案或者向他人非法出售、提供考试试题、答案的;

(五)实施代替他人考试或者让他人代替自己参加考试的;

(六)有其他特别严重作弊行为的。

第九条 报名人员、应试人员或者其他相关人员有本章规定情形,涉嫌构成违反治安管理行为的,移交公安机关处理;涉嫌构成犯罪的,移交司法机关处理。

违纪人员为国家公职人员的,同时将违纪违法情况通报所在单位并移交处理。

第十条 考区所在地司法行政机关应当于每年度国家统一法律职业资格考试结束后,将本地考试违纪情况和处理结果逐级上报司法部备案。在考试进行过程中发生特别严重的考试违纪事件的,应当立即直报司法部。

司法部和省、自治区、直辖市司法行政机关应当建立报名人员、应试人员失信档案和信用记录披露、查询制度,记录考试违纪人员信息及处理结果,对处以取消本场考试成绩、二年内或者终身禁止参加法律职业资格考试处理的,通过司法行政机关官方网站予以公示,并与其他部门实现信用信息交换共享。

第三章 考试工作人员违纪行为处理

第十一条 考试工作人员有下列行为之一的,司法行政机关应当停止其继续从事本年度及下一年度国家统一法律职业资格考试工作,并视情节给予其相应处理或者建议所在单位给予相应处理:

(一)因失职造成不符合条件人员取得法律职业资格的;

（二）未准确记录、报告考试违纪行为并造成不良影响，或者未认真履行职责，造成考试秩序混乱，所负责考试出现大面积雷同答卷的；

（三）擅自变动考试开始、结束时间或者违规补时，以及未按规定时间开启考试机、下载上传考试数据或者未在规定时间、场所启封、封装试卷的；

（四）擅自调换监考考场、进入其他考场或者为应试人员调换考场、座位（机位）或者对试题内容作解释说明的；

（五）在考场、阅卷场所或者保密监控室内使用通讯工具等电子用品扰乱考试工作秩序的；

（六）擅自将考场配发材料带出考场或者将阅卷评分标准等材料带出阅卷场所的；

（七）从事命题、阅卷、保密、监考等工作的人员违反回避规定，本人或者近亲属报名参加当年国家统一法律职业资格考试的；

（八）评卷过程中擅自更改评分标准，或者不按评分标准进行评卷的；

（九）擅自泄露命题、阅卷、合格标准确定等考试组织实施环节工作安排和相关信息或者未经批准向社会发布有关考试信息的；

（十）其他违反考试管理规定，造成不良后果的。

第十二条 考试工作人员有下列行为之一的，司法行政机关应当停止其继续从事本年度考试工作，并作出禁止其再从事法律职业资格考试工作的处理，同时给予其相应处理或者建议所在单位给予相应处理：

（一）因严重失职造成应试人员未能如期参加考试的；

（二）造成报名人员信息数据、考试试题、试卷、答案、评分标准及考试数据丢失、损毁、泄露，或者使应试人员答卷在保密期限内发生重大事故的；

（三）命题、审题发生错误，造成严重后果或者在评卷、统分中严重失职，造成明显的错评、漏评或者其他差错的；

（四）利用考试工作便利打击报复应试人员或者索取他人财物、非法收受他人财物的；

（五）考试期间擅自将试卷、答卷、草稿纸以及考场配发材料带出考场，或者通过非法侵入计算机系统或者安装作弊程序将试题信息传出考场的；

（六）采用明示或者暗示的方式协助应试人员答题或者纵容、包庇报名人员、应试人员及其他相关人员考试违纪的；

（七）截留、窃取、擅自开拆未开考试卷或者偷拆已密封答卷的；

（八）偷换、篡改、伪造答卷、考场原始记录材料信息或者私自变更成绩，编造、虚报考试数据信息的；

（九）非法出售、提供、泄露国家统一法律职业资格考试启用前试题试卷、标准答案、评分标准、考试工作人员信息等有关涉密考试工作信息的；

（十）有其他严重违法违纪行为的。

第十三条 从事考试命题管理等考试工作人员在国家统一法律职业资格考试社会培训机构兼职的，由司法行政机关停止其继续从事考试工作，并根据有关规定给予相应处理或者建议相关单位给予相应处理。

第十四条 发生重大考试责任事故或者出现大规模作弊情况等严重违纪问题的考区，由省、自治区、直辖市司法行政机关报司法部撤销该考区，且二年内不得恢复考区设置。对存在失职或者渎职的司法行政机关主管人员和直接责任人员，应当按照有关规定给予相应处理。

第十五条 司法行政机关违反保密规定，造成考试试题、答案及评分标准丢失、泄密，或者使考生答卷在保密期限内发生重大事故的，对存在失职或者渎职的司法行政机关主管人员和直接责任人员，应当按照有关规定分别给予相应处理。

第十六条 考试工作人员有本章规定情形，涉嫌构成违反治安管理行为的，移交公安机关处理；涉嫌构成犯罪的，移交监察机关、司法机关处理。

第四章　违纪行为处理程序

第十七条 监考人员在考试期间发现应试人员以及其他相关人员有违纪行为的，在依照本办法实施现场处理措施的同时，可以对违纪人员作弊的工具、材料及试卷、答卷和相关视频录像等证据材料采取必要的登记保存措施，并在七个工作日内由考区所在地司法行政机关对保存的物品或材料作出处理。

违纪事实、情节及现场处理情况应当在违纪行为处理报告单上作出记录，由二名监考人员或者其他考试工作人员签字确认。考试结束后，经考点总监考审查确认后报送考区所在地司法行政机关，考区所在地司法行政机关应当在违纪行为处理报告单上签署意见。

考试工作人员应当向违纪考生告知违纪记录的内容，对保存的考生物品应当填写保存清单,并由考生和考试工作人员签字确认。

第十八条 非考试期间发现相关违纪线索的,由考区所在地司法行政机关组成不少于二人的调查组进行调查取证,必要时由上级司法行政机关直接调查取证。调查人员应当对有关事实情况进行了解核实。

调查结束后,调查组应当依据调查的事实和证据形成调查报告,报本级司法行政机关。需要由上级司法行政机关处理的,应当及时上报。

第十九条 在评卷过程中发现下列违纪情形的,由评卷专家组确认:

(一)应试人员在答卷上做标记的;

(二)应试人员答卷笔迹前后不一致的;

(三)应试人员两卷答案文字表述、答案信息点错误、答题轨迹高度一致(雷同)的。

评卷专家组确认上述违纪行为情形时,可以根据需要通过鉴定机构进行鉴定或者进行实验。确认应试人员有前款规定情形并有其他相关证据证明其作弊行为成立的,根据作弊事实和情节,由考区所在地司法行政机关依照本办法相关规定处理。

第二十条 对于事实清楚、证据确凿的违纪行为,司法行政机关应当在决定调查后六十日内作出处理决定。

六十日内无法作出处理决定的,经本级司法行政机关负责人批准,可以延长三十日。

第二十一条 司法行政机关对违纪行为作出处理决定前,应当告知当事人作出处理决定的事实、理由及依据,并告知其享有陈述、申辩或者要求听证的权利。

作出二年内或者终身不得报名参加国家统一法律职业资格考试处理决定的,当事人有权在被告知处理结果之日起五个工作日内要求举行听证;当事人要求听证的,司法行政机关应当在二十日内组织听证,并于举行听证前七个工作日通知当事人。

第二十二条 司法行政机关对违纪行为作出处理的,应当出具国家统一法律职业资格考试违纪行为处理决定书,并载明下列事项:

(一)被处理人姓名、性别、身份证号及住址;

(二)违纪行为的事实和证据;

（三）处理的依据和种类；

（四）不服处理决定申请行政复议或者提起行政诉讼的途径和期限；

（五）作出处理决定的单位名称和日期。

第二十三条 违纪行为处理决定应当自作出处理决定之日起十日内送达被处理人；直接送达有困难的，可以采取委托送达、邮寄送达；受送达人下落不明，或者用其他方式无法送达的，可以采取公告方式送达。

第二十四条 报名人员、应试人员及其他相关人员对司法行政机关作出的违纪处理决定不服的，可以根据有关法律规定申请行政复议或者提起行政诉讼。

考试工作人员对违纪行为处理不服的，可以依法申请复核或者提出申诉。

第二十五条 考试违纪行为调查处理人员在考试违纪行为调查处理工作中，有对报名人员、应试人员及其他相关人员报复或者诬陷等行为的，司法行政机关应当给予其相应处理或者建议所在单位给予相应处理。

第五章 附 则

第二十六条 本办法所称“二年”不包括本年度。

第二十七条 本办法规定的“其他相关人员”，是指报名人员、应试人员、考试工作人员以外参与考试违纪作弊行为的人员。

第二十八条 本办法由司法部负责解释。

第二十九条 本办法自公布之日起施行。

司法部关于印发《国家统一法律职业资格考试工作规则》《国家统一法律职业资格考试应试规则》《国家统一法律职业资格考试监考规则》的通知

（2018年8月21日） 司发通〔2018〕86号

各省、自治区、直辖市司法厅（局），新疆生产建设兵团司法局：

《国家统一法律职业资格考试工作规则》《国家统一法律职业资格考试应试规则》《国家统一法律职业资格考试监考规则》已经司法部第27次部长办公

会议审议通过,现印发给你们,请认真遵照执行。

国家统一法律职业资格考试工作规则

第一章 总 则

第一条 为了规范国家统一法律职业资格考试组织实施工作,根据《国家统一法律职业资格考试实施办法》,制定本规则。

第二条 国家统一法律职业资格考试客观题考试和主观题考试的报名组织、考区考点考场设置、试题试卷管理、考试实施、评卷与成绩管理等工作适用本规则。

第三条 司法部负责指导、管理、监督全国的国家统一法律职业资格考试组织实施和业务培训等工作。

省、自治区、直辖市和直辖市的区、设区的市级司法行政机关具体负责本辖区的考试组织实施工作。

第四条 国家统一法律职业资格考试组织实施工作应当做到组织严密、程序严谨、标准严格、纪律严明。

第五条 司法行政机关、考试工作机构及其工作人员在考试组织实施工作中,应当遵守国家保密法律法规和规定,落实保密责任,接受监察机关、保密机关和社会监督。

第二章 工作职责与人员要求

第六条 省、自治区、直辖市司法行政机关应当依照规定履行以下职责:

(一)组织本辖区报名工作,处理报名中出现的问题;

(二)负责考区设置,审定考点、考场;

(三)部署本辖区计算机化考试和纸笔考试实施工作,组织考试工作培训;

(四)指导监督开展电子试卷的接收、使用及电子答题数据上传工作,负责纸质试卷(答卷)的接收、保管、分发、回收、返送;

(五)制定考试工作方案和应急事件处理工作预案;

(六)指导、管理和监督直辖市的区或者设区的市级司法行政机关的考试工作,处理考试中出现的问题。

第七条 直辖市的区或者设区的市级司法行政机关应当依照规定履行以下职责：

（一）负责本地区的报名工作，处理报名中出现的问题；

（二）设置考点，布置考场，并报上一级司法行政机关审定；

（三）监督管理和培训考试工作人员；

（四）监管电子试卷的接收、使用及电子答题数据上传等工作，负责纸质试卷（答卷）的接收、保管、分发、回收、返送；

（五）制定考试工作方案和应急事件处理工作预案；

（六）负责本考区考试实施，处理考试中出现的问题。

第八条 考试工作人员应当具备品行良好、遵纪守法、认真负责、严守秘密、身体健康等条件。

负责电子试卷传输、电子答题数据接收和纸质试卷（答卷）的接收、保管、分发、回收、返送的工作人员应当符合国家保密工作的有关规定。

第九条 考试工作人员及其近亲属报名参加国家统一法律职业资格考试的，不得从事当年试题命制、印刷和试卷（答卷）运送、管理、监考、评卷、成绩管理等工作。

参与命题管理的工作人员，不得报名参加国家统一法律职业资格考试，不得组织或者参加社会机构考试培训工作。

第三章 报名工作

第十条 国家统一法律职业资格考试使用全国统一建设的信息管理系统，实行全程网上报名。

应试人员客观题考试成绩合格的，方可报名参加主观题考试。

第十一条 司法部在年度考试公告中公布考试报名条件、考试科目、考试时间等相关事项。

各地司法行政机关根据司法部公告和有关文件规定，负责公告本辖区具体报名事项。

第十二条 各地司法行政机关应当指导报名人员阅读司法部公告和报名地公告并承诺遵守相关规定，如实填报个人信息，并对其填报信息实质内容的真实性作出承诺，及时交纳考试费。

第十三条 司法行政机关应当及时审查报名人员网上填报的信息。对填报不符合规定的信息事项的，予以一次性告知；对网上报名确有困难的人员，应当提供帮助。

第十四条 逾期报名和交费的，司法行政机关不予补报。

第四章 考区、考点和考场设置

第十五条 省、自治区、直辖市司法行政机关可以根据本辖区报名人数及分布等情况，在直辖市的区、设区的市和直辖市设置考区。考区设置应当相对集中。设置、合并、变更考区的，应当报司法部确定。

第十六条 考区应当具备下列条件：

（一）所在地司法行政机关具备组织实施考试的保障工作机制，有专职工作人员；

（二）交通便利，有标准化考点考场，网络、通讯、监控等信息化设施设备完善；

（三）具备完善的考试安全体系，符合国家保密管理规定，有处置突发事件的应急保障能力；

（四）应试人员数量一般不低于三百人。

发生重大考试责任事故或者违纪现象严重的地区，应当撤销考区，二年内不得设置考区。

第十七条 考区可以设置若干考点；县以下不设考点。

考点设置，应当符合便于管理、设施完善、交通便利、环境优良等考试组织实施工作要求。

第十八条 考点设立工作办公室，成立监考、技术、安保、医疗、后勤、应急处置等工作组。

试卷（答卷）收发、封装、保管应当有符合工作要求的场所。

第十九条 计算机化考试考场设置，应当确保计算机、网络、电力、照明、消防、安全等设施设备符合考试组织实施需要，具备运行考务安全管理系统、监控设施设备、防窥技术等条件，每个考场编排的应试人数一般为八十人。

第二十条 纸笔考试考场设置，应当方便应试人员答题，方便监考人员工作，有利于维护考试秩序。

考场设置的具体要求如下：

(一)安全、安静、通风,采光、照明条件好；

(二)每个考场的应试人数一般应为三十人,不足三十人的,编入尾考场；

(三)应试人员座位应当单人、单桌、单行排列,间距为八十厘米以上,小学教室、阶梯教室及其他有坡度的场所不得设为考场；

(四)考场内除统一规定的必备物品、文字说明外,不得有其他与考试内容有关的物品和字迹。

第二十一条 考点应当根据报名人数设置考场、备用考场及备用机位。

第二十二条 考区所在地司法行政机关应当与考点所在单位、技术服务机构签订考试服务协议,并报省、自治区、直辖市司法行政机关备案。考区所在地司法行政机关应当会同协议方共同做好考试机、监考机的安装测试,网络和终端安全维护等工作,确保考生信息和考试数据安全。

第五章 试题试卷管理

第二十三条 计算机化考试电子试题由司法部考试工作机构发至各地司法行政机关设置的考点下载使用。

考试开始后,监考机、考试机禁止连接互联网,不得使用可移动存储介质等外接设备。考试结束后,监考机回收电子答题数据并上传至司法部考试工作机构。

第二十四条 纸质试卷使用标准试卷袋封装。每袋按照三十份试卷封装；尾考场按照实际上报人数封装;备用卷按照报名人员数量的百分之三配发封装。

第二十五条 纸质试卷应当于考试举行前五日内送至省、自治区、直辖市司法行政机关。

省、自治区、直辖市司法行政机关应当于开考前四十八小时内,将纸质试卷分发至考区。考区所在地司法行政机关应当于考试前一小时内将纸质试卷分送至考点。

第二十六条 纸质试卷交接时,应当有二名以上考试工作人员办理交接签收手续。接收人员应当逐袋清点,检查试卷袋及密封是否完好;发现开封、散落、数量短缺等情况的,应当立即逐级上报至司法部,同时采取安全保密措施。

接收纸质试卷时,应当有保密工作人员在场监督。

第二十七条　纸质试卷应当存放于经国家保密机关验收合格的保密室。

保密室实行二名工作人员二十四小时值班、双人双锁管理等制度。工作人员应当认真填写值班日志,严格执行报告制度,不得擅自离岗脱岗。

第二十八条　考试结束后,各地司法行政机关应当收回纸质试卷并妥善保管。自考试结束之日起满三个月报司法部批准后销毁。

答卷由评卷单位妥善保管,自考试结束之日起满六个月且分数核查工作结束,由司法部考试工作机构报经批准后组织销毁。需要保留的答卷,应适当延长保留时间。

电子答题数据由司法部考试工作机构保存。

第六章　考试实施

第二十九条　省、自治区、直辖市及各考区所在地司法行政机关在考试组织实施期间应当建立工作机制,落实值班及报告制度。

省、自治区、直辖市司法行政机关应当组织专门人员对考区进行督考。

第三十条　考点设总监考一人、副总监考若干人。适当配备流动监考员,由司法行政机关工作人员担任。

每个考场应当配备二名以上监考员,每场考试前随机确定。计算机化考试考场人数超过八十人的,每增加四十人应增加配备一名监考员。

第三十一条　督考人员、监考人员应当按照《国家统一法律职业资格考试监考规则》及有关规定履行职责。

第三十二条　考区所在地司法行政机关应当在考试前做好下列工作:

(一)组建考点考试工作办公室,设立监考、技术、电力、安保、医疗、后勤、应急处置等工作组;

(二)在考点设置明显标识;

(三)在考点的醒目位置张贴考场分布示意图、考试有关规定和考试时间表等材料;

(四)在考点规划警戒区域并安排警戒人员;

(五)在每个考场门外张贴该考场序号和准考证号起止号;

(六)将座位号及对应的桌贴统一贴在桌面左上角或显示在计算机屏幕上;

（七）检测计时钟表、播音设备、计算机、防作弊设备和监控设施；

（八）对清理完毕的考场张贴封条；

（九）调试运行考务安全管理系统；

（十）其他事项。

第三十三条 在计算机化考试中，由于网络故障、电力故障、设备故障等原因造成应试人员答题时间延误，需要补时的，报总监考签字确认。确需启用备用考试机的，由监考员按规定进行调换。

第三十四条 试卷袋应当由二名以上监考员按规定时间在考场内当众启封。确需使用备用卷的，按照相关规定启用。

缺考人员的纸质试卷（答卷）不得作为备用卷使用。

第三十五条 答卷封装应当由二名以上监考员在规定时间和场所内完成并签字，指定专人对封装情况进行检查确认，报总监考同意后立即送至考区保密室。

第三十六条 封装后的答卷袋，应当按照考点、考场顺序装箱，填写装箱清单，并于考试结束后二十四小时内由考区所在地司法行政机关送至省、自治区、直辖市司法行政机关；省、自治区、直辖市司法行政机关按照司法部要求，将答卷送至评卷地。

备用卷应当与答卷一并送至评卷地。

第三十七条 答卷返送应当由司法行政机关考试工作机构负责人带队，指派二名以上工作人员押运。运送时，应选择安全、快捷的运输方式和路线，途中确保对答卷的有效监控。

第三十八条 考区或者考点发生试卷（答卷）严重失窃密、群体舞弊、试卷毁损严重等重大责任事故和不可抗力等突发事件，需要延长或推迟考试时间、暂停或者另行安排考试的，应当立即启动应急预案，由司法部作出决定。

第七章　评卷与成绩管理

第三十九条 国家统一法律职业资格考试评卷工作由司法部统一组织。

司法部根据工作需要，成立年度评卷工作领导小组。

司法部聘请符合资质要求的人员参与评卷工作。

第四十条　考试成绩由司法部公布，考生自行查询并打印。

违纪人员的考试结果，按照国家统一法律职业资格考试违纪行为处理规定另行确定。

第四十一条　未经上级司法行政机关批准，下级司法行政机关及其工作人员不得向社会发布考试信息中的报名、考区考点考场设置、试卷管理、考试成绩、合格人员及统计等信息。

第四十二条　客观题考试成绩不进行分数核查，但应试人员参加考试无成绩的，可以在考试成绩公布后三日内向报名地司法行政机关提出书面分数核查申请，由司法行政机关按照相关规定进行处理。

主观题考试成绩公布后，应试人员对分数有异议的，应当在十五日内向报名地司法行政机关提出书面分数核查申请，由司法行政机关按照相关规定进行处理。逾期申请分数核查的，司法行政机关不予受理。

司法部不直接受理个人的分数核查申请。

第四十三条　司法部负责组织分数核查工作。

分数核查只限于复核申请人试卷卷面各题已得分数的计算、合计和登录是否有误。成绩核查后，司法行政机关书面或公告通知申请人；分数核查后的成绩为最终成绩。

第八章　收　　费

第四十四条　负责报名工作的司法行政机关，应当按照规定向报名人员收取考试费。

考试收费标准，由省、自治区、直辖市司法行政机关根据司法部和国家价格主管部门有关考试收费的规定，会同同级物价部门确定。

第四十五条　省、自治区、直辖市司法行政机关应当按照国家主管部门确定的标准和办法，在报名结束后二个月内上交考务费。

第四十六条　各地收取的考试费，由司法行政机关按照规定支出项目和标准用于国家统一法律职业资格考试的组织实施工作，不得挪用或者截留。

第九章　附　　则

第四十七条　考试工作人员违反本规则的，依据有关规定给予相应处理。

第四十八条 香港特别行政区、澳门特别行政区考区考试组织实施工作可参照适用本规则。

台湾居民可以持台湾居民居住证在内地(大陆)或者香港、澳门考区参加国家统一法律职业资格考试。

第四十九条 本规则所称考区所在地司法行政机关,是指设置考区的直辖市的区、设区的市和直辖市司法行政机关。

第五十条 本规则所称考试工作人员,是指从事或者参与报名组织、考区考点考场设置、考试实施、试题试卷管理、试卷评阅、成绩下发和分数核查等考试工作的人员,包括司法行政机关及其考试工作机构工作人员、聘用的考点监考人员、技术服务机构人员等。

第五十一条 本规则规定的近亲属是指配偶、父母、子女、同胞兄弟姐妹。

第五十二条 本规则由司法部负责解释。

第五十三条 本规则自公布之日起施行。

国家统一法律职业资格考试监考规则

第一章 总 则

第一条 为了规范国家统一法律职业资格考试监考工作,维护考试秩序,确保考试公平公正,根据《国家统一法律职业资格考试实施办法》,制定本规则。

第二条 本规则所称监考人员,是指受考区司法行政机关指派或者委托,在国家统一法律职业资格考试过程中负责办理考试事务、监督应试人员考试,根据规定对应试人员违纪行为进行处理的工作人员。

监考人员包括总监考、副总监考、监考员和流动监考员。

第三条 监考人员应当公平公正、认真负责、不徇私情,严格执行相关法律法规和司法部有关规定,全面履行监考职责,严格执行考场纪律,维护考场秩序,确保考试顺利进行。

第二章 一般规定

第四条 考试期间,司法部派出巡考人员对各地考区进行巡视检查,省、自治区、直辖市司法行政机关派出督考人员到考区进行督考，检查考场布置、试卷管理等考务工作落实情况，督促考试实施阶段的违纪行为处理等项工作。

第五条 考区所在地司法行政机关应当按规定条件指派、选聘、培训监考人员。

第六条 监考人员应当佩带司法行政机关统一制发的监考标识。

第七条 考点配备总监考一名、副总监考若干名。总监考应当履行下列职责：

（一）管理本考点的监考工作；

（二）根据规定处理考试过程中发生的情况和违纪行为；

（三）监管电子试题的接收、使用、答题数据的上传，组织、检查、验收纸质试卷（答卷）的封装；

（四）向考区所在地司法行政机关提交监考报告。

副总监考协助总监考管理本考点的考务工作。

第八条 计算机化考试每三个考场至少配备流动监考员一名；纸笔考试每五个考场至少配备流动监考员一名。流动监考员应当履行下列职责：

（一）负责维持考场外秩序及联络事宜，配合监考员处理突发情况；

（二）检查、监督监考员履行职责情况；

（三）配合监考员处理应试人员的违纪行为；

（四）临时代替监考员；

（五）承担总监考交办的其他任务。

第九条 每个考场配备监考员不少于二名。因考试机配备和分布等特殊情况，计算机化考试考场人数超过八十人的，每增加四十人应至少增加一名监考员。

第十条 考试期间，监考员不得携带和使用通讯工具等任何电子用品，不得吸烟、谈笑或者阅读书报，不得对试题内容作任何解释或说明，不得抄题、做题，不得将试卷（答卷）、草稿纸、配发材料带出考场，不得擅自调换监考考场或进入其他考场监考，不得从事与监考工作无关的其他行为。

第十一条 监考员不得擅自提前或者推迟考试开始和结束时间。考试开始三十分钟后，监考员不得允许应试人员进入考场考试；考试结束前六十分钟内，监考员方可允许应试人员交卷离开考场。

第十二条 监考员应当在考试开始前逐一核对应试人员姓名、照片、居民身份证与准考证是否一致，查收禁止带入考场的物品资料，指导应试人员将随身携带物品集中统一放置。

第十三条 考试结束前十五分钟，监考员应当给予应试人员时间提示。

第十四条 考试期间，监考员发现应试人员突发疾病的，应当及时通知流动监考员陪同应试人员到考场外进行治疗。应试人员因病不能坚持考试的，应当劝说其停考就医。

第十五条 监考员发现应试人员有违纪行为的，应当及时制止，根据相关规定作出处理，同时填写违纪行为处理报告单并由二名监考员签字确认，上交考区司法行政机关负责人处理。

第三章 计算机化考试

第十六条 监考员应当按照规定时间到达考场，履行下列职责：

（一）考试开始前六十分钟，检查、清理考场，开启监考机和考试机，确认考试设备正常运行；

（二）考试开始前四十五分钟，引导应试人员通过考务安全管理系统核验身份后进入考场就座，向应试人员宣读国家统一法律职业资格考试应试规则及有关考试要求；

（三）考试开始前十五分钟，按照要求在监考机上进行系统操作，查验计算机化考试系统是否完成考试数据下载，确认考试准备就绪；

（四）考试开始前十分钟，提示应试人员登录考试系统、阅读应试须知、注意事项并核对考试相关信息；

（五）考试开始前五分钟，发放考试专用的草稿纸；

（六）考试开始前，应试人员发现考试机无法正常使用的，监考员应当按要求为其更换备用考试机，并通过流动监考员向总监考报告。

第十七条 考试开始三十分钟后，监考员应当核对监考机显示的缺考人员信息与考场内情况是否一致，由二名监考员在考场情况记录单上填报情况并签字确认。

第十八条 考试过程中，如出现考试机系统故障、试题显示不全或其他硬件问题导致无法作答的，监考员应当会同考点技术支持人员确认故障性质，为应试人员更换备用考试机，并通过流动监考员向总监考报告，由总监考确认是否为其补时。

需要补时不超过十分钟的，总监考签字确认后予以补时。

需要补时超过十分钟的，应当逐级上报司法部决定。

第十九条 考试过程中，应试人员因未按规范指令操作等导致考试机系统故障或考试硬件设备不能正常使用的，可以更换备用考试机继续考试，但不予补时。

第二十条 考试结束前六十分钟内，应试人员答题完毕交卷的，经监考员检验电子答题数据全部提交至考场监考机，方可允许应试人员离开考场。

第二十一条 考试结束，监考员应当确认电子答题数据全部回收至考场监考机，方可允许应试人员离开考场；发现电子答题数据无法正常回收的，应当立即通过流动监考员报告总监考处理。

第二十二条 考试结束后，监考员应当上传电子答题数据、清理考场并收回草稿纸。

第四章 纸笔考试

第二十三条 监考员应当在规定时间到达考点，履行下列职责：

（一）领取试卷（答卷）、办理交接手续，携带试卷（答卷）直接到达考场，途中不得停留或去其他场所；

（二）考试开始前十分钟，向应试人员宣读国家统一法律职业资格考试应试规则及有关考试要求，面对应试人员展示试卷袋密封情况、启封试卷袋，清查数量；

（三）考试开始前五分钟，发放试卷（答卷）和有关材料；

（四）考试开始前，试卷（答卷）发放完毕后，指导应试人员按照要求填写（填涂）姓名和准考证号，并要求应试人员检查试卷（答卷）有无缺损、污皱或者文字不清等问题。

第二十四条 考试开始三十分钟后，监考员应当回收缺考人员的试卷（答卷），填写（填涂）准考证号及缺考标记，在考场情况记录单上填写情况。

第二十五条 考试过程中，应试人员发现试卷（答卷）损毁情形严重、影响答题的，监考员应当通过流动监考员向总监考报告，由总监考签字确认后，启用备用卷。

启用备用卷应当由考区所在地司法行政机关二名以上工作人员共同拆封，保密工作人员全程监督并签字确认。

更换试卷(答卷)应当同时收回原试卷(答卷)。

第二十六条 由于应试人员原因造成试卷(答卷)损毁、污皱的，不予更换备用卷。

第二十七条 考试结束时，监考员应当要求应试人员将试卷(答卷)正面朝下放置桌面上，回收清点无误后，允许应试人员离开考场。

发现应试人员将试卷(答卷)、考场配发材料或者试题、本人答题信息带出考场的，应当立即追回。

第二十八条 试卷(答卷)回收完毕，由二名监考员直接送至考点指定的场所，按规定填写考场情况记录单、试卷袋封皮目录并签字确认，由考点集中封装。

第二十九条 考试结束后，监考员应当清理考场并收回配发材料。

第五章 附 则

第三十条 监考人员不认真履行职责，视其情节、后果轻重等，依法依规给予相应处理。

第三十一条 本规则由司法部负责解释。

第三十二条 本规则自公布之日起施行。

国家统一法律职业资格考试应试规则

第一章 总 则

第一条 为了规范国家统一法律职业资格考试考场秩序，确保考试公平公正，根据《国家统一法律职业资格考试实施办法》，制定本规则。

第二条 参加国家统一法律职业资格考试的应试人员，应当遵守本规则。

第三条 应试人员应当尊重监考人员，自觉接受监考人员的监督和检查，服从监考人员的管理，不得以任何理由妨碍监考人员履行职责，不得扰乱考场秩序。

第二章　一般规定

第四条　应试人员应当凭准考证和居民身份证,经考务安全管理系统核验身份后进入指定考场参加考试。

无准考证和居民身份证的人员不得参加考试。

第五条　应试人员在考试前四十五分钟内可以进入考场。

考试开始三十分钟后,应试人员不得进入考场。

考试结束前六十分钟内,应试人员经监考员同意后可以交卷离开考场。

第六条　应试人员应当遵守下列考试纪律:

(一)不得在考场内喧哗、走动等影响他人考试或者交卷后在考场附近喧哗等影响考试秩序;

(二)不得在考场内交头接耳、左顾右盼或者以互打手势等方式传递信息;

(三)不得与他人交换试卷(答卷),不得窥视、抄袭他人答卷或者同意他人抄袭;

(四)不得在规定时间以外答题;

(五)不得将试卷(答卷)、草稿纸和考场配发材料带出考场,不得抄写试题或者以任何形式将试题信息进行记录、存储、传输出考场;

(六)不得有其他违反考试纪律的行为。

第七条　应试人员除携带必需文具外,不得随身携带书籍、笔记本、纸张、报刊、电子用品、存储设备及通信工具等物品进入考场。考场提供文具的,应试人员不得自行带入。

第八条　应试人员进入考场后,应当对号入座,并将准考证、居民身份证放在桌面左上角,供监考员查验。

第九条　应试人员违反本规则的,由司法行政机关依据相关规定给予处理。

第三章　计算机化考试

第十条　应试人员应当在考试开始前,根据监考员的要求和提示,登录考试系统,填写准考证号和居民身份证号,阅读考生须知、注意事项等,核对考试相关信息并进行确认。遇有无法登录、计算机系统或网络通讯故障、信息错误等情形的，应试人员应当及时向监考员报告。

第十一条 应试人员应当按照监考员的指令和规定的步骤操作计算机，使用鼠标和键盘在设定的答题区域内答题并保存答题结果，不得执行其他操作。

第十二条 考试期间，应试人员不得擅自关闭计算机、调整计算机显示屏摆放位置和角度、搬动主机箱、更换键盘和鼠标等外接设备，不得在考试机上插入硬件和安装软件。

第十三条 考试期间，应试人员不得要求监考员解释试题。如出现试题内容显示不全、识别率低、切换缓慢等情形的，可以举手报告，经监考员同意后询问。

第十四条 考试期间，如出现网络故障、电力故障、设备故障等异常情况的，应试人员应当及时向监考员报告，服从监考员安排，耐心等待解决。

非因应试人员自身原因出现的设备故障导致延误答题的，可以按规定进行补时、补考。

第十五条 应试人员因自身原因导致电子试卷下载延迟、题目漏答、考试设备损毁、电子答题数据上传有误的，应当自行承担责任。

第十六条 考试结束指令发出后，应试人员应当立即停止答题，系统自动回收电子答题数据。应试人员应当待监考员确认电子答题数据全部上传后，有序离开考场。

第十七条 应试人员没有按照要求进行登录、答题、保存电子答题数据，导致系统不能正确记录相关信息的，应当自行承担相关责任。

第四章 纸笔考试

第十八条 应试人员应当在考试开始后三十分钟内，按照要求在试卷（答卷）标明的位置填写（填涂）姓名、准考证号，供监考员现场查验。

应试人员不得在答卷上标记或者在非署名处署名。

第十九条 应试人员应当使用规定用笔，在答卷设定的答题区域作答。设置选作题的，应试人员可选择其一作答。

第二十条 因应试人员自身原因致使试卷（答卷）损毁、污皱的，不予更换。

第二十一条 因应试人员自身原因损坏试卷（答卷），填写（填涂）不清，错填、漏填姓名、准考证号，或者答题位置错误、顺序颠倒，导致无法识别姓名、准考证号,无法扫描和判读答题内容或者导致答题评分失准的,应当自行承担责任。

第二十二条 应试人员不得要求监考员解释试题,但遇有试卷(答卷)分发错误、印刷不清等问题的,可以举手并经监考员同意后询问。

第二十三条 考试结束指令发出后,应试人员应当立即停止答题,将纸质试卷(答卷)和考场配发材料放置在桌面上,经监考员核验无误后,方可离开考场。

第五章 附 则

第二十四条 本规则由司法部负责解释。

第二十五条 本规则自公布之日起施行。

中共中央组织部 最高人民法院 最高人民检察院 司法部印发《关于建立法律职业人员统一职前培训制度的指导意见》的通知

(2022 年 2 月 28 日) 司发〔2022〕1 号

各省、自治区、直辖市党委组织部、高级人民法院、人民检察院、司法厅(局),新疆生产建设兵团党委组织部、新疆维吾尔自治区高级人民法院生产建设兵团分院、新疆生产建设兵团人民检察院、司法局:

现将《关于建立法律职业人员统一职前培训制度的指导意见》印发你们,请结合实际认真贯彻执行。

关于建立法律职业人员统一职前培训制度的指导意见

为认真贯彻实施中共中央办公厅、国务院办公厅《关于完善国家统一法律职业资格制度的意见》(厅字〔2015〕25 号),推动建设一支德才兼备的高素质社会主义法治工作队伍,现就建立实施法律职业人员统一职前培训制度提出如下意见。

一、总体要求

1. 指导思想。坚持以习近平新时代中国特色社会主义思想为指导,深入学习贯彻习近平法治思想,全面贯彻落实党的十九大和十九届历次全会精神,深入贯彻中央全面依法治国工作会议精神，深化法治人才供给侧结构性改革，建立实施法律职业人员统一职前培训制度，提高法治人才培养质量，努力建设一支忠于党、忠于国家、忠于人民、忠于法律的社会主义法治工作队伍，为推进国家治理体系和治理能力现代化提供有力法治人才保障。

2. 基本原则。

——坚持党的领导。把党的领导贯彻到法律职业人员统一职前培训组织实施工作的各方面和全过程，坚定不移走中国特色社会主义法治道路，确保党对职前培训工作的领导落到实处。

——突出政治标准。坚持把政治标准作为第一标准，按照政治过硬、业务过硬、责任过硬、纪律过硬、作风过硬的要求，加强对政治忠诚、政治定力、政治担当、政治能力、政治自律等方面的培训考核，严把培训考核工作的政治关，确保法律职业人员绝对忠诚可靠。

——强化能力训练。遵循法律职业人才特殊的职业素养、职业能力、职业操守要求，有针对性地加强思想淬炼、政治历练、实践锻炼、专业训练，加大法律职业立场、伦理、技能的培训力度，提高法律职业人员的职业素养和专业水平。

——加强分类指导。按照“统一标准、分系统实施”和“先选后训”“谁选谁训”要求，综合考虑地区经济社会发展状况、不同法律职业岗位、不同地区人才需求差异和法律职业用人部门需要等因素，坚持联系实际、分类指导、按需施教，有序有效组织实施职前培训工作，提高职前培训的针对性和实效性。

3. 发展目标。坚持革命化、正规化、专业化、职业化，健全完善法律职业人员职前培训制度，使参训人员达到从事法律职业所需要的初任标准，成为政治强、业务精、作风正，忠诚、干净、担当的社会主义法治人才。在此基础上，推动建成具有中国特色的社会主义法律职业人员统一职前培训制度，为实现让人民群众在每一项法律制度、每一个执法决定、每一宗司法案件中都感受到公平正义的目标提供有力人才保障。

二、健全法律职业人员职前培训管理机制

4. 协调机构。法律职业人员统一职前培训指导委员会统筹协调全国职前培训管理工作，指导、督促各部门实施职前培训工作，负责职前培训考核标准的确定等工作。司法部法律职业资格管理局承担职前培训指导委员会的有关具体工作，会同最高人民法院政治部、最高人民检察院政治部等部门做好职前培训的统一标准等相关规范工作。

5. 责任分工。中央和国家机关法律职业用人部门以及有关行业主管部门，负责本系统法律职业人员职前培训的组织管理、统筹协调等工作。地方各级法律职业用人部门以及有关行业主管部门在本系统上级部门和本地区组织部门的指导或者领导下，配合做好本系统本地区法律职业人员职前培训相关工作。

6. 实施机构。具备条件的培训机构或者有关行业自律组织，具体实施法律职业人员职前培训工作。最高人民法院、最高人民检察院、司法部等中央国家机关法律职业用人部门根据有关标准和程序确定法律职业人员职前培训机构名单。省（区、市）有关行业自律组织可根据需要，委托市（地、州、盟）行业自律组织承担职前培训实施工作。

三、建立法律职业人员职前培训运行机制

7. 培训对象。取得法律职业资格的人员，初任法官、检察官、仲裁员（法律类），申请律师、公证员执业，应当参加职前培训，培训合格方可准予从事相关法律职业。因地制宜、有序推进行政机关中初次从事行政处罚决定法制审核、行政复议、行政裁决和法律顾问的公务员（含参照公务员法管理人员，下同）的职前培训工作。司法行政机关可根据法律职业用人部门委托，对行政机关中初次从事行政处罚决定法制审核、行政复议、行政裁决和法律顾问的公务员开展职前培训工作。

对于已经从事相关法律职业或者已经参加职前培训合格的人员，转换法律职业或者变更法律职业岗位的，以及根据法官法第十五条、检察官法第十五条公开选拔的法官、检察官，根据律师法第八条考核准予执业的律师和公证法第十九条考核任命的公证员，由中央和国家机关法律职业用人部门以及有关行业主管部门根据需要确定参加职前培训。

8. 培训方式。职前培训分为两个阶段，分别为：集中教学阶段，岗位实习和综合训练阶段。集中教学培训采取集中脱产培训、现场模拟诉讼、远程视频教学、网上学习平台自学等线下和线上相结合的方式进行。适应法律职业实战性、实践性特征，坚持实用实效导向，岗位实习和综合训练采用实务导师指导方式，运用案例教学、现场模拟和实战演练等方法进行，增强适应新时代发展要求的本领。推进跨地区、跨法律职业部门共同开展法官、检察官、律师等法律职业人员统一职前培训。

9. 培训内容。集中教学阶段、岗位实习和综合训练阶段的具体科目、课程设置和具体要求，在职前培训大纲中规定。

集中教学阶段主要讲授政治理论、职业道德和法律实务等知识。(1)提升政治能力。坚持以习近平新时代中国特色社会主义思想为指导，深入学习贯彻习近平法治思想，教育引导广大参训人员拥护中国共产党领导，拥护社会主义法治，始终把握正确政治方向，增强“四个意识”、坚定“四个自信”、做到“两个维护”，提高政治判断力、政治领悟力和政治执行力，矢志不渝做中国特色社会主义法治道路的坚定信仰者、忠实实践者。(2)注重职业伦理培养。加强理想信念教育，深入开展社会主义核心价值观教育和社会主义法治理念教育，培养知荣辱、讲正气、作奉献的法律职业人员。坚持严明党纪国法与职业纪律相结合，以忠诚、为民、担当、公正、廉洁为主要内容，强化法律职业伦理训练，完善职业道德评价机制，培养法律职业人员树立崇尚法治、恪守良知、理性公允的职业品格，精益求精钻研业务的专业精神。(3)增强业务能力。聚焦能力短板，强化案例和实践教学，通过专业思维的培养、专业方法的掌握、专业技术的运用，提高法律职业人员的法律政策运用能力、重大风险防控能力、复杂事件处置能力、群众工作能力、科技应用能力、舆论引导能力，确保参训人员尽快实现从熟悉法学理论知识到熟练掌握法律实务技能的转变，提高专业化水平。法律职业用人部门以及有关行业主管部门可结合实际，有针对性地开展少数民族语言法律知识、国际法律实务等方面的教学，培养造就适应新时代要求的专门性人才和复合型人才。

岗位实习和综合训练阶段，实行教、学、练、战一体化培训模式，在实务导师指导下，主要通过参与审判、检察、律师、公证、仲裁、行政复议、行政裁决、行政处罚决定法制审核案件办理等业务实践，通过从事审查案件材料、草拟法律文书等辅助事务，提高参训人员的实战能力。

10. 培训时间。初任法官、检察官、仲裁员(法律类)，申请律师、公证员执业的职前培训时间为一年。其中，集中教学的时间不少于一个月，岗位实习和综合训练的时间和具体安排由法律职业用人部门根据实际确定。行政机关中初次从事行政处罚决定法制审核、行政复议、行政裁决和法律顾问的公务员的职前培训时间由法律职业用人部门根据实践需要确定。

法律职业用人部门以及有关行业主管部门应当依法并结合实际，加强本单位本系统法律职业人员初任培训、实习和职前培训工作统筹,协调好职前培训与在职培训的关系,提高培训的实用性、实效性。

11. 培训考核。培训考核工作由培训实施机构负责,实行平时学分制考核和集中测试考核相结合的方式,强化培训全过程管理和考核评估。集中教学、岗位实习和综合训练两个阶段,分别进行考核、合并计算成绩。实习实训期满后,实务导师应及时向考核部门提交书面鉴定报告,作为对参训人员考核的重要依据。考核合格的,由中央和国家机关法律职业用人部门或者有关行业自律组织颁发培训合格证书。

四、完善法律职业人员职前培训保障机制

12. 培训大纲、教材。培训大纲分为共同科目和专业科目。司法部会同最高人民法院、最高人民检察院和有关部门,研究制定法律职业人员统一职前培训共同科目的大纲,并编写培训教材。中央和国家机关法律职业用人部门以及有关行业主管部门可根据本系统法律职业人员特点,编写本系统专业科目大纲及培训教材。加强职前培训案例库建设,建成满足法律职业人员职前培训需要的教学、实践配套案例库。

13. 培训师资库。最高人民法院、最高人民检察院和有关部门,根据有关标准和程序确定本系统的职前培训师资库并抄送司法部。职前培训师资库在司法部网站等公布,供法律职业用人部门共享。各系统开展职前培训时,应当优先在职前培训师资库中选择师资。

14. 培训档案。加强职前培训信息化建设,研究开发职前培训工作管理和网络学习平台,推进职前培训教学、实习、考核全过程电子化管理。承担职前培训的培训机构、有关行业自律组织,应当将职前培训档案等信息资料,及时报送法律职业用人部门或者有关行业主管部门,并抄送各省(区、市)司法厅(局)法律职业资格管理部门。

五、加强对职前培训工作的组织领导

15. 加强领导。法律职业人员统一职前培训指导委员会要加强全国职前培训的统筹协调工作,加强对法律职业用人部门组织实施职前培训工作的督促指导,适时开展职前培训质量检查评估。中央和国家机关法律职业用人部门以及有关行业主管部门要加强对本系统法律职业人员统一职前培训工作的组织领导,统筹职前培训机构、有关行业自律组织做好职前培训的组织实施工作,确保职前培训工作取得实效。

16. 完善制度。中央和国家机关法律职业用人部门以及有关行业主管部门要根据相关法律规定及本指导意见,制定完善本系统的职前培训工作规范和工作方案,细化培训措施,完善管理工作流程,做好与法律职业资格管理制度的衔接,健全完善中国特色社会主义法律职业人员职前培训规范体系。

17. 强化保障。法律职业用人部门以及有关行业主管部门要在党委、政府领导下,积极争取支持,做好职前培训教学及实习基地建设,以及培训大纲、教材、案例库制定和信息化建设等有关工作。参训人员所在单位要妥善安排好参训人员的培训时间,保障参训人员在培训期间按照国家规定享受正常工资待遇。法律职业用人部门以及行业主管部门要选优配强职前培训工作力量,夯实工作基础。

法律职业用人部门以及有关行业主管部门在实施本意见时遇到的问题,及时报上级主管部门和同级组织部门,并抄报司法部。

本书主要参考文献

1. 习近平:《坚持走中国特色社会主义法治道路,更好推进中国特色社会主义法治体系建设》,载《求是》2022 年第 4 期。

2. 中央组织部、最高人民法院、最高人民检察院、司法部印发《关于建立法律职业人员统一职前培训制度的指导意见》的通知(2022 年 2 月 28 日),司发〔2022〕1 号。

3. 中央机构编制委员会办公室:《巩固深化党和国家机构改革成果》,载《求是》2019 年第 14 期。

4. 中共中央宣传部、中央全面依法治国委员会办公室编:《习近平法治思想学习纲要》,人民出版社 2021 年版。

5. 中央全面依法治国委员会办公室:《中国共产党百年法治大事记(1921 年 7 月 –2021 年 7 月)》,人民出版社、法律出版社 2022 年版。

6. 教育部、中央政法委员会《关于实施卓越法律人才教育培养计划的若干意见》(2011 年 12 月 23 日),教高〔2011〕10 号。

7. 教育部、中央政法委员会《关于坚持德法兼修 实施卓越法治人才教育培养计划 2.0 的意见》(2008 年 10 月 8 日),教高〔2018〕6 号。

8. 教育部办公厅《关于推进习近平法治思想纳入高校法治理论教学体系的通知》(2021 年 6 月 2 日),教高厅函〔2021〕17 号。

9. 沈宗灵:《比较法研究》,北京大学出版社 1998 年版。

10. 漆书青:《现代测量理论在考试中的应用》,华西中师范大学出版社

2003 年版。

11. 王启富、刘金国:《法律之治与道德之治》,中国政法大学出版社 2008 年版。

12. 张文显、信春鹰、孙谦等:《司法改革报告:法律职业共同体研究》,法律出版社 2003 年版。

13. 李贵连:《沈家本传》,法律出版社 2000 年版。

14. 董开军主编:《司法行政学》,中国民主法制出版社 2007 年版。

15. 侯欣一:《百年法治进程中的人和事》,商务印书馆 2020 年版。

16. 韩大元:《宪法思维四讲》,中国人民大学出版社 2017 年版。

17. 张居正:《张居正奏疏集》,潘林点校,华东师范大学出版社 2014 年版。

18. 张培田:《法与司法的演进及改革考论》,中国政法大学出版社 2002 年版。

19. 国家统一法律职业资格考试辅导用书编辑委员会组编:《2021 年国家统一法律职业资格考试辅导用书:习近平法治思想 · 法理学 · 宪法 · 中国法律史 · 司法制度和法律职业道德》,法律出版社 2021 年版。

20. 国家统一法律职业资格考试辅导用书编辑委员会组编:《2022 年国家统一法律职业资格考试辅导用书:习近平法治思想 · 法理学 · 宪法 · 中国法律史 · 司法制度和法律职业道德》,法律出版社 2022 年版。

21.《司法考试理论及司法考试制度比较研究》课题组:《司法考试理论及司法考试制度比较研究报告》[1],2012 年 12 月。

22. 国家统一司法考试制度研究小组[2]:《国家统一司法考试制度改革与发展研究报告》,2003 年 1 月。

23. 石少侠:《法律职业人员任职前培训制度研究》[3],2007 年。

24. 中华全国律师协会:《中国律师业发展报告》,2000 年。

[1] 本项目主持人为赵大程副部长,项目参加人包括:原司法考试司丁露司长,原司法研究所王公义所长、研究员,原司法考试司姜海涛处长,原司法研究所张鹏飞处长、副研究员,原司法研究所周琰副研究员,原司法研究所王舸副研究员,原司法研究所刘红娟助理研究员,原司法研究所周云涛助理研究员。

[2] 国家统一司法考试制度研究小组:杜国兴、晏福增、刘凯湘、潘剑锋、丁相顺、杨向斌。

[3] 本课题由国家检察官学院承担的司法部重点科研项目,项目负责人是原国家检察官学院院长石少侠教授;项目参加人:朱建华、郭立新、牛建华、刘雄辉、李本、王保森、马立东、郑在义。项目内容由朱建华、郑在义汇总合成,石少侠提出总体构思并于 2007 年年初修改定稿。

25. 丁露[1]主编、姜晶[2]副主编:《国家司法考试管理》[3],2010 年。

26. 江金权:《大力建设高素质法治工作队伍(学习贯彻党的十八届四中全会精神)》,载《光明日报》2014 年 12 月 4 日。

27. 徐显明、黄进、潘剑锋、韩大元、申卫星:《改革开放四十年的中国法学教育》,载《中国法律评论》2018 年第 3 期。

28. 徐显明:《建设德才兼备的高素质法治工作队伍》,载《法制日报》2019 年 5 月 24 日。

29. 徐显明:《对构建具有中国特色的法律职业共同体的思考》,载《民主与法制》2022 年第 1 期。

30. 赵大程:《切实增强政治思想行动自觉 精心组织 2020 年国家统一法律职业资格考试》,载《中国司法》2020 年第 8 期。

31. 张志铭:《中国律师制度的百年轨迹》,载《国家检察官学院学报》2013 年第 1 期。

32. 夏锦文:《法律职业的形成及其条件 一种制度史考察》,载《江海学刊》2008 年第 1 期。

33. 霍宪丹:《论当前我国的统一司法考试与法律教育改革》,载《环球法律评论》2002 年第 1 期。

34. 杜国兴:《国家统一司法考试制度略论》,载中国法院网 2003 年 3 月 1 日:https://www.chinacourt.org/article/detail/2003/01/id/32842.shtml。

35. 贾丽群:《国家法律职业资格制度在改革中发展完善》,载《法治上海》2017 年第 9 期。

36. 马怀德:《完善法治人才培养体系》,载《民主与法制》2022 年第 14 期。

37. 黄进、付子堂、何勤华、杨灿明、贾宇、李玉基:《中国法学教育向何处去》,载《中国法律评论》2014 年第 3 期。

38. 韩大元:《韩国司法改革及其启示》,载《人民法院报》2002 年 1 月 21 日。

---

〔1〕 丁露,原司法部国家司法考试司司长。

〔2〕 姜晶,原司法部国家司法考试司副司长。

〔3〕 本文件由司法部国家司法考试司编写,未公开出版。编写组成员为司法部国家司法考试司姜海涛、张红生、潘长河;国家司法考试中心桑磊;江苏省司法厅刘德溪、周勤、林丽等。

39. 潘剑锋:《论以法律职业精英化为目标的法律职业资格考试》,载《现代法学》2019 年第 5 期。

40. 姜海涛:《构建国家统一法律职业资格制度若干思考》,载《中国司法》2018 年第 1 期。

41. 张建伟:《统一司法资格考试: 观察与省思》载《政法论坛(中国政法大学学报)》2011 年第 1 期。

42. 李仁真:《中国的司法考试与法律职业制度的构建》,载《中国司法行政发展研究报告》,法律出版社 2003 年版。

43. 王健:《西方国家怎样培养法律人才》,载《法学教育研究》2010 年第 2 期。

44. 潘小娟:《政府的自我革命:中国行政审批制度改革的逻辑起点与发展深化》,载《新华文摘》2021 年第 11 期。

45. 袁钢:《中美法律职业资格考试的比较分析——以法律职业伦理考核为视角》,载《中国考试》2019 年第 8 期。

46. 梁开银:《法律思维:法学教育与司法考试的契合点——论法学教育与司法考试的互动与改良》,载《法学评论》2011 年第 4 期。

47. 徐盈雁:《现行司法考试弊端有目共睹 司考改革势在必行》,载《检察日报》2006 年 8 月 11 日。

48. 祁彪:《回眸:我国法律职业准入制度的历史变迁》,载《民主与法制》2018 年第 4 期。

49. 朱建伟:《清末的第一次法官考选》,载《人民法院报》2015 年 7 月 17 日。

50. 叶竹盛:《以考试改革体现法治伦理》,载《人民日报》2015 年 12 月 23 日。

51. 肖萍:《从转型中的日本司法考试制度看我国司法考试制度的完善》,载《法学杂志》2010 年第 3 期。

52. 戚桂芳、袁雪:《中国法学教育的历史、现状及发展趋势》,载《经济研究导刊》2009 年 21 期。

53. 周大伟:《法律职业人:成长的烦恼》,载《方圆》2010 年第 14 期 。

54. 李闯:《清末京师法律学堂创办始末》,载《北京档案》2021 年 12 月 3 日。

55. [古希腊]亚里士多德:《政治学》,吴寿彭译,商务印书馆 1965 年版。

56. [美]莫理斯:《法律发达史》,王学文译,中国政法大学出版社 2003 年版。

57. [美]波斯纳:《超越法律》,苏力译,中国政法大学出版社 2001 年版。

58. [德]马克斯·韦伯:《经济与社会(下卷)》,林荣远译,商务印书馆 1997 年版。

59. [美]伯纳姆:《英美法导论》,林利芝译,中国政法大学出版社 2003 年版。

60. [德]K. 茨威格特、H. 克茨:《比较法总论》,潘汉典等译,法律出版社 2003 年版。

61. [美]E. 博登海默:《法理学——法哲学及其方法》,邓正来、姬敬武译,华夏出版社 1987 年出版。

62. [美]昂格尔:《现代社会中的法律》,吴玉章、周汉华译,中国政法大学出版社 1994 年版。

63. [日]大木雅夫:《比较法》,范愉译,法律出版社 1999 年版。